Andreas Pfoser, Tom Eklund

POLARLICHTER
Feuerwerk am Himmel

1. Auflage

© 2011 Oculum-Verlag GmbH, Erlangen

Oculum-Verlag, Spardorfer Straße 67, 91054 Erlangen

www.oculum.de, astronomie@oculum.de

Dieses Werk inklusive all seiner Bestandteile ist urheberrechtlich geschützt. Jede Reproduktion, Scan, Vervielfältigung, digitale Speicherung und Wiedergabe, auch nur auszugsweise und von einzelnen Abbildungen und Grafiken, bedarf wenigstens der ausdrücklichen schriftlichen Genehmigung des Verlages. Zuwiderhandlungen unterliegen den Strafbestimmungen des Urheberrechtsgesetzes.

Markennamen und Handelsbezeichnungen sind, auch wenn nicht als solche kenntlich gemacht, Eigentum der jeweiligen Marken-Inhaber. Der Verlag übernimmt keine Gewähr für die Richtigkeit der Angaben.

ISBN 978-3-938469-46-0

Andreas Pfoser, Tom Eklund

POLARLICHTER
Feuerwerk am Himmel

VORWORT

Ich kann mich noch gut an den Tag erinnern, an dem ich zum ersten Mal ein Polarlicht erleben durfte. Es war der 15. Februar 2002 und ich befand mich im Norden Finnlands am zugefrorenen und schneebedeckten Ukonjärvi, einem Seitenarm des Inarisees. Der Moment, als sich um halb neun Uhr abends ein unwirklich scheinender, gelbgrüner Bogen am Osthorizont in die Höhe hob, bleibt für mich unvergesslich. Kurz nach zehn Uhr sah ich dann erstmals auch die geheimnisvollen Vorhänge, die man in Polarlicht-Illustrationen so häufig sieht. Sanft leuchtend bewegten sie sich seitwärts von Ost nach West, einem scheinbar lautlosen Wind folgend, und übertrafen meine zuvor durch Fotos und Zeichnungen geprägten Erwartungen bei weitem. Danach zeigten sich immer mehr Formen und tauchten immer größere Flächen des Himmels in ihr sanftes Licht. Die Zeit schien stillzustehen in der schier endlosen Weite Lapplands, während sie am Firmament wie im Fluge verging. So begleitete mich die Aurora Borealis in dieser Nacht noch viele Stunden, in denen ich glücklich war, den Himmel einfach nur zu bestaunen.

So wie jedes imposante Naturereignis weckt auch das Polarlicht die Neugierde beim Betrachter. Wie werden die Farben erzeugt? Welche Formen gibt es? Wie hell können Polarlichter werden? Bis zu welcher Höhe erstrecken sie sich? Wo und wann habe ich statistisch gesehen die besten Chancen die Aurora Borealis zu sehen? All diese Fragen werden in diesem Buch beantwortet, da sie bereits weitgehend erforscht sind, wenn auch noch nicht in jedem Detail. Damit sind wir gegenüber früheren Generationen, die mangels eines grundlegenden Verständnisses noch auf abenteuerlichste Sagen und Mythen zurückgreifen mussten, um das Phänomen zu erklären, klar im Vorteil.

Wissenschaftlich gesehen können Polarlichter vor allem zwei Disziplinen zugeordnet werden, einerseits der Meteorologie aufgrund ihres Entstehungsortes innerhalb der Atmosphäre, und andererseits der Astrophysik wegen der Auslösemechanismen, welche außerhalb unserer Lufthülle im Sonnenwind und der Magnetosphäre zu finden sind. Einige weitere Wissenschaften beanspruchen einen Anteil an der Polarlichtforschung, wie zum Beispiel die Geophysik oder die Lehre von Elektrizität und Magnetismus, in geringem Maße auch die Luftchemie. Ihnen allen wird in diesem Buch in angemessener Detaillierung Rechnung getragen, ohne zu sehr in die Tiefe zu gehen. Kompliziertere Themen, wie zum Beispiel die Bewegungsformen geladener Partikel im magnetischen Dipolfeld der Erde, werden in speziellen Kästen abseits des Textes besprochen. Sie sind für das Verständnis der übrigen Kapitel nicht unbedingt erforderlich.

Der praktischen Beobachtung von Polarlichtern ist ein eigenes Kapitel gewidmet. Auch wenn die Aurora die meiste Zeit nur in bestimmten hohen Breiten auftritt, ist sie in Mitteleuropa gar nicht so selten wie manchmal vermutet wird, speziell in Jahren hoher Sonnenaktivität. Relevante Vorgänge auf der Sonnenoberfläche und in der Sonnenatmosphäre können bis zu ihrem Eintreffen in der Erdatmosphäre anhand frei verfügbarer Internetseiten mit Spannung verfolgt werden. Auf welche Messgrößen und Messwerte dabei Bedacht zu nehmen ist, kann dem Kapitel »Sonnenstürme« entnommen werden. Dieser Abschnitt beschäftigt sich auch mit den »Begleiterscheinungen« der Aurora, Störungen der Kommunikation und Navigation sowie den mancherorts auftretenden großflächigen Stromausfällen.

Die Faszination des Polarlichts zu vermitteln wäre ohne reichhaltige Bebilderung nur schwer möglich. Die wunderbaren Fotos dieses Buches hat, bis auf wenige Ausnahmen, Tom Eklund aufgenommen. In unzähligen Beobachtungsnächten harrte er oftmals stundenlang aus, um stets die besten Augenblicke der Aurora in der einzigartigen finnischen Seenlandschaft festzuhalten. Seine persönlichen Erinnerungen und Eindrücke sind in den Bildunterschriften vermerkt.

Besonderer Dank gebührt den Mitarbeitern des Oculum-Verlags für die kompetente Betreuung und Unterstützung bei der Verwirklichung dieses Buches. Ich wünsche allen Leserinnen und Lesern viel Freude mit der Lektüre.

Andreas Pfoser
Wien, im Dezember 2010

INHALTSVERZEICHNIS

VORWORT	**5**
KULTURGESCHICHTE	**8**
Glaubensvorstellungen in Nordeuropa	9
Sagen und Mythen aus Nordamerika	10
Abseits der Polarlichtzone	13
WISSENSCHAFTLICHE ERFORSCHUNG	**18**
Altertum und Mittelalter	18
Beginn der wissenschaftlichen Erforschung	18
Entscheidende Fortschritte	19
Wissenschaftlicher Durchbruch	21
EIGENSCHAFTEN DES POLARLICHTS	**28**
Farben des Polarlichts	29
Helligkeit des Polarlichts	32
Formen des Polarlichts	34
ATMOSPHÄRE DER ERDE	**56**
Einteilung nach vertikalem Temperaturverlauf	56
Einteilung nach chemischer Zusammensetzung	58
Einteilung nach Ionisierungszustand	59
Höhenbereiche des Polarlichts	62
MAGNETOSPHÄRE DER ERDE	**68**
Inneres Magnetfeld der Erde	68
Das innere der Magnetosphäre	71
Bewegung geladener Teilchen im Dipolfeld der Erde	72
Grenzen planetarer Magnetfelder	75
SONNENWIND	**76**
Messungen des Sonnenwindes	77
Heliosphäre	78
SONNENWIND UND MAGNETOSPHÄRE	**80**
Bugfront	80
Eindringen des Sonnenwindes in die Magnetosphäre	80
Auswirkungen auf die Atmosphäre	82
ÖRTLICHE VERTEILUNG DER POLARLICHTER	**83**
Polarlichtzonen	83
Mittlere und niedrige Breiten	89
Polnahe Gebiete	90
ZEITLICHE VERTEILUNG DER POLARLICHTER	**95**
Günstige Jahre	95
Günstige Jahreszeiten	95
Günstige Tageszeiten	95
SONNENAKTIVITÄT	**105**
Aufbau der Sonne	105
Magnetfeld der Sonne	107
Phänomene der Sonne	107
Sonnenkorona	112
Solarer Aktivitätszyklus	115
SONNENSTÜRME	**119**
Phasen des Sonnensturms	119
Auswirkungen der Sonnenstürme	124
Überwachung und Vorhersage von Sonnenstürmen	140
BEOBACHTUNG VON POLARLICHTERN	**144**
Fotografie von Polarlichtern	145
ANHANG	**154**
Statistische Auswertungen	155
Umrechnungstabellen	156
Chemische Reaktionen	157
Glossar	160
Stichwortverzeichnis	162
Verwendete Literatur, Quellen	164
Bildnachweis	168

KULTURGESCHICHTE

Dort im Süden, tief am Horizonte, steht ein matter Lichtbogen. […] Langsam nimmt der Bogen an Intensität zu und hebt sich gegen den Zenit. Er ist vollkommen regelmäßig. […] Es sind keine Strahlen darin zu erkennen. Das Ganze besteht aus einer ziemlich gleichförmigen Lichtmaterie von herrlicher zarter Färbung; es ist ein durchsichtiges Weiß mit leichter grünlicher Betonung. […] Höher und höher steigt der Bogen, in der ganzen Erscheinung liegt eine klassische Ruhe. […] Noch steht er entfernt vom Zenit und schon trennt sich ein zweiter Bogen vom dunklen Segmente im Süden ab, dem nach und nach andere folgen. Alle steigen dem Zenit entgegen. […] Über das ganze Firmament sind nun Lichtbogen gespannt; es stehen sieben zur gleichen Zeit am Himmel.

Das Licht wird immer intensiver. […] Das glänzende zarte Weiß der Mitte ist unten von einem schmalen Streifen rot, oben grün, eingefasst. Aus einem Bande sind mittlerweile zwei geworden. Das obere nähert sich immer mehr dem Zenit, jetzt beginnen Strahlen daraus hervorzuschießen. […] Um den Pol herum flimmern und flackern nach allen Seiten die kurzen Strahlen, an allen Rändern sind die prismatischen Farben zu sehen. […] Was wir sehen, ist die Nordlichtkrone; sie tritt fast immer auf, wenn ein Band über den magnetischen Pol geht. […] Oft verlängern sich die Strahlen in der ganzen Ausdehnung des Bandes. […] Ihre Farbe geht mehr in das Gelbe; es scheint, als seien Tausende zarter Goldfäden vor das Firmament gespannt. Über dem Sternenhimmel liegt dann ein herrlicher Lichtschleier.

Und wiederum eine andere Form. […] Im Süden liegt dicht über dem Horizonte ein schwaches Band, das wir kaum beachten. Auf einmal hebt es sich rasch. […] Kurze Zeit hält es sich stationär, da kommt plötzlich Leben hinein. Von Ost gegen West jagen lebhaft die Lichtwellen durch; die Ränder färben sich intensiv rot und grün und tanzen auf und ab. […] In wilder Jagd wetteifern die Strahlen, wer von ihnen zuerst den Pol erreicht; doch es sind nicht mehr einzelne Strahlen, es sind ganze Büschel, die gleichzeitig auf dem ganzen südlichen Firmamente in toller Hetze emporjagen. […] Fast bis zum Horizont herab reichen die Strahlen; der ganze Himmel steht in Flammen. […] Die Natur führt uns ein Feuerwerk vor, wie es sich die kühnste Phantasie nicht herrlicher zu denken vermag.

Doch schon ist alles abgeblasst. Mit der gleichen unbegreiflichen Geschwindigkeit, mit der es gekommen, ist es auch wiederum verschwunden. […] Das war das Nordlicht des kommenden Sturmes, das Nordlicht in seiner vollen Pracht. Keine Farbe und kein Pinsel vermögen es zu malen, keine Worte vermögen es in seiner ganzen Großartigkeit zu schildern.

Mit diesen Worten beschrieb der ansonsten kühl und rational wirkende Carl Weyprecht (1838–1881) im späten 19. Jh. eine für ihn bis dato unbekannte, atemberaubende Himmelserscheinung, die sich ihm fernab der Heimat in der unwirtlichen Kälte und Einsamkeit des hohen Nordens darbot. Weyprecht leitete damals zusammen mit Julius Payer (1841–1915) jene legendäre österreichische Forschungsexpedition in die Weiten des Arktischen Ozeans, welche im Spätsommer 1873 in der Entdeckung des Franz-Joseph-Landes (heute russ. Semlja Franza-Iossifa) gipfelte. Während der beiden Überwinterungen 1872/73 und 1873/74, als das Expeditionsschiff, die »Admiral Tegetthoff«, im Packeis der Barentssee festsaß, konnte Weyprecht die fantastische Lichterscheinung in den langen Polarnächten unzählige Male beobachten und hielt seine Eindrücke und Erkenntnisse in begeisternden Tagebucheinträgen fest.

Die »Admiral Tegetthoff« im Packeis der Barentssee.

Polarlichter sind in der Tat beeindruckende, tief bewegende Ereignisse, die im Detail völlig unberechenbar und dadurch geheimnisvoll, sogar ein wenig unheimlich erscheinen. Der erste Anblick eines Polarlichtes ist speziell für Menschen, die sich im Normalfall weit abseits der polnahen Regionen aufhalten, eine außergewöhnliche, manchmal beinahe unwirklich erscheinende, meist jedoch ergreifende Erfahrung, die nicht selten für immer unvergessen bleibt. Hat man das Glück, häufiger ein Polarlicht zu sehen, so wird einem erst die ungeheure Vielfalt bewusst, mit der sich dieses prachtvolle Naturschauspiel am sternenübersäten Himmel zeigt. Daher verwundert es auch nicht, dass selbst Bewohner hoher geografischer Breiten von der Schönheit dieser bizarren Lichterscheinung trotz ihrer Alltäglichkeit in ihren Bann gezogen werden. So meint etwa Martti Rikkonen, Naturfotograf aus Lappland: »Das Lodern des Nordlichts am dunklen Himmel ist etwas, an das man sich nie ganz gewöhnt. Es hört niemals auf, zu verwundern und zu erstaunen.«

In den nordischen Ländern Europas, Nordamerikas und Asiens ranken sich zahlreiche Sagen und Mythen um das Polarlicht, was kaum verwunderlich ist. Intensive Nordlichterscheinungen dauern, sich fortwährend verändernd, oft mehrere Stunden, manchmal eine ganze Nacht lang an und lassen viel Raum für Fantasien und tief gehende Emotionen.

GLAUBENSVORSTELLUNGEN IN NORDEUROPA

Als »vielleicht reizvollste aller Glaubensvorstellungen« erwähnt Martti Rikkonen die »finnische Erzählung eines über eine Schneefläche jagenden Feuerfuchses, der mit seinem Schwanz Schneeflocken zum Himmel aufwirbelt, die dann als Nordlichter sichtbar werden«. Nach einer anderen Variante sind es leuchtende Funken, die an den Himmel stieben, wenn der Fuchs sein Fell an der rauen Oberfläche des kargen Hochlandes reibt. Auf diese berührenden Geschichten ist jedenfalls das finnische Wort »revontulet« zurückzuführen, welches gleichermaßen mit »Nordlicht« als auch mit »Fuchsfeuer« übersetzt werden kann. (Nordlicht in anderen nordischen Sprachen: schwedisch »norrsken«, norwegisch »nordlys«, isländisch »norðurljós«)

Das in Mittel- und Nordskandinavien, Nordfinnland sowie der Halbinsel Kola beheimatete Volk der Samen bringt ein anderes Lebewesen mit Polarlichtern in Verbindung. Der samische Begriff für Nordlicht, »guovssahasah«, bedeutet einerseits »Abend-« oder »Morgenröte«, zum anderen aber »Feuer des Unglückshähers«, wobei jedoch der Unglückshäher, im Gegensatz zum mittelalterlich abergläubischen Mitteleuropa, wo sein seltenes Auftauchen als böses Omen angesehen wurde, in Lappland als Glücksvogel gilt. Allerdings blickten die Samen nicht nur mit positiven Gefühlen zum nächtlichen Firmament. Speziell in früheren Zeiten glaubte man, dass das Nordlicht eine Seele besäße und man es mit Pfiffen heranlocken konnte, was aber als gefährlich galt.

Der helle Vollmond, Sterne und ein ausgedehnter Polarlichtbogen sind in Lappland nur allzu gegenwärtig.

Als besonders fantasiereich stellen sich die Polarlichtinterpretationen der Wikinger dar. Zum einen dachten sie an große Schlachten, die geschlagen wurden und an die Walküren, weibliche Geisterwesen, die auf dem Schlachtfeld die Tapfersten unter den Gefallenen erwählten, um sie ins Walhalla zu führen. Auf dem Weg dorthin spiegelte sich dann das Sonnen- oder Mondlicht an den schimmernden Rüstungen und goldenen Schilden und rief damit das Nordlicht hervor. Nach einer anderen friedlicheren Vorstellung zeigte sich die wunderschöne Freyja, nordgermanische Göttin der Liebe und der Schönheit, als loderndes Polarlicht, wenn sie mit ihrem langen wallenden Haar auf einem Pferd über den Himmel ritt. Interessanterweise ist dies nicht die einzige Polarlichtillustration, welche auf weibliche Wesen zurückzuführen ist. In einigen skandinavischen Regionen war man früher sicher, es könne sich nur um die Seelen kürzlich verstorbener unverheirateter Frauen handeln, die am Himmel schwebten, tanzten und am Lagerfeuer Fisch kochten oder um kleine Mädchen, die um eine himmlische Feuerstelle herumliefen.

Nicht wenig verbreitet war im nordeuropäischen Raum die Ansicht, dass die geheimnisvollen Lichtspiele auf Reflexionen des fahlen Mondlichtes zurückzuführen seien, welches an Eisbergen, Fischrücken oder an riesigen Wasserfontänen, die von Walen ausgestoßen wurden, reflektiert und an den Sternhimmel projiziert wurde. In Island konnte man sich darüber hinaus auch einen der vielen Geysire oder den Vulkan Hekla im Süden des Landes recht gut als Spiegelungsflächen vorstellen. Nach einer dänischen Legende

Drei verschiedenfarbige Nordlichtbänder verlieren sich im weiten Horizont und lassen den einsamen Betrachter staunend zurück. Eine Zeichnung des berühmten norwegischen Polarforschers Fridtjof Nansen (1861–1930).

war es wiederum ein Pulk von Schwänen, der so weit in den kalten Norden geflogen war, dass die Schwäne von Eis überzogen wurden. Wenn sie dann mit ihren vereisten Flügeln flatterten, konnte man die Reflexionen daran als Nordlicht sehen.

SAGEN UND MYTHEN AUS NORDAMERIKA

Abseits von Nordeuropa sind es vor allem die Inuit und Yupik-Eskimos, denen die Aurora Borealis nur allzu vertraut ist. Ihr Siedlungsgebiet, das sich weitläufig von Ostgrönland über Nordkanada entlang des Arktischen Ozeans bis nach Nordwestalaska erstreckt, befindet sich in einer Zone, in welcher beinahe jede klare Nacht Polarlichter zu sehen sind. So ist es nicht verwunderlich, dass sich während der langen Winternächte intensive Gedanken über die geheimnisvolle Erscheinung entwickelten, welche beim gemeinsamen Zusammensitzen im gemütlichen Iglu oder Qarmaq ausgetauscht und über Generationen weiter getragen wurden. Im Osten Grönlands zum Beispiel sah man im Nordlicht die Seelen von kleinen Kindern, die bei der Geburt früh verstorben waren und nun fröhlich am Himmel herumtanzten. Die Inuit Westgrönlands, des Baffinlandes und Neufundlands glauben, dass sich die Polarlichter im so genannten »Land des Tages« aufhielten. Damit bezeichneten sie, offensichtlich als Kontrast zur wochenlang anhaltenden Dunkelheit der winterlichen Polarnacht, das von der Aurora Borealis, dem Mond und den Sternen erhellte Himmelsgewölbe. Nach ihrer Vorstellung befanden sich dort oben die Seelen von Verstorbenen, die in einem nun besseren Leben mit einem Walross-Schädel froh und glücklich Ball spielten und dabei lachten und sangen.

Das Wort, welches sie für »Nordlicht« gebrauchen, »aksarnirq«, untermauert diese Geschichte, bedeutet es doch auch »Ballspieler«. Intensivere Polarlichter werden manchmal von knakkenden und knisternden Geräuschen begleitet, welche zwar mit der Lichterscheinung nicht ursächlich in Zusammenhang stehen, dafür aber von ausgeprägten hochatmosphärischen Stromflüssen verursacht werden, die häufig in der Nähe der Polarlichter anzutreffen sind. Die Inuit führten diese Geräusche auf die Ball spielenden Seelen zurück, wenn sie über den vom Reif überzogenen Schnee stapften und liefen.

Etwas weiter westlich, entlang der Hudson-Bay im kanadischen Territorium Nunavut und der Provinz Quebec, hatten die dort lebenden Inuit eine andere Erklärung für das rätselhafte Himmelsschauspiel. Sie sahen einst in der Aurora Borealis leuchtende Fackeln, welche von Geistern toter Menschen entlang einem schmalen gefährlichen Pfad ins Jenseits gehalten wurden, um Neuankömmlinge sicher in den Himmel zu geleiten. Auch hier waren zeitweise Geräusche zu hören. Diese wurden allerdings weniger mit Reif und Schnee begründet sondern vielmehr mit den wispernden Stimmen der Geister, die versuchten, auf diesem Wege mit den Menschen auf der Erde in Kontakt zu treten. Dies war jedoch unheimlich und so manche Arktisbewohner trauten sich nur noch zu flüstern, sobald sich Nordlichter am Himmel zeigten. Ebenfalls an Geister dachten die Inuit im nördlichsten Kanada, allerdings in einer romantischeren Weise. Nach ihrer Vorstellung kleideten sich die himmlischen Wesen, sobald die Sonne unterging, in mystisches Licht und tanzten in den wundersamsten Formen der Aurora Borealis. Ganz im Westen sahen die Zentralalaska-Yupiks die tanzenden Geister von Tieren, vor allem jene von Seehunden, Lachsen oder Belugas, wenn sie das Nordlicht bestaunten.

Einen besonders starken Einfluss in Bezug auf das Polarlicht schrieben die Inuit, aber auch einige subarktische indianische Völker, dem Pfeifen zu. Man glaubte verbreitet, dass es möglich sei, mit Pfiffen Nordlichter heran- und sogar vom Himmel herunterzulocken, um sie tanzen zu lassen oder ihnen Botschaften für die Verstorbenen zuzuflüstern. Kindern wurde mancherorts verboten, in Nordlichtnächten zu pfeifen und es wurde ihnen erzählt, dass das Polarlicht sie holen würde, wenn sie es aus Neugierde doch täten. Wenn auch zumindest die meisten Erwachsenen nicht an solche Schauergeschichten glaubten, führten dennoch einige von ihnen, speziell im Volk der Nordalaska-Küsteninuit, in früheren Zeiten Messer mit sich, um sich gegen die Lichter zur Wehr setzen zu können.

Ein weniger gefährliches, aber durchaus respektvolles Bild schwebte den Makah, einem Indianerstamm im Umkreis von Vancouver, vor, wenn sie die Aurora Borealis am Himmel erblickten. Sie sahen darin von Zwergen weit im Norden entfachte

SEITE 11:

Ein ungewöhnlicher Himmelsanblick für Menschen, die abseits der Polarlichtzone leben. Das Foto wurde in der Nacht vom 8./9. September 2003 in Valkeakoski aufgenommen.

SEITE 12:

Polarlichter haben seit jeher die Fantasien der Menschen beflügelt. Keine Erscheinung gleicht der anderen, keine Bewegung und Veränderung ist vorhersehbar. Manchmal färbt sich der Himmel in bunten Farben (linkes Bild, 11./12. September 2002, Valkeakoski), dann wiederum schießen Strahlen aus dem Zenit hervor (rechtes Bild, 20./21. Oktober 2003, Valkeakoski).

Feuer, mit denen sie Walfischspeck kochten. Die Zwerge waren der Legende nach zwar nur halb so groß wie das Paddel eines Kanus, dafür jedoch so stark, dass sie die Wale mit bloßen Händen fangen konnten. Im Gegensatz dazu waren es nach Ansicht der Menominee, einem Stamm westlich des Michigansees, große freundliche Riesen, welche im Norden lebten, in der Dunkelheit der Nacht Fische fingen und dazu Fackeln entzündeten, die als Nordlichter sichtbar wurden. Im Volk der Algonkin, welche sich ursprünglich entlang des Flusses Ottawa aufhielten, erzählte man sich einst die Geschichte von Nanabozho, dem Schöpfer der Erde. Nach vollbrachter Schöpfungstat übersiedelte er in den hohen Norden und entzündete dort große Feuer, deren Reflexionen am Himmel weithin als Polarlichter leuchteten. Damit rief er sich bei den Menschen in Erinnerung und zeigte ihnen, dass er sie nicht vergessen hatte. Ein ganz anderer Mythos stammt von den Abenaki, deren Stämme großteils zwischen den nordöstlichen Ausläufern der Appalachen und dem Golf von Maine zu finden waren. In einer ihrer Geschichten existierte ein mysteriöses Nordlichtreich, in dem weder Sonne und Mond noch Sterne leuchteten, dafür war es in ein seltsames helles Licht getaucht. Als eines Tages der alte Häuptling M'Sartto seinem Sohn heimlich folgte, um zu sehen, was er den ganzen Tag so trieb, gelangte er über die Milchstraße in dieses Reich und fand seinen Sohn, wie er mit sonderbaren Gestalten einem fantastischen Ballspiel frönte, welches das seltsame Licht in viele wunderschöne Farben, in die Farben des Nordlichts, verwandelte.

ABSEITS DER POLARLICHTZONE

Abseits der polaren und subarktischen Regionen zeigt sich das Polarlicht nur relativ selten am nächtlichen Firmament, war aber speziell in früherer Vergangenheit eine stets unerwartete und in den dunklen Nächten der damals noch kaum beleuchteten Siedlungsgebiete eine meist auffällige Erscheinung, welche teils zu abenteuerlichen Spekulationen hinreißen ließ. So war zum Beispiel im alten China von einem Drachen die Rede, der Tiere und Feuer ausspeit. Im antiken Griechenland sah man Klüfte und Spalten am Himmel und bezeichnete sie als »chasmata«. In einer anderen Interpretation waren es die wärmenden Feuer der Hyperboräer, ein sagenumwobenes Volk, welches im äußersten Norden wohnte und bei dem Apollo, griechischer Gott des Lichtes und der Sonne, die kalten Wintermonate verbrachte. Der römische Philosoph Lucius Annaeus Seneca (4 v. Chr. – 65 n. Chr.) erklärte wiederum das Nordlicht mit Flammen, die aus den Tiefen des Weltalls durch eine Öffnung im Himmel hereinzüngelten.

Dass Flammen oder große Feuersbrünste für die seltene rötliche Färbung des Nachthimmels verantwortlich seien, war für die Menschen in Europa gar nicht so abwegig, selbst wenn sie dabei mehr an irdische Brände dachten, deren Widerschein sich scheinbar am Himmel abzeichnete. So passierte es immer wieder, dass in Nordlichtnächten fälschlicherweise Soldaten oder Feuerwehren mobilisiert wurden, wie zum Beispiel am 25. Januar 1938, als ein außergewöhnliches Polarlicht-Ereignis in London zur Annahme führte, Windsor Castle stünde in Flammen.

Davon abgesehen betrachtete man die Aurora Borealis, speziell im Mittelalter, häufig als Unheilbringer und Kriegsvorboten, wodurch die Bewohner ganzer Städte und Länder in furchtbare Angst und Schrecken versetzt wurden. Es gibt Berichte, wonach Leute sogar in Ohnmacht fielen oder verrückt wurden, wenn sie das Nordlicht sahen. In anderen Fällen wurde das Polarlicht positiver gesehen, als Zeichen Gottes, welches die Gläubigen entweder zur Buße ermahnte oder ihnen Trost spenden sollte.

Einen der ältesten Hinweise, welcher auf ein Nordlicht deuten könnte, findet man im Alten Testament, im Buch des Propheten Ezechiel, welches ungefähr 600–560 v. Chr. verfasst wurde. In Kapitel 1, Vers 4 heißt es »Ich sah: Ein Sturmwind kam von Norden, eine große Wolke mit flackerndem Feuer, umgeben von einem hellen Schein. Aus dem Feuer strahlte es wie glänzendes Gold.«

Hingegen dürfte es sich in der häufig zitierten Chronik des griechischen Philosophen Plutarch (46 n. Chr. – 120 n. Chr.), wonach 467 v.Chr. »über fünfundsiebzig Tage hindurch im Himmel ein feuriger Körper von weit ausgedehnter Größe gesehen wurde […]« (nach Konrad Ziegler) eher nicht um eine Nordlichtsichtung, sondern um ein anderes bedeutsames astronomisches Ereignis gehandelt haben.

SEITE 14:

Magisch und märchenhaft tanzte die Aurora in der Nacht vom 15./16. September 2000 über den spiegelglatten See nahe Valkeakoski. Es war völlig still, dichte Nebelfelder verhüllten die umgebende Landschaft und tauchten die Natur in ein unwirkliches, mystisches Licht.

SEITE 15:

Dringen Polarlichter bis nach Mitteleuropa vor, so erscheinen sie häufig als ausgedehnte rote Flächen am Himmel, so dass sie immer wieder mit Bränden in Verbindung gebracht wurden. Während der Nacht vom 30./31. Oktober 2003 war die Aurora Borealis in weiten Teilen Europas zu sehen.

SEITE 16/17:

Wie überdimensionale Lampen beleuchten die gelbgrünen Bänder die Szenerie und rufen bei so manch einsamen Beobachter unwillkürlich ein beklemmendes Gefühl hervor.

WISSENSCHAFTLICHE ERFORSCHUNG

Die naturwissenschaftliche Erforschung der Polarlichter begann streng genommen erst in der Neuzeit. Es gab zwar auch schon zu früheren Zeiten Bestrebungen, die Aurora Borealis mit den bekannten Gesetzen der Natur in Einklang zu bringen und aus diesen heraus zu erklären, doch bis zum Ende des Mittelalters konnten keine nennenswerten Fortschritte erzielt werden. Zu sehr ging man von falschen Voraussetzungen aus. Zudem fehlte lange Zeit die Erkenntnis, dass für eine wirklich plausible Beschreibung der komplizierten Abläufe ein Detailwissen in verschiedensten naturwissenschaftlichen Disziplinen erforderlich war.

ALTERTUM UND MITTELALTER

Im antiken Griechenland war man von solchen Überlegungen noch weit entfernt. Allerdings war die Aurora Borealis im Mittelmeerraum auch nur selten zu sehen, was die Entwicklung wissenschaftlicher Theorien erschwerte. Immerhin erkannte bereits im 4. Jh. v. Chr. der einflussreiche Philosoph Aristoteles (384 v. Chr. – 322 v. Chr.) richtigerweise, dass das Nordlicht eine atmosphärische Erscheinung sei und ordnete es dementsprechend seinem umfassenden etwa 340 v. Chr. herausgegebenen Schriftstück »Meteorologica« zu. Die Erklärung selbst, wonach es sich um in der Sonne erwärmten und dadurch aufsteigenden Dampf handeln würde, welcher sich in der oberen Atmosphäre beim Zusammentreffen mit dem Element des Feuers entzündete, sollte sich später als unrichtig herausstellen.

Aus dem Mittelalter sind nur wenige Theorien bekannt. Erwähnenswert ist eine Textstelle aus dem altnorwegischen »Konungs skuggsjá«, einer Art Lehrbuch für die politische, moralische und ritterliche Erziehung des Königs sowie dessen Ausbildung in Handel und Seefahrt. In diesem um 1250 verfassten Schriftstück wurden die Polarlichter, die damals aufgrund recht ungewöhnlicher Bedingungen in Norwegen kaum zu sehen waren, mit der fernen Insel Grönland in Verbindung gebracht, wo Reisende mit dieser Himmelserscheinung regelmäßig konfrontiert wurden. Es gab drei Hypothesen im »Konungs skuggsjá«: Nach der ersten war die Erde außen von Feuer umgeben. Dieses war zwar grundsätzlich nicht sichtbar, befand man sich aber am Rande der Welt, also in Grönland, dann konnte man zumindest am Himmel den Widerschein des Feuers als Nordlicht beobachten. Die zweite Theorie war ähnlich, auch hier spielte die besondere Lage Grönlands die entscheidende Rolle. Allerdings stellte man sich anstelle des permanenten Feuers die Strahlen der Sonne vor, die nachts am Firmament aufflackerten, wenn die Sonne am Rande der Erde unter den Horizont sank. Nach einer dritten Annahme waren es die mächtigen Eismassen und die unermessliche Kälte Grönlands, welche so viel Kraft an sich zogen, dass daraus das Leuchten des Nordlichts hervorging.

BEGINN DER WISSENSCHAFTLICHEN ERFORSCHUNG

Am Beginn der Neuzeit setzte in Europa ein Umdenken ein. Wurden fremdartige Naturphänomene bis dahin noch gefürchtet, so weckten sie jetzt zunehmend das Interesse der weltoffener gewordenen neugierigen Gesellschaft. Naturwissenschaftler formulierten revolutionäre Theorien, welche in nachfolgenden Generationen erfolgreich weiterentwickelt wurden. Widerständen, meist aus religiösen Kreisen, begegnete man mit stichhaltigen Argumenten. Der bedingungslose Fatalismus wich allmählich einer vernünftigeren analytisch-wissenschaftlichen Betrachtungsweise.

Um den komplizierten Ablauf einer Polarlichterscheinung zu begreifen, müssen viele Teile eines großen Puzzles richtig zusammengesetzt werden. Einen ersten kleinen, aber nicht unbedeutenden Meilenstein setzte der polnische Jurist, Arzt und Astronom Nikolaus Kopernikus (1473–1543) um das Jahr 1510, indem er, abkehrend vom geozentrischen Weltbild des Ptolemäus, die Sonne in den Mittelpunkt unseres Sonnensystems rückte. Eine nächste wichtige Erkenntnis stammt vom englischen Physiker und Arzt William Gilbert (1544–1603), der 1600 eine umfassende Arbeit über den Magnetismus veröffentlichte. In diesem erklärte er unter anderem, dass die Erde ein gigantischer Magnet sei und in ihrem Inneren einen großen Eisenkern beherberge. Um 1620 tauchte dann erstmals der Name »Aurora Borealis« (die »nördliche Morgenröte«, das »Nordlicht«) in der Wissenschaft auf. Urheber war der italienische Mathematiker und Astronom Galileo Galilei (1564–1642), der damit das Polarlicht nach einer eigenen Beobachtung mit einem spektakulären Sonnenaufgang verglich. Ergänzend dazu werden Polarlichter auf der Südhalbkugel seit 1773, als unter dem Kommando des britischen Forschers und Abenteurers James Cook (1728–1779) erstmals der südliche Polarkreis überquert wurde, als »Aurora Australis« (die »südliche Morgenröte«, das »Südlicht«) bezeichnet.

»Ich würde sterben, um die Aurora zu sehen und erwarte zu sterben, ohne sie zu sehen«. So oder so ähnlich äußerte der englische Mathematiker, Astronom, Geophysiker und Meteorologe Sir Edmond Halley (1656–1742) seine für viele Jahre unerfüllte Sehnsucht nach der fantastischen Himmelserscheinung. Halley hatte Glück: In seinem 60. Lebensjahr, am 17. März 1716, wurde er Zeuge des vermutlich spektakulärsten Polarlichtereignisses des gesamten 18. Jh. Neben seiner etwas eigentümlichen Hypothese, wonach das Nordlicht eine leuchtende Substanz aus dem Erdinneren sei, welche im Polbereich die dort abgeplattete dünnere Erdkruste zu durchdringen vermochte, formulierte er letztendlich auch eine bahnbrechende richtige Theorie über das geheimnisvolle Phänomen. Demnach entstehe das Polarlicht durch Partikel, die von magnetischen Kräften gelenkt werden, wobei sich die Polarlichtstrahlen entlang der irdischen Magnetfeldlinien ausrichten. Dass zwischen Nordlicht und Erdmagnetismus eine enge Verbindung besteht, wurde einige Jahre später in recht anschaulicher Weise vom schwedischen Astronomen und Meteorologen Anders Celsius (1701–1744) bestätigt. Gemeinsam mit seinem Assistenten Olof Peter Hjorter (1696–1750) zeigte er 1741 während einer umfassenden Versuchsreihe, dass immer dann, wenn ein aktives Polarlicht am Himmel auftauchte, die Magnetnadel seines Kompasses zu zittern begann. In dieses Bild passte auch die Beobachtung des dänischen Bischofs Erik Pontoppidan (1698–1764), der erkannte, dass die Häufigkeit der Polarlichterscheinungen von Europa aus betrachtet nicht exakt nach Norden, sondern Richtung Nordwesten zunahm. Dort befindet sich der geomagnetische Pol, der Pol des irdischen Dipolfeldes.

Nicht alle Polarlichttheorien des 18. Jh. erwiesen sich als wissenschaftlich haltbar und mussten in späteren Jahrzehnten aufgrund genauerer Beobachtungen und Untersuchungen wieder verworfen werden. Eine davon war die damals verbreitete und als durchaus plausibel angesehene Vermutung von Lichtspiegelungen an winzigen Eiskristallen und polaren Eisbergen. Eine andere war die vom französischen Geophysiker Jean-Jacques d'Ortous de Mairan (1678–1771) geäußerte Hypothese, wonach die Aurora Borealis das in der oberen Atmosphäre aufleuchtende Zodiakallicht sei, in welches die Erde auf ihrer Bahn um die Sonne nach seiner Vorstellung eintauchte. Der Natur-, Sprach- und Literaturwissenschaftler Michail Wassiljewitsch Lomonossow (1711–1765) dachte wiederum, dass die Reibung zwischen auf- und absteigenden Luftströmungen in der Arktis elektrische Spannungen aufbaute, die sich dann im Nordlicht entluden. Voraussetzung für die aufsteigenden Warmluftströme sollte eine große Fläche eisfreien Meeres im Polbereich sein, welches allerdings von Lomonossow trotz intensiver Suche nie gefunden wurde.

Lange Zeit rätselhaft war die Höhe des Polarlichts. Im Jahre 1790 bestimmte der britische Chemiker und Physiker Henry Cavendish (1731–1810) als einer der ersten die Untergrenze der Aurora Borealis mittels Triangulationsmethode und ermittelte einen Wert von etwa 80–115 km. Dazu mussten sich zwei Beobachter an verschiedene, genügend weit entfernte Standorte begeben und gleichzeitig die Position eines ausgewählten Polarlichtdetails relativ zum Sternhintergrund bestimmen. Obwohl diese Abschätzung dem tatsächlichen Wert erstaunlich nahe kam, wurde sie noch über viele Jahrzehnte angezweifelt. So findet man in Meyers Konversations-Lexikon noch 1888 die völlig falsche Information, dass das Nordlicht in den Polargegenden unterhalb von Berggipfel und Wolken sinken könne.

ENTSCHEIDENDE FORTSCHRITTE

In den ersten Jahrzehnten des 19. Jh. wurden weitere interessante Erkenntnisse gewonnen. Der dänische Physiker und Chemiker Hans Christian Ørsted (1777–1851) beschäftigte sich intensiv mit dem Zusammenspiel zwischen Elektrizität und Magnetismus. Aus seinen Beobachtungen, wonach fließender Strom magnetische Felder induziere, folgerte er 1826, dass die im Bereich von Polarlichtern gemessenen Schwankungen der irdischen Magnetfeldstärke auf elektrische Entladungen innerhalb der Erscheinung zurückzuführen seien. Die markanten Fluktuationen der magnetischen Flussdichte, speziell die ihrer Horizontalkomponente, fielen auch dem norwegischen Astronomen und Mathematiker Christopher Hansteen (1784–1873) auf. Während einer Expedition nach Westsibirien von 1828 bis 1830 stellte er fest, dass dies häufig ein Anzeichen für ein unmittelbar bevorstehendes Polarlichtereignis war, womit er indirekt einen Zusammenhang zu den polaren Elektrojets herstellte. Der französische Physiker und Astronom Jean-Baptiste Biot (1774–1862) setzte sich ebenfalls mit elektrischen und magnetischen Feldern auseinander. Doch es waren nicht die einzigen Wissensgebiete, die er erfolgreich weiterentwickelte. Im Fachbereich Optik gelang ihm 1827 die Entdeckung, dass das Licht der Aurora Borealis im Gegensatz zu reflektiertem Licht unpolarisiert ist, wodurch die frühere Annahme, das Nordlicht entstehe durch Spiegelungen der Sonnenstrahlen, endgültig widerlegt werden konnte.

Etwa zur Mitte des 19. Jh. wurde von den Wissenschaftlern ein weiterer wichtiger Faktor ins Spiel gebracht, der zu einem bedeutenden Teil des Polarlichtpuzzles werden sollte, die Sonnenaktivität. Der Schweizer Astronom und Mathematiker Johann Rudolf Wolf (1816–1893) beschäftigte sich mit der am deutlichsten sichtbaren Form der Aktivität, den Sonnenflecken, deren Zyklus mit einer periodischen Abfolge zwischen Maximum und Minimum bereits 1843 vom deutschen Astronomen und Botaniker Heinrich Schwabe (1789–1875) entdeckt wurde. Nach eigenen Beobachtungen, vor allem aber indem er ältere Daten analysierte, ermittelte Wolf für den Fleckenzyklus einen durchschnittlichen Zeitraum von etwa 11 Jahren. Dabei erkannte er, dass sich speziell während der fleckenreichen Jahre die Aurora Borealis markant häufiger am Himmel zeigte als in den Jahren mit wenigen Sonnenflecken. Am 1. September 1859 kam es dann zu einem bahnbrechenden Ereignis. Der englische Astronom Richard Christopher Carrington (1826–1875) war an diesem Tag gerade mit routinemäßigen Sonnenfleckenbeobachtungen beschäftigt, als er um 11:18 Uhr völlig unerwartet Augenzeuge eines gewaltigen Helligkeitsausbruches inmitten einer bemerkenswert großen Fleckengruppe wurde. Carrington hatte einen Flare gesehen, eine Explosion gigantischen Ausmaßes auf der Sonnenoberfläche. Nur 18 Stunden später flammten Polarlichter bis zum Äquator auf und es schien nahe liegend, dass zwischen diesem solaren Aktivitätsereignis und der Aurora Borealis ein Zusammenhang besteht, wenn auch Carrington dazu noch anmerkte, »eine Schwalbe mache noch keinen Sommer«. Das außergewöhnliche Polarlicht vom 1./2. September 1859 blieb in jenen Tagen kein Einzelereignis. Tatsächlich kam es zwischen dem 28. August und 4. September gleich mehrmals zu brillanten, weit in niedrige Breiten vordringenden Polarlichterscheinungen, die weltweit für großes Aufsehen sorgten. Der US-Amerikanische Mathematiker Elias Loomis (1811–1889) sammelte in seiner Begeisterung Berichte von allen Kontinenten und veröffentlichte von November 1859 bis Juli 1862 insgesamt neun Publikationen zu diesem Thema im »American Journal of Science«.

1867 wurde ein weiterer Meilenstein gesetzt. Dem schwedischen Physiker und Astronomen Anders Jonas Ångström (1814–1874), der sich in seiner wissenschaftlichen Tätigkeit intensiv mit der Spektralanalyse auseinander setzte, gelang

Kristian Olaf Birkeland gilt als Begründer der modernen Polarlichtforschung.

der Nachweis, dass das Polarlicht durch die Lichtemission von Gasen hervorgerufen werde. Er bestimmte als erster das Spektrum der Aurora Borealis mit bemerkenswert hoher Genauigkeit; sein Wert für die Emissionslinie der Hauptfarbe »gelbgrün« sollte letztendlich nur 1 nm von der tatsächlichen Wellenlänge abweichen. Etwa zur selben Zeit führte der englische Chemiker und Physiker Sir William Crookes (1832–1919) aufschlussreiche Experimente durch, bei denen er, ohne darauf abzuzielen, Verhältnisse untersuchte, die den Bedingungen, in denen sich die Polarlichter bilden, nicht unähnlich waren. So leitete er freie Elektronen durch eine nahezu vollständig evakuierte Röhre, in der sich nur ein isoliertes Gas befand und das Gas begann zu leuchten. Ersetzte er das in der Röhre befindliche Gas durch eine andere Substanz, so wechselte das Licht seine Farbe. Bewegte er zusätzlich noch einen Magneten nahe der Vakuumröhre, dann konnte er deutlich sehen, dass der Lichtstrom entsprechend der Ausrichtung des Magneten gebogen wurde.

Während in der Theorie zunehmend bedeutende Fortschritte erzielt wurden, versuchten die Naturforscher der damaligen Zeit auch aus der direkten Beobachtung des Nordlichts wertvolle Schlüsse zu ziehen. Der finnischschwedische Geologe und Mineraloge Baron Nils Adolf Erik Nordenskiöld (1832–1901) beteiligte sich an der berühmten Arktisexpedition der Jahre 1878–80, bei welcher mit dem Dampfschiff »Vega« erstmals die Befahrung der Nordostpassage trotz eines vorübergehenden Festfrierens im Winter 1878/79 erfolgreich durchgeführt werden konnte. Während der Fahrt durch das Europäische Nordmeer und später entlang der ausgedehnten Nordküste Sibiriens, vorbei an Nowaja Semlja, Sewernaja Semlja den Neusibirischen Inseln, bekam er einen Eindruck von den enormen Dimensionen der Polarlichtzone. Diese genauer zu erfassen setzte sich auch der dänische Nordlichtforscher und Fotograf Sophus Tromholt (1851–1896) zum Ziel und richtete zu diesem Zweck mehr als hundert Nordlichtstationen in Norwegen und Island ein. Als er die Beobachtungen dieses großflächigen Gebietes auswertete, zeigte sich ihm das planetare Ausmaß des Polarlichtovals, welches sich je nach Sonnenaktivität mehr oder weniger weit südwärts auszudehnen schien, um dann auch Regionen abseits der Nordlichtzone zu erreichen. Wie oft das passierte, wollte der deutsche Physiker Hermann Fritz (1830–1893) herausfinden. Dazu sammelte er gemeinsam mit dem bereits erwähnten Johann Rudolf Wolf Berichte über erfolgreiche Polarlichtbeobachtungen von der gesamten Nordhemisphäre und, sofern verfügbar, auch aus Gebieten südlich des Äquators. Fritz wertete das umfangreiche Material statistisch aus und entwarf 1873 eine »Karte der geographischen Verbreitung des Nordlichtes«. Auf dieser waren so genannte »Isochasmen« (nach dem altgriechischen Begriff »chasmata«), Linien gleicher Polarlichthäufigkeit, über den Meeren und Kontinenten der Nordhalbkugel eingezeichnet (vgl. S. 89).

WISSENSCHAFTLICHER DURCHBRUCH

Ende des 19. Jh. konnte man die wichtigsten Aspekte der Polarlichterzeugung erklären. Man wusste, dass Sonnenaktivität eine gewisse Rolle spielte, die Beteiligung magnetischer und elektrischer Kräfte war unbestritten und auch der Mechanismus der Lichtentstehung in der Atmosphäre konnte zumindest teilweise erklärt werden. Was allerdings noch fehlte war die Zusammensetzung all dieser Elemente, die Lösung des komplizierten Polarlichtpuzzles.

Der bahnbrechende Durchbruch gelang dem norwegischen Physiker und Geophysiker Kristian Olaf Birkeland (1867–1917). Birkeland, dem man eine beinahe unersättliche Neugierde und Begeisterung für das Polarlichtphänomen nachsagte, unternahm zahlreiche Expeditionen in den hohen Norden und errichtete dabei ein großflächiges Beobachtungsnetz, welches nicht nur Skandinavien umfasste, sondern auch Teile der Arktis von Island über Spitzbergen bis nach Nowaja Semlja. Dabei entdeckte er aufgrund von magnetischen Feldvermessungen, dass die polare Ionosphäre von einem gewaltigen erdumspannenden System elektrischer Ströme durchsetzt sei. Revolutionär waren seine Versuche mit einer kleinen magnetisierten Kugel, der so genannten »Terrella«, welche die Erde mitsamt ihrem Magnetfeld symbolisierte. Im Bestreben, den umgebenden luftleeren interplanetaren Raum möglichst naturgetreu zu simulieren, hängte Birkeland die Terrella in einem durchsichtigen Glaskasten auf, aus dem er, so gut es damals möglich war, Luft herauspumpte. Als er anschließend die Kugel mit Elektronen beschoss, bildeten sich im Umkreis ihrer magne-

Der dänische Landschaftsmaler Harald Moltke (1871–1960) begleitete zwei Expeditionen des Dänischen Meteorologischen Institutes nach Island (links) und Nordfinnland (Mitte und rechts), um das Polarlicht mit Farbe und Pinsel festzuhalten.

tischen Pole glühende Ringe. Birkeland war es damit erstmalig gelungen, die Polarlichtovale experimentell nachzubilden. Mit diesem anschaulichen Ergebnis formulierte er die bislang umfassendste Theorie über die Aurora Borealis, wonach die beeindruckende Lichterscheinung auf Hochgeschwindigkeits-Elektronen zurückzuführen sei, die als Teil eines stellaren Windes explosionsartig von der Sonne weggeschleudert und anschließend durch das Erdmagnetfeld in eng begrenzte Regionen rund um die magnetischen Erdpole gelenkt werden. Dort sollten sie in der dünnen Hochatmosphäre entsprechend den Experimenten von Sir William Crookes das Polarlicht auslösen. Obwohl diese Annahmen plausibel erschienen, fanden sie in Kollegenkreisen zunächst nur wenig Anklang und sie warfen neue Fragen auf, die Birkeland vorerst nicht beantworten konnte. So war unklar, warum zwischen massiveren solaren Ausbrüchen und dem Aufflammen der dazugehörigen Aurora deutlich mehr Zeit verging als von mit annähernd Lichtgeschwindigkeit ausgeworfenen solaren Elektronen zu erwarten gewesen wäre. Auch die gelbgrüne Farbe des Nordlichts war weiterhin rätselhaft, sie konnte keinem bekannten Element der Atmosphäre zugeordnet werden. Und schließlich weckte die mysteriöse ringförmige Form der Polarlichtzone die Neugierde des Wissenschaftlers. Auf den ersten Blick erschien es nämlich nicht einsichtig, dass die geladenen Teilchen vom Erdmagnetfeld zwar in Polnähe geführt wurden, den Pol selbst aber offensichtlich mieden. Um diese Eigentümlichkeit erklären zu können, mussten die Elektronenbahnen im irdischen Dipolfeld akribisch genau berechnet werden, zur damaligen Zeit ohne die Zuhilfenahme von Computern eine enorme Herausforderung. Dieser stellte sich der norwegische Mathematiker und Geophysiker Fredrik Carl Størmer (1874–1957) und es gelang ihm tatsächlich, den schier unermesslichen Rechenaufwand erfolgreich zu bewältigen und die Bahnen im Jahr 1907 richtig zu bestimmen. Størmer setzte sich allerdings nicht nur mathematisch mit dem Phänomen auseinander. Angesteckt von der Begeisterung Birkelands beobachtete und fotografierte er selbst die Aurora Borealis tausende Male und bestimmte anhand gleichzeitig erfolgter Aufnahmen von verschiedenen Standorten die Höhe des Polarlichts. Nach seinen Messungen lag die Untergrenze meist bei 70–105km Höhe, die Obergrenze ragte bis in Höhen von 320–1000km hinauf. Diese Werte, welche die früheren Annahmen von Henry Cavendish bestätigten, untermauerten Birkelands Theorie, dass es sich bei der Aurora

Die Aurora Australis vom Weltraum aus gesehen. Die International Space Station (ISS) befand sich am 29. Mai 2010 gerade über dem südlichen Indischen Ozean, als der Astronaut aus einer Höhe von 350km dieses beeindruckende grüne Polarlichtband fotografierte.

um eine hochatmosphärische Erscheinung handeln müsse. Nichtsdestotrotz wurden selbst zu Beginn des 20. Jh. immer noch Beobachtungsberichte verfasst, in welchen von zwischen Häusern schwebenden oder Berggipfel berührenden Nordlichtern die Rede ist.

Die Herkunft der gelbgrünen Hauptfarbe des Polarlichts blieb noch bis zum Jahr 1925 ungewiss, ehe die beiden kanadischen Physiker John Cunningham McLennan (1867–1935) und Gordon Shrum (1896–1985) erkannten, dass die lange Zeit rätselhafte Emissionslinie dem neutralen atomaren Sauerstoff zuzuordnen sei, der zwar unter Laborbedingungen keine Aurorafarben hervorbringt, aber unter den speziellen vakuumähnlichen Verhältnissen der hohen Atmosphäre fähig ist, gelbgrünes Licht zu emittieren. Der norwegische Physiker Lars Vegard (1880–1963) beschäftigte sich ebenfalls mit Polarlichtspektren. Beeinflusst vom Wirken Birkelands analysierte er dessen umfangreichen in den Nordlicht-Expeditionen gewonnenen Datensatz und identifizierte 1939 die Emissionslinie des neutralen atomaren Wasserstoffs. Damit war das Protonenpolarlicht entdeckt worden, welches in polnahen Gebieten typischerweise nicht nachts, sondern während der dunklen Tageszeiten des Winterhalbjahres gesehen werden kann.

In den folgenden Jahrzehnten änderte sich der Fokus der Auroraforschung. Nicht mehr das Polarlicht selbst stand im Mittelpunkt des Interesses, sondern zunehmend dessen Begleiterscheinungen, die geomagnetischen Stürme, die hochatmosphärischen Stromsysteme sowie das komplexe Zusammenspiel zwischen dem von der Sonne ausgehenden Teilchenstrom und dem Erdmagnetfeld. Der deutsch-englische Physiker Frederick Alexander Lindemann (1886–1957) hatte bereits 1919 vorgeschlagen, den solaren Partikelstrom als ein quasineutrales Plasma mit freien Elektronen als auch positiv geladenen Protonen zu sehen. Damit konnte er begründen, wie die von Birkeland beschriebenen Elektronen, ohne sich gegenseitig abzustoßen, von der Sonne zur Erde gelangten. Darauf aufbauend entwickelten vor allem der englische Mathematiker und Geophysiker Sydney Chapman (1888–1970) sowie der schwedische Plasmaphysiker Hannes Olof Gösta Alfvén (1908–1995) neuartige, zum Teil kontroverse, Theorien. Auf Chapman geht zum Beispiel die Erkenntnis zurück, dass die Partikel des Sonnenwindes die Form des Erdmagnetfeldes maßgeblich gestalten, indem sie es an der sonnenzugewandten Seite zusammendrücken und an der abgewandten Seite wie einen Kometenschweif in den interplanetaren Raum hinausziehen. Alfven wiederum fand eine Lösung für das bis dahin noch ungeklärte Phänomen, wie es für geladene Partikel möglich sei, in die Erdmagnetosphäre einzudringen. Vom 1. Juli 1957 bis zum 31. Dezember 1958 wurde weltweit zum Internationalen Geophysikalischen Jahr aufgerufen, dem zahlreiche Wissenschaftler aus etwa 70 Ländern folgten, um die Erforschung der oberen Atmosphärenschichten sowie der Vorgänge im erdnahen Weltraum weiter voranzutreiben und systematischer zu organisieren. Mit dem am 4. Oktober 1957 erfolgreich gestarteten ersten künstlichen Erdsatelliten Sputnik 1 begann gleichzeitig auch das Zeitalter der Weltraumfahrt. Damit war es von nun an möglich, direkte Messungen durchzuführen, um das wissenschaftliche Bild vom Polarlicht letztendlich zu vervollständigen.

SEITE 24:

Die Ursache und Entstehung des Nordlichts war lange Zeit rätselhaft. Abenteuerlichste Theorien wurden aufgestellt und wieder verworfen. Nur langsam ließ sich das komplizierte Puzzle aus Sonnenaktivität, Magnetfeldern und Luftpartikel zusammensetzen.

SEITE 25:

Tief herab bis in die Nähe des Erdbodens scheinen Polarlichter vorzudringen. Dabei handelt es sich um eine optische Täuschung, die daher rührt, dass der Mensch die enormen Dimensionen der Polarlichtstrukturen in der Vorstellung kaum begreifen kann, da diese keinen der ihm bekannten Landschaftsformen auch nur annähernd entsprechen. Die Aufnahme stammt aus Valkeakoski vom 5./6. November 2001.

SEITE 26/27:

Jede Nacht vom 26. – 29. März 2003 erlebte eine fünfköpfige Beobachtergruppe die Aurora Borealis beim zugefrorenen See Ukonjärvi in Lappland: Betrachtet man die Polarlichtkorona senkrecht im Zenit, und werden diese höher liegenden Regionen noch vom Sonnenlicht beleuchtet, so entstehen durch Emission und der Wirkung von Streuung und Reflexion violette und blaue Farbtöne (links oben und unten). Wie grünlichweiße Flammen am Firmament lodert das Polarlicht am Himmel und es fand eine faszinierende Abfolge wechselnder Formen und Farben statt (Mitte oben und unten). Manchmal sind es geradlinige Bänder, die sich über den Himmel ziehen, dann wiederum geschwungene Bögen (rechts oben und unten).

EIGENSCHAFTEN DES POLARLICHTS

Heute weiß man, dass das Leuchten der Aurora im weitesten Sinne mit dem einer Leuchtstoffröhre vergleichbar ist. In beiden Fällen wird das Licht durch freie Elektronen ausgelöst, die zunächst beschleunigt werden und dann mit Partikeln eines Niederdruck-Plasmas kollidieren. Als Plasma bezeichnet man ein Gemisch, das sowohl aus neutralen Atomen und Molekülen als auch aus geladenen Teilchen, den Ionen, zusammengesetzt ist. Vergleicht man die Bedingungen, in denen die beiden Lichtformen entstehen, genauer, so zeigen sich neben einigen Gemeinsamkeiten auch charakteristische Unterschiede. So setzt sich das Entstehungsgebiet der Polarlichter, die Ionosphäre, überwiegend aus Stickstoff und Sauerstoff zusammen, während eine Leuchtstoffröhre neben geladenen Teilchen meist eine Mischung aus Quecksilberdampf und Argon beinhaltet. Etwas unterschiedlich verhält sich auch der Mechanismus der Elektronenbeschleunigung. Innerhalb der Leuchtstofflampe erfolgt diese mittels Anlegen einer Wechselspannung an den beiden im Glasrohr gegenüberliegenden Elektroden. In der Ionosphäre wird die Geschwindigkeit der auftreffenden Elektronen durch Vorgänge im lang gestreckten Schweif der Magnetosphäre entscheidend erhöht.

Erfolgt der Zusammenprall zwischen den freien Elektronen und den Bestandteilen des vorhandenen Plasmas mit genügend hoher Energie, so werden die getroffenen Atome, Moleküle und Ionen in einen angeregten Zustand übergeführt. Das bedeutet, dass äußere Schalenelektronen von ihren angestammten Energieniveaus auf mögliche höherenergetische befördert und die Energiebeträge, mit welchen die freien Elektronen ihre Stöße bewirkten, zumindest teilweise absorbiert werden. Diese Situation ist allerdings instabil und kann daher nur relativ kurze Zeit aufrechterhalten werden. Das angeregte Schalenelektron fällt wieder auf ein niedrigeres Energieniveau oder auf seinen Grundzustand zurück, was letztendlich den entscheidenden lichterzeugenden Prozess auslöst: die Emission (Aussendung) eines Photons. Die Energiemenge des Quants entspricht dabei exakt der Energiedifferenz des Schalenelektrons zwischen den beiden Energieniveaus (drittes Bohrsches Postulat). Berücksichtigt man die Plancksche Quantenhypothese $\nu = E/h$ mit $h = 6{,}626069 \cdot 10^{-34}\, Js$, so kann aus der Energie E des freigesetzten Photons die Frequenz ν und anhand der Formulierung $\lambda = c/\nu$ mit $c = 2{,}997925 \cdot 10^{8}\, ms^{-1}$ die Wellenlänge λ der ausgesendeten Strahlung abgeleitet werden. Diese ist jeweils genau festgelegt und somit charakteristisch sowohl für das Atom oder Molekül und dessen Ladungszustand als auch für die Stufe der Anregung.

Je nach Frequenz oder Wellenlänge der elektromagnetischen Strahlung spricht man von verschiedenen Strahlungsbereichen. Kurzwellige Strahlung wird Gamma-, Röntgen- oder Ultraviolettstrahlung genannt, längerwellige Bereiche bezeichnet man als Infrarotstrahlung, Mikro- oder Radiowellen. Nur wenn die Wellenlänge in einen ganz bestimmten Frequenzbereich fällt, kann diese auch vom menschlichen Auge als sichtbares Licht wahrgenommen werden. Vergleicht man die Leuchtstoffröhre mit der Erscheinung des Polarlichts, so lässt sich diesbezüglich noch ein wesentlicher Unterschied feststellen. Das Quecksilber innerhalb der Leuchtstofflampe emittiert nämlich vorerst kaum sichtbare, sondern überwiegend ultraviolette Strahlung und würde die nähere Umgebung nur wenig erhellen, wenn nicht die Röhre an ihrer Innenseite mit lumineszenzfähigem Leuchtstoff beschichtet wäre. Erst dieser wandelt die kurzwellige Strahlung in weißes Licht um. Im Gegensatz dazu weisen die Hauptbestandteile der hohen Atmosphäre, Stickstoff und Sauerstoff, bereits von vornherein eine beträchtliche Zahl an Emissionslinien im sichtbaren Bereich des elektromagnetischen Spektrums auf, womit das phosphoreszierende Licht der Aurora direkt hervorgerufen wird. In diesem Zusammenhang sei noch auf einen häufig zu lesenden Irrtum aufmerksam gemacht, wonach Polarlichter mit »Fluoreszenz« in Verbindung stehen würden. Beide Formen, sowohl Fluoreszenz

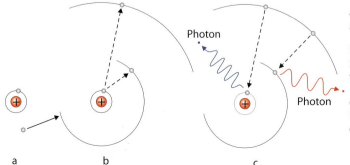

Das Prinzip der Lichterzeugung.

a) Im Grundzustand umkreisen die Schalenelektronen den Atomkern im niedrigsten Energieniveau.

b) Ein auftreffendes freies Elektron kann ein Schalenelektron auf ein höheres Niveau heben. Das Atom wird in einen angeregten Zustand übergeführt.

c) Fällt das Schalenelektron wieder auf ein niedrigeres Energieniveau oder seinen Grundzustand zurück, so wird ein Photon emittiert.

als auch Phosphoreszenz, beschreiben die Emission von Licht beim Übergang eines angeregten Systems in einen Zustand niedrigerer Energie. Die Unterscheidung bezieht sich auf die Zeitdauer zwischen Anregung und Emission, welche bei der Fluoreszenz maximal 0,00000001s beträgt (entspricht der Zeitdauer von erlaubten atomaren Übergängen), während bei Phosphoreszenz eine größere zeitliche Verzögerung (»Nachleuchten«) auftritt.

FARBEN DES POLARLICHTS

Betrachtet man die Emissionsspektren der polarlichterzeugenden Partikel, so zeigt sich, dass charakteristische Unterschiede nicht nur zwischen den einzelnen Substanzen Sauerstoff, Stickstoff und Wasserstoff bestehen, sondern auch bei ein und dem selben Element zwischen atomarer und molekularer Form sowie zwischen elektrisch neutralem und geladenem Zustand auftreten.

Hauptbestandteile der hohen Atmosphäre zwischen 110km und knapp 400km über der Erdoberfläche sind neutraler molekularer Stickstoff N_2 sowie neutraler atomarer Sauerstoff O, welcher ab einer Höhe von 180km die dominierende Rolle einnimmt. Neutraler molekularer Sauerstoff O_2 kommt zumindest noch in der D- und E-Region in nennenswerter Menge vor (→ Kapitel Atmosphäre der Erde). Der Volumenanteil der übrigen polarlichterzeugenden Partikel ist allerdings gering und beträgt vor allem in der unteren Hälfte der Ionosphäre deutlich weniger als 1%.

Das elektromagnetische Spektrum

< 0,01nm	0,01–0,1nm	0,1–1nm	1–10nm	10–100nm	100–280nm	280–320nm	320–380nm →
	HART	MITTEL	WEICH	EXTREM	UVC	UVB	UVA
GAMMA		RÖNTGEN				ULTRAVIOLETT	

→ 380–440nm	440–490nm	490–560nm	560–590nm	590–620nm	620–750nm →
VIOLETT	BLAU	GRÜN	GELB	ORANGE	ROT
		SICHTBARES LICHT			

→ 0,75–3µm	3–24µm	24–100µm	0,1–1mm	1–300mm	0,3–10m	10–100m	100–1000m	1–10km	>10km
NAH	MITTEL	FERN	SUBMILLIME-TERWELLEN	MIKRO-WELLEN	VHF/UKW	HF/KW	MF/MW	LF/LW	VLF
	INFRAROT						RADIOWELLEN		

Emissionslinien und -banden polarlichterzeugender Partikel in der Ionosphäre im sichtbaren Bereich des elektromagnetischen Spektrums (ohne UV und IR)

Bestandteil			Emissionslinien und -banden	Intensität
Sauerstoff	atomar, neutral	O	557,7nm (gelbgrün) 630,0nm (rot) 636,4nm (rot)	sehr hoch hoch mittel
Sauerstoff	molekular, neutral	O_2	697–726nm (tiefrot)	niedrig – sehr niedrig
Sauerstoff	atomar, geladen	O^+	731–733nm (tiefrot)	niedrig – mittel
Sauerstoff	molekular, geladen	O_2^+	563,1nm (gelbgrün) 599,5nm (orange) 639,0nm (rot)	mittel niedrig niedrig
Stickstoff	atomar, neutral	N	520,0nm (grün)	sehr niedrig
Stickstoff	molekular, neutral	N_2	395–417nm (blauviolett) 661–686nm (rot) 727–750nm (tiefrot)	sehr niedrig – niedrig mittel – hoch mittel – hoch
Stickstoff	atomar, geladen	N^+	520,2nm (grün)	niedrig
Stickstoff	molekular, geladen	N_2^+	391,4nm (violett) 427,8nm (blauviolett) 470,9nm (blau) 646,9nm (rot) 687–726nm (tiefrot)	sehr hoch hoch mittel niedrig mittel – niedrig
Wasserstoff	atomar, neutral	H	656,3nm (rot)	mittel

Das Spektrum des sichtbaren Lichts. Je nach Wellenlänge erscheint uns das Licht in unterschiedlicher Farbe.

400nm 450nm 500nm 550nm 600nm 650nm 700nm 750nm

Da molekularer Sauerstoff nur Licht mit niedriger Intensität emittiert, wird die Aurora somit vorrangig von den Farben des atomaren Sauerstoffs, gelbgrün und rot, sowie der karminroten Farbe des molekularen Stickstoffs geprägt.

Das mit sehr hoher Intensität ausgesendete gelbgrüne Licht mit einer Wellenlänge von 557,7nm entsteht, wenn ein neutrales Sauerstoffatom vom zweiten in den ersten angeregten Zustand zurückfällt, wofür nur etwa eine Sekunde erforderlich ist. Das ebenfalls intensive rote Licht mit einer Wellenlänge von 630,0nm ist auf den Rückfall vom ersten angeregten Zustand in den Grundzustand zurückzuführen, wobei dieser Prozess mit knapp zwei Minuten deutlich mehr Zeit benötigt. Erleidet allerdings das angeregte Partikel noch vor Aussenden des Photons einen Zusammenstoß mit einem anderen Teilchen, so verliert es auf diese Weise seine Anregungsenergie, welche in kinetische Energie umgewandelt wird und damit für die Emission von elektromagnetischer Strahlung nicht mehr zur Verfügung steht. Dies führt dazu, dass zum Beispiel in Laboratorien mit ihrer relativ dichten Atmosphäre und folglich extrem kurzen Zeitspannen zwischen zwei Stößen diese beiden Aurorafarben gar nicht simuliert werden können. Dadurch werden die Emissionslinien des neutralen atomaren Sauerstoffs in der Wissenschaft auch als »verbotene Linien« bezeichnet.

In der dünnen hohen Atmosphäre sind jedoch die notwendigen Bedingungen gegeben, welche es den polarlichterzeugenden Partikeln ermöglicht, ihre vorgesehenen reinen Spektralfarben auszusenden. Dabei können sich verschiedene gleichzeitig abgestrahlte Lichtblitze auch überlagern, wodurch infolge additiver Farbmischung in Blickrichtung zum Beobachter manchmal noch weitere Farbtöne entstehen, welche den oben angeführten Emissionslinien nicht mehr direkt zugeordnet werden können.

Sonnen- und Mondbeleuchtung prägen die Farbsichtbarkeit mit recht unterschiedlichen Facetten. Sonnenschein verhindert tagsüber die Sichtbarkeit von Polarlichtern. In günstigen Fällen kann aber bereits während der Dämmerung kurz nach Sonnenuntergang ein Polarlicht auftauchen und sich dann mit Abendrot, Purpurlicht oder dem dunklen Himmelsblau überaus

SEITE 30:
Gelbgrün und Rot sind die Farben des atomaren Sauerstoffs. Majestätisch erhebt sich der Große Wagen über die hellen, wellenförmigen Polarlichtbänder. Gelbgrünes Polarlicht wird mit relativ hoher Intensität ausgestrahlt und befindet sich meistens in niedrigerer Höhe als die rote Aurora (Valkeakoski, 14./15. Oktober 2003).

SEITE 31:
Da eine nennenswerte Aussendung von rotem Licht aufgrund des länger andauernden Emissionsprozesses nur in einer sehr dünnen Atmosphäre oder bei einer großen Anzahl angeregter Partikel möglich ist, tritt rotes Polarlicht meist in größerer Höhe oder während eines schweren geomagnetischen Sturms, wie zum Beispiel am 20. November 2003, auf (Ulvila nahe Pori).

reizvoll vermischen. Am deutlichsten erstrahlt die Aurora jedoch auf schwarzem Himmelshintergrund, also in mondlosen Nächten zwischen dem Ende der astronomischen Abenddämmerung und dem Beginn der astronomischen Morgendämmerung bei einer Sonnenhöhe von weniger als −18°. So sehr ein strahlend heller Vollmond die Polarlichtbeobachtung beeinträchtigt und Sonnenschein diese verhindert, so können sich andererseits die Lichtstrahlen beider Himmelskörper an einem ausgedehnten Polarlicht faszinierend bemerkbar machen. Sonnenlicht, das in der weit fortgeschrittenen Dämmerungsphase noch die höheren Regionen der Aurora erreicht, verleiht dieser nämlich zuweilen eine bizarre blaue oder violette Farbe. Mondlicht lässt Teile des Polarlichts hin und wieder in einem wunderschönen lila oder rosa Farbton erscheinen.

HELLIGKEIT DES POLARLICHTS

Wenn beschleunigte freie Elektronen Polarlichter auslösen, dann beträgt ihre Energie beim Zusammenprall mit den atmosphärischen Bestandteilen typischerweise noch etwa 3keV (das entspricht ungefähr $4,8 \cdot 10^{-16}$ J). Daraus ergibt sich unter der Annahme, dass an einem durchschnittlichen Auroraereignis ungefähr 2 Milliarden Partikel pro Quadratzentimeter und Sekunde beteiligt sind, eine Gesamtstrahlungsleistung von etwa 0,01W/m². Das ist, gelinde gesagt, nicht allzu viel und ermöglicht nur unter gewissen Voraussetzungen eine ansprechende Polarlichtsichtbarkeit.

Zunächst einmal sollte sich der Himmel über weiten Flächen wolkenfrei zeigen, wobei dünne Cirren (Federwolken) als kaum störend durchaus noch toleriert werden können. Die schon dichteren Cirrostratusfelder wirken allerdings bereits wie überdimensionale Filter, welche die Aurora farbschwächer und strukturärmer erscheinen lassen. Polarlichter, die sich gar hinter mittelhohen Wolken oder tiefliegender Inversionsbewölkung verstecken, sind, sofern die Wolken wenigstens keine große Mächtigkeit aufweisen, bestenfalls noch matt erahnbar. Eine zumindest phasenweise klare Nacht ist also eine essentielle Grundvoraussetzung für eine erfolgreiche Polarlichtbeobachtung. Weitere wichtige Faktoren, welche geeignet sind, der relativ spärlichen Lichtleistung einen strahlenden Glanz zu verleihen, sind eine gute atmosphärische Durchsicht bei möglichst geringer Aufhellung durch menschliche Lichtquellen.

Die Durchsicht wird wesentlich vom Grad der Trübung unserer Lufthülle geprägt. Feine Staub- und Aerosolteilchen sowie kleine Wassertröpfchen verursachen Absorption und Streuung und verringern damit die Transmission von sichtbarem Licht. Die größte Durchlässigkeit und folglich beste Sichtbarkeit von nur schwach erkennbaren Himmelserscheinungen ist demnach in einer trockenen und sauberen Atmosphäre, wie man sie zum Beispiel nach dem Einfließen frischer polarer Meereskaltluft abseits von Ballungszentren vorfindet, gegeben. Darüber hinaus sind vor allem höher gelegene Beobachtungsplätze über 1000m bis 2000m Seehöhe generell signifikant bevorzugt. Als Hauptgrund ist hierfür die sehr niedrige Halbwertshöhe der Dunstpartikel zu nennen, welche sich verbreitet noch deutlich unterhalb der Halbwertshöhe der Luftbestandteile befindet.

Für die kontrastmindernde Aufhellung des Himmels sind neben dem bereits erwähnten Mondlicht vor allem künstliche Lichtquellen verantwortlich. Betrachtet man zum Beispiel die Aurora während eines Spaziergangs entlang einer beleuchteten Straße und vergleicht man diesen Anblick mit der Erscheinung, welche sich weit abseits einer Besiedelung bietet, so wird man über den recht markanten Unterschied doch einigermaßen erstaunt sein. Als Faustregel gilt jedenfalls, dass in Städten, in denen schon kaum Sterne ausgemacht werden können, generell nur wenig Chancen bestehen, überhaupt Polarlichter zu sehen.

Die größte Helligkeit weist ein Polarlicht gewöhnlich in einer Höhe von etwa 110km über der Erdoberfläche auf. Höher liegende Bereiche einer vertikal ausgedehnten Aurora erscheinen zunehmend rasch lichtschwächer und vermitteln dem Beobachter auf diese Weise eine Vorstellung über das enorme Ausmaß der Polarlichtstrukturen. Grundsätzlich gelingt es nämlich dem menschlichen Gehirn nicht, die gewaltigen Dimensionen der Aurora, die eine vertikale Erstreckung von mehreren 100km umfassen kann, auch nur annähernd zu begreifen, da es stets versucht, die imposante Himmelserscheinung mit im Blickfeld befindlichen Landschaftsformen in Beziehung zu setzen. Dies führt dazu, dass Beobachter das zumeist über 100km entfernte Polarlicht verzerrt wahrnehmen und gefühlsmäßig oft auch viel näher vermuten als es ist, speziell, wenn es täuschend knapp über den Baumwipfeln eines entfernten Waldstückes zu schweben scheint.

Die Aurora zeigt jedoch nicht nur räumliche Helligkeitsunterschiede, sondern auch unregelmäßige zeitliche Variationen. Während eines aktiven Polarlichtereignisses kann sich die Anzahl der emittierenden Atmosphärenteilchen mehrmals für einige Minuten lang spektakulär erhöhen und das

SEITE 33:

Zwei Faktoren, welche die Kontrastwirkung des Himmelshintergrundes reduzieren, sind helles Mondlicht und Dämmerung. Am frühen Morgen des 20. August 2006 waren beide Bedingungen gegeben, wodurch die Aurora Borealis ihre volle Strahlkraft nicht entfalten konnte.

Polarlicht vorübergehend eine brillante Helligkeit erlangen. Gelingt es dem beeindruckten Beobachter, während eines solchen Schauspiels seine Augen kurz vom Himmel abzuwenden, so wird er eine interessante Veränderung feststellen. Schneeflächen beginnen matt zu leuchten, manchmal werden sogar Schatten erkennbar, und aus dem nächtlichen Dunkel taucht die umgebende Landschaft auf.

In Beobachtungsberichten wird die Helligkeit der Aurora nach dem IBC (»International Brightness Coefficient«, dt. »Internationaler Helligkeits-Koeffizient«) angegeben.

Helligkeitsklassifizierung von Polarlichtern (»International Brightness Coefficient«)

Klasse	Beschreibung
IBC I	Aurora ist etwa so hell wie die Milchstraße
IBC II	Aurora ist etwa so hell wie vom Mond beschienene Cirren
IBC III	Aurora ist etwa so hell wie vom Mond beleuchtete Cumuluswolken
IBC IV	Aurora beleuchtet die Landschaft etwa so hell wie der Vollmond

FORMEN DES POLARLICHTS

Polarlichter zeigen sich in so vielfältigen Formen, dass jeder glückliche Beobachter sicher sein kann, einem einmaligen Ereignis beizuwohnen, das sich im Detail zu keinem Zeitpunkt mit gleichem Ablauf wiederholen wird. Befindet man sich im Norden Lapplands oder in Island, so wird man bei geomagnetisch ruhigen Verhältnissen Richtung Norden den ruhigen Polarlichtbogen erkennen, meist sanft leuchtend gelbgrün. Bei größerer Aktivität entwickeln sich Bänder in Form von Schleifen, Spiralen oder Wellen. Besonders beeindruckend sind die gewaltigen Vorhänge, die am Nachthimmel zu hängen scheinen und in einem lautlosen Wind flattern. Manchmal zieren Schleier oder Strahlen das Firmament, die vorübergehend so hell werden können, dass selbst auffällige Sterne verblassen. Die Krönung eines Aurorasturms ist jedoch die Korona, ein prächtiges aktives Polarlicht senkrecht über dem Beobachter, welches einen unvergessenen Einblick in das Innere dieser Erscheinung gewährt.

Bewegungen und Helligkeitsänderungen erfolgen zuweilen in exorbitant hohem Tempo. So kann, wenn sich die Zone der Partikelanregung plötzlich rasch verlagert, die »scheinbare« Geschwindigkeit von Polarlichtstrukturen Werte bis zu 100km/s erreichen. Treten hochfrequente Helligkeitsvariationen auf, so verleihen diese der Aurora ein geheimnisvolles Funkeln.

Bei günstigen Bedingungen sind Polarlichter während der ganzen Nacht zu sehen, wobei innerhalb aktiver Phasen nicht selten verschiedene Formen gleichzeitig weite Bereiche des Himmels bedecken. Nach Mitternacht zeigen sich auch die strukturlosen Flecken häufiger, sie markieren oft das Ende eines aktiven Aurorasturms.

Formen der Aurora

Kategorie	Struktur	Beschreibung
bandförmig	Bögen arcs (A)	unten relativ scharf begrenzt, oben diffus, sanft leuchtend nahezu stationär; teils in Ost-West-Richtung den gesamten Himmel überspannend, manchmal mehrere Bögen nebeneinander oder hintereinander »ruhiger Polarlichtbogen« markiert die Position des Polarlichtovals
	Bänder bands (B)	entwickeln sich oft bei zunehmender Aktivität aus Bögen unten relativ scharf begrenzt, oben diffus zeitweise rasche Bewegungen und Helligkeitsänderungen verschiedene Typen: Schleifen, Spiralen, Wellen
strahlenförmig	Vorhänge draperies (D)	vertikal ausgedehnt aus feinen fast senkrechten Lichtfasern, unten wellenförmig, hell und relativ scharf begrenzt, oben diffus meist kontinuierliche Veränderungen
	Schleier surface (S)	vertikal und horizontal ausgedehnte Lichtflächen, für helle Sterne zumeist durchscheinend überziehen manchmal weite Teile des Himmels mit gleichmäßigem Licht (z.B. Aurora der mittleren Breiten)
	Strahlen rays (R)	vertikal ausgedehnte Lichtstreifen meist kontinuierliche Veränderungen verlaufen entlang magnetischer Feldlinien
	Korona corona (C)	vertikal ausgedehnte, radial angeordnete, Lichtstreifen und Lichtfasern im Bereich des lokalen Zenits meist kontinuierliche Bewegungen
	Beamer	vertikal ausgedehnte, dünne stabförmige Lichtsäulen
diffus	Flecken glow (G)	matt leuchtend, strukturlos, gleichmäßig
	pulsierende Flecken pulsating (P)	teils rhythmisch veränderliche Helligkeit, Frequenz ~0,01–10Hz

SEITE 35:

Bis in große Höhen erstreckte sich das überaus variantenreiche Polarlicht am 1./2. Oktober 2002 in Valkeakoski. Neben vielen anderen Formen konnte der ergriffene Beobachter diese überdimensionalen, aus feinen Lichtfasern zusammengesetzten Vorhänge betrachten.

SEITE 36/37:

Bewölkung beeinträchtigt die Sichtbarkeit von Polarlichtern. In der Nacht vom 14./15. Dezember 2006 hatte der Beobachter noch halbwegs Glück, dass der Himmel über Valkeakoski genügend Lücken offenließ, um zumindest einen Teil der farbenprächtigen Aurora wahrzunehmen.

SEITE 38/39:

Spätsommernachts-Polarlichter in Toijala. Gut zu erkennen ist die typische blauviolette Farbe in höheren Himmelsregionen, die durch die Einwirkung von Sonnenlicht hervorgerufen wird. Das linke Foto wurde in der Nacht des 20./21. August 2002 aufgenommen, das rechte Foto stammt vom 15./16. August 2002.

SEITE 40/41:

Ein aktives Polarlichtband schlängelte sich in der Spätsommernacht des 19./20. August 2006 über den Himmel von Valkeakoski. Die dominierende gelbgrüne Farbe lässt auf neutralen atomaren Sauerstoff, die seltener zu beobachtende blauviolette Farbe am Unterrand des Bandes auf molekularen Stickstoff als lichtemittierende Substanz schließen.

SEITE 42/43:

Polarlichter in der Dämmerung. Beide Aufnahmen stammen aus Valkeakoski, links vom Abend des 19. August 2006, rechts von den späten Morgenstunden des 6. November 2001.

SEITE 44:

Malerisch spiegelt sich die Aurora auf der glatten Seeoberfläche bei Valkeakoski (1./2. Oktober 2002). Ihre größte Helligkeit erreichen Polarlichter nahe ihren Unterrändern, während sie nach oben hin, auch aufgrund der zunehmenden Entfernung zum Beobachter, rasch lichtschwächer werden.

SEITE 45:

Am 22./23. Oktober 2001 waren in Valkeakoski während eines starken geomagnetischen Sturmes wunderschöne Polarlicht-Erscheinungen zu sehen. Nahezu während der gesamten Nacht zeigte die Aurora Borealis kontinuierliche Bewegungen, vollführte ein stetes Wechselspiel verschiedener Farben und Formen und erreichte zeitweise eine brillante Helligkeit, wodurch sich sogar die Wasseroberfläche matt »färbte«. »Die Nacht war wie ein Traum«, erzählt Fotograf Tom Eklund.

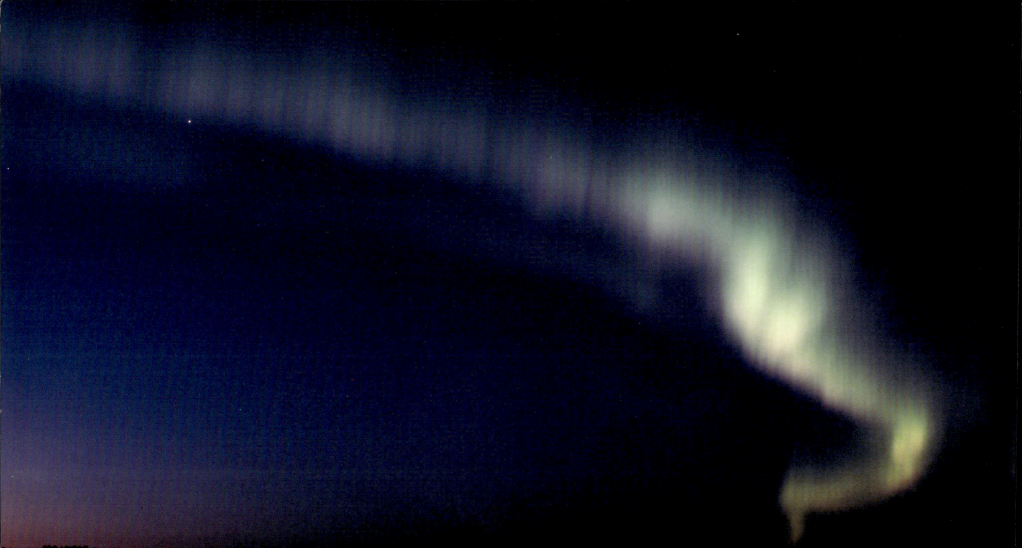

SEITE 46/47:

Zahlreiche helle, aktive Polarlichtbänder waren in der Nacht vom 18./19. August 2003 in Toijala zu sehen. »Die Bänder befanden sich zeitweise recht hoch am Himmel«, erzählt Tom Eklund begeistert.

SEITE 48/49:

Am 22. September 2007 spannte sich ein blasser, relativ schmaler einförmiger Polarlichtbogen über den Horizont von Valkeakoski. Die Magnetometer registrierten an diesem Abend nur eine schwache geomagnetische Störung.

SEITE 50/51:

Polarlichter zeigen sich in den unterschiedlichsten Farben und Formen und können sich jederzeit verändern. Diese eindrucksvollen Schleifen und Spiralen waren in Valkeakoski in der Nacht vom 10./11. September 2005 zu sehen.

SEITE 52:

Bunte, mit feinen Strahlen durchsetzte Lichtschleier verzierten den Himmel über Valkeakoski in der Nacht vom 28./29. März 2003. Zahlreiche Sterne sowie auch der Offene Sternhaufen der Plejaden scheinen durch (links und rechts oben). Am 20. November 2003 zeigten hingegen die ausgedehnten Lichtflächen über Ulvila nahe Pori die meiste Zeit nur wenige Strukturen (rechts unten).

SEITE 53:

Die wunderschönen Polarlichtstrahlen sind oft nur vorübergehend zu sehen. Die linke Aufnahme stammt aus Ulvila vom 20./21. November 2003, die rechte Aufnahme aus Toijala vom 18./19. August 2003.

SEITE 54:

Die Korona ist die eindrucksvollste Form der Aurora. Dabei befindet sich der Beobachter direkt unter dem Polarlicht. Die Fotos wurden in der Nacht vom 1./2. Oktober 2002 in Valkeakoski (oben sowie unten links) und am 9. November 2004 in Toijala (unten rechts) aufgenommen.

SEITE 55:

Am Ende einer aktiven Auroraphase sind speziell in hohen geomagnetischen Breiten häufig strukturlose grüne Flecken am Himmel sichtbar. Dieses Bild wurde in Lappland in der Nacht vom 15./16. September 2003 aufgenommen. Im Vordergrund ist der Fluss Ivalojoki zu sehen.

ATMOSPHÄRE DER ERDE

Polarlichter sind atmosphärische Ereignisse, sie entstehen also in der Gashülle, welche die Erde umgibt. Bei Betrachtung bestimmter physikalischer Eigenschaften kann die Erdatmosphäre in mehrere recht klar voneinander getrennte Stockwerke eingeteilt werden. Am bekanntesten ist die Gliederung nach ihrem vertikalen Temperaturverlauf. Für das Verständnis der Polarlichter ist jedoch der Aufbau ihrer chemischen Zusammensetzung sowie ihres Ionisierungszustandes ebenso von Bedeutung.

EINTEILUNG NACH VERTIKALEM TEMPERATURVERLAUF

Betrachtet man die mittlere vertikale Temperaturverteilung der Atmosphäre, so zeigt sich, dass diese wesentlich von der Absorption von Sonnenstrahlung in speziellen Höhenbereichen geprägt ist. Besonders effizient läuft die Strahlungsabsorption an der Erdoberfläche ab. Hier werden ultraviolette Strahlung der Klassen UVB und UVA, sichtbares Licht, nahes/mittleres Infrarot, lange Mikrowellen und kurze Radiowellen aufgenommen. Andere Bereiche des Sonnenspektrums, wie zum Beispiel die gefährlichen, extrem kurzwelligen Gammastrahlen und harten/mittleren Röntgenstrahlen, aber auch ultraviolette Strahlung der Klasse UVC, werden bereits in der stratosphärischen Ozonschicht absorbiert und damit vom Erdboden ferngehalten. Auch einige langwelligere Bereiche des Spektrums wie das mittlere/ferne Infrarot, die Submillimeterwellen und die kurzen Mikrowellen werden hier verstärkt absorbiert. Die geringste Eindringtiefe in unsere Lufthülle weisen mittlere/weiche Röntgenstrahlen sowie ultraviolette Strahlung der extremen Klasse EUV auf. Sie werden bereits in der oberen Atmosphäre abgefangen.

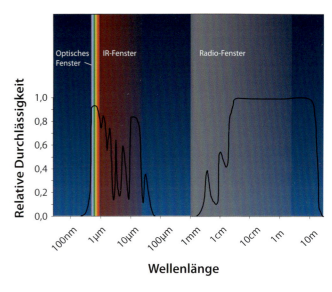

Schematischer Aufbau der Erdatmosphäre. Die Einteilung in Stockwerke erfolgt nach den charakteristischen Merkmalen vertikaler Temperaturverlauf, chemische Zusammensetzung (Molmasse) und Ionisierungszustand (Elektronenkonzentration).

Die Durchlässigkeit der Erdatmosphäre ist je nach Wellenlänge stark unterschiedlich.

In allen drei genannten Regionen – Erdoberfläche, Stratosphäre sowie obere Atmosphäre – ist es aufgrund der intensivierten Strahlungsabsorption wärmer als in den anderen Höhenbereichen. Am heißesten ist die Thermopause, der Oberrand der Erdatmosphäre. Während minimaler Sonnenaktivität beträgt hier die Temperatur am frühen Nachmittag Ortszeit etwa 550°C und sinkt bis zur zweiten Nachthälfte auf 450°C ab. Bei hoher Sonnenaktivität werden bereits am frühen Morgen Ortszeit mehr als 800°C registriert, bis zum frühen Nachmit-

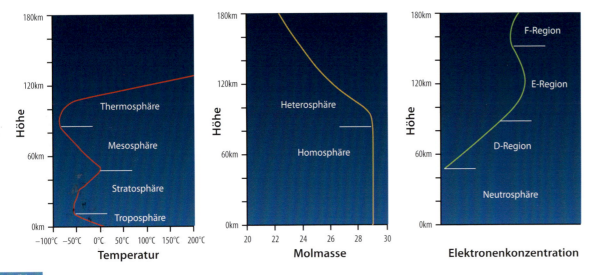

tag steigt die Temperatur auf mehr als 1100°C, in Extremfällen sogar bis 1400°C an. Zurückzuführen sind die außergewöhnlichen Temperaturverhältnisse unter anderem auf das Eindringen des sehr kurzwelligen Anteils des Sonnenspektrums. Dabei gelingt es der energiereichen Röntgen- und extrem ultravioletten Strahlung nicht nur, in chemischen Vorgängen, die man als »Photoionisationen« bezeichnet, Elektronen aus den vorhandenen Luftpartikeln herauszulösen, sondern diese gleichzeitig auch mit beträchtlichen Energiemengen auszustatten, durch welche sie eine enorme Beschleunigung erfahren. Die daraus resultierende außerordentlich hohe kinetische Energie der freien Elektronen trägt nicht unwesentlich zur bemerkenswerten Temperatur der Thermosphäre bei.

Die Absorption von Sonnenstrahlung erfolgt sowohl zeitlich als auch räumlich sehr unterschiedlich. Die horizontalen Gegensätze werden durch die annähernd kugelförmige Gestalt der Erde verursacht; zu den jahreszeitlich wechselnden Bedingungen kommt es vor allem aufgrund der Neigung des Erdäquators um 23° 26' gegen die Ekliptik; in geringem Maße auch durch die elliptische Bahn der Erde um die Sonne.

Ende Dezember, wenn sich die Erde nahe dem sonnennächsten Stand ihrer Bahn befindet und die Sonne maximal auf die Südhalbkugel scheint, beträgt die Tagessumme der extraterrestrischen Bestrahlungsstärke auf der gesamten Südhemisphäre mehr als 36MJ/m² mit einem Maximum am kontinuierlich beleuchteten Südpol über 46MJ/m². Auf der Nordhalbkugel nehmen zu dieser Zeit die Werte mit zunehmender geografischer Breite rasch ab und liegen nördlich des Polarkreises durchwegs bei 0MJ/m².

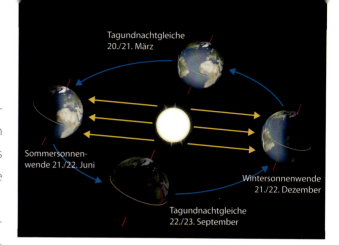

Aufgrund der Neigung des Erdäquators gegen die Ekliptik fällt von Ende September bis Mitte März mehr Licht auf die Südhalbkugel und von Ende März bis Mitte September mehr Sonnenstrahlung auf die Nordhemisphäre.

Ende Juni ist es umgekehrt. Die über einen Tag aufsummierte Strahlungsleistung der Sonne erreicht zur Sommersonnenwende auf der gesamten Nordhalbkugel am Oberrand der Atmosphäre mehr als 34MJ/m², am Nordpol sogar über 44MJ/m². Diesmal nehmen die Werte in der Südhemisphäre mit zunehmender geografischer Breite deutlich ab und liegen südlich des Polarkreises konstant bei 0MJ/m². Die Differenzen in den Zahlenwerten zwischen Nordsommer und Südsommer sind recht einfach auf die unterschiedlichen Entfernungen der Erde zur Sonne während Sonnenferne und Sonnennähe zurückzuführen.

Am Äquator ist die extraterrestrische Bestrahlung ganzjährig relativ hoch mit zwei Maxima Anfang März und Anfang Oktober, welche jeweils 38MJ/m² knapp übertreffen.

Die unterschiedlichen Einstrahlungsverhältnisse erzeugen in der oberen Atmosphäre großräumige und hoch reichende Zirkulationszellen, welche versuchen, die vorhandenen Strahlungsgegensätze auszugleichen. Zur Tag- und Nacht-

Einteilung der Erdatmosphäre nach der mittleren vertikalen Temperaturverteilung (global gemittelte Werte, unterhalb 91km Höhe nach »U.S. Standard Atmosphere 1976«), NOAA, NASA, USAF

Schicht		Höhe über der Erdoberfläche	Temperatur und Temperaturverlauf
Exosphäre		mehr als 500km	
Thermopause		500km	450°C bis 1400°C
Thermosphäre	obere	90km – 500km	deutliche Erwärmung
	untere	85km – 90km	keine Temperaturänderung
Mesopause		85km	−86,3°C
Mesosphäre	obere	71km – 85km	Abkühlung um 2,0°C/km
	mittlere	51km – 71km	Abkühlung um 2,8°C/km
	untere	47km – 51km	keine Temperaturänderung
Stratopause		47km	−2,5°C
Stratosphäre	obere	32km – 47km	Erwärmung um 2,8°C/km
	mittlere	20km – 32km	Erwärmung um 1,0°C/km
	untere	11km – 20km	keine Temperaturänderung
Tropopause		11km	−56,5°C
Troposphäre		0km – 11km	Abkühlung um 6,5°C/km
Erdoberfläche		0km	+15,0°C

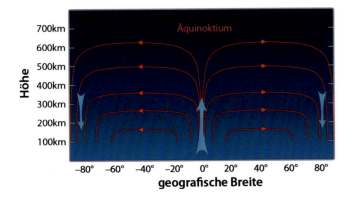

Die großräumigen Zirkulationszellen der oberen Atmosphäre zur Tag- und Nachtgleiche.

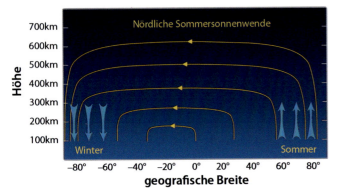

Die großräumige hochatmosphärische Zirkulation während der Sommermonate der Nordhemisphäre.

gleiche ist die Thermosphäre in Äquatornähe am heißesten, wodurch Luftpartikel in niedrigen Breiten großflächig aufsteigen, in beiden Hemisphären polwärts strömen und in hohen geografischen Breiten wieder absinken. Im Sommer und Winter existiert jeweils nur eine großräumige Zirkulationszelle. Von Mai bis August umfasst der aufsteigende Ast die gesamte Nordhalbkugel, während das großflächige Absinken in den mittleren und hohen geografischen Breiten der Südhalbkugel erfolgt. In den Monaten November bis Februar steigen Luftpartikel südlich des Äquators auf, um speziell in den mittleren und hohen geografischen Breiten der Nordhemisphäre wieder abzusinken.

Auch in anderen Höhenbereichen der Atmosphäre findet man charakteristische, jahreszeitlich veränderliche Zirkulationsmuster vor. Dabei ist jedoch zu beachten, dass in der unteren Thermosphäre und oberen Mesosphäre die kältesten Temperaturen mit Werten bis −160 °C (Mesopause) interessanterweise über dem Sommerpol gemessen werden, während die höchsten Temperaturen bis über −45 °C am Winterpol auftreten. In der unteren Mesosphäre sowie der oberen Stratosphäre hingegen zeigt der meridionale Temperaturverlauf so wie in der hohen Atmosphäre wieder eine recht gute Übereinstimmung mit den Einstrahlungsverhältnissen.

Komplizierter sind die Temperaturmuster im Bereich der sehr inhomogenen, aus Ozeanen und Kontinenten bestehenden und mit mächtigen Gebirgszügen durchsetzten Erdoberfläche ausgeprägt. Der Energietransport von den dunklen, heißen Tropen zu den kalten, schnee- und eisbedeckten Polargebieten wird jeweils zur Hälfte von imposanten Meeresströmungen (z.B.: Golfstrom, Kuroshiostrom) sowie von drei für unser Wettergeschehen bedeutenden Zirkulationszellen (Hadley-Zelle, Ferrell-Zelle, Polar-Zelle), welche beiderseits des Äquators meridional nebeneinander angeordnet sind, bewerkstelligt.

EINTEILUNG NACH CHEMISCHER ZUSAMMENSETZUNG

Teilt man die Atmosphäre entsprechend ihrer chemischen Zusammensetzung in Stockwerke ein, so ergeben sich drei charakteristische Höhenbereiche.

Bis zu einer Höhe von etwa 81 km über der Erdoberfläche ist das Mischungsverhältnis der atmosphärischen Hauptbestandteile, molekularer Stickstoff N_2, molekularer Sauerstoff O_2 und Argon Ar, und damit auch die Molmasse der Luft mit 28,964 g/mol im wesentlichen konstant. Bedeutendere Schwankungen weist hier lediglich das hauptsächlich in der Troposphäre vorkommende Gas Wasserdampf H_2O auf.

Zusammensetzung der Erdatmosphäre in der Nähe der Erdoberfläche

Bestandteil		Volumenanteil in trockener Luft	Volumenanteil in feuchter Luft (gemittelt)
molekularer Stickstoff	N_2	78,08%	76,1%
molekularer Sauerstoff	O_2	20,95%	20,4%
Wasserdampf	H_2O	–	2,6%
Argon	Ar	0,93%	0,9%
Kohlendioxid	CO_2	0,0385%	
Neon	Ne	0,00182%	
Helium	He	0,00052%	
Methan	CH_4	0,00020%	
Krypton	Kr	0,00011%	
molekularer Wasserstoff	H_2	0,00005%	
Distickstoffmonoxid	N_2O	0,00003%	
Kohlenmonoxid	CO	0,00001%	
Xenon	Xe	0,00001%	
Ozon	O_3	0,00001%	
andere		Spuren	

Diese gut durchmischte Schicht wird als Homosphäre, ihre Obergrenze als Turbopause bezeichnet.

Einige Bestandteile, wie zum Beispiel Kohlendioxid, Methan oder Distickstoffmonoxid, nehmen derzeit signifikant zu und verstärken damit den Treibhauseffekt unserer Atmosphäre.

Oberhalb 81km, in der Heterosphäre, ist die Luftdichte bereits so gering, dass die turbulente Durchmischung nur noch eine untergeordnete Rolle einnimmt. Damit wirkt die Schwerkraft der Erde nicht mehr auf die Luft als ganzes, sondern auf die atmosphärischen Bestandteile im Einzelnen, wodurch sich schwerere Gase tiefer anreichern als leichte Gase, und die Molmasse der Luft mit zunehmender Höhe abnimmt. Darüber hinaus kommt es aufgrund der energiereichen Sonnenstrahlung gehäuft zu Dissoziations- und Ionisationsprozessen, welche die Zusammensetzung der Atmosphäre zusätzlich verändern. So wird zum Beispiel durch die Photodissoziation von Sauerstoff unter der Einwirkung von sehr kurzwelliger ultravioletter Strahlung der Klasse UVC molekularer Sauerstoff O_2 in atomaren Sauerstoff O zerlegt.

An die Heterosphäre schließt in knapp 500km Höhe die Exosphäre an. Diese Schicht zeichnet sich dadurch aus, dass in ihr enthaltene atmosphärische Bestandteile Fluchtgeschwindigkeit erreichen und sich somit aus dem Gravitationsfeld der Erde lösen können. Die Voraussetzungen hierfür sind erfüllt, wenn die mittlere freie Weglänge der Teilchen, das ist der im Mittel zurückgelegte Weg zwischen zwei Stößen, größer ist als die sogenannte Skalenhöhe der Atmosphäre, welche in 500km über der Erdoberfläche 68.800m beträgt.

Zusammensetzung der Heterosphäre (nach »U.S. Standard Atmosphere 1976«), NOAA, NASA, USAF

Höhe	Volumenanteil, geladene Teilchen nicht berücksichtigt						Molmasse der Luft	mittlere freie Weglänge
	N_2	O_2	O	Ar	He	H		
80km	78,08%	20,95%	0,00%	0,93%			28,964	0,004m
100km	77,49%	18,10%	3,62%	0,80%			28,395	0,142m
120km	72,96%	8,61%	18,16%	0,27%	0,01%		26,204	3,308m
140km	64,45%	6,12%	29,28%	0,13%	0,03%		24,749	18,12m
160km	56,09%	4,62%	39,16%	0,07%	0,06%		23,488	53,43m
180km	48,14%	3,51%	48,20%	0,04%	0,11%		22,342	120,7m
200km	40,72%	2,67%	56,40%	0,03%	0,18%		21,303	235,2m
250km	25,32%	1,30%	72,86%	0,01%	0,51%		19,190	886,4m
300km	14,74%	0,61%	83,48%		1,16%	0,02%	17,725	2595m
350km	8,20%	0,27%	89,10%		2,39%	0,04%	16,735	6693m
400km	4,42%	0,12%	90,77%		4,61%	0,08%	15,984	16000m
450km	2,32%	0,05%	89,01%		8,44%	0,18%	15,247	36110m
500km	1,18%	0,02%	83,76%		14,67%	0,36%	14,330	77070m

EINTEILUNG NACH IONISIERUNGSZUSTAND

Aus der Häufigkeit geladener Bestandteile und deren vertikaler Änderungen lässt sich eine dritte Möglichkeit, die Atmosphäre in Stockwerke zu gliedern, ableiten.

Die unterste Zone unserer Lufthülle weist noch keine nennenswerten Beträge an geladenen Teilchen auf. Sie wird als Neutrosphäre bezeichnet und reicht bis in eine Höhe von etwa 50km. Unmittelbar darüber schließt die Ionosphäre an, welche in drei charakteristische Regionen (D-, E- und F-Region) unterteilt werden kann.

In der Ionosphäre findet eine Vielzahl an chemischen Reaktionen statt, bei denen einerseits geladene Teilchen erzeugt, andererseits aber fortlaufend auch wieder rückgebildet werden. So entstehen zum Beispiel aus neutralen Luftpartikeln

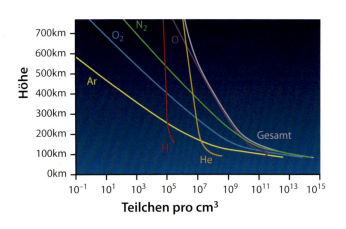

Die Zusammensetzung der Heterosphäre ändert sich mit der Höhe.

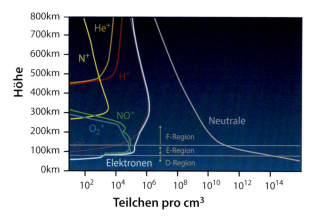

Die Partikeldichte der Elektronen und verschiedener Ionen variiert deutlich mit der Höhe. Insgesamt ist die Teilchenkonzentration der geladenen Partikel im Vergleich zu jener der Neutralgasbestandteile äußerst gering.

unter der Einwirkung energiereicher Sonnenstrahlung positive Ionen und freie Elektronen. Diese existieren allerdings nur eine begrenzte Zeit, ehe sie in so genannten Rekombinationsprozessen wieder zu Neutralgasbestandteilen verschmelzen. Dazwischen führen »Elektronenanlagerungen« speziell in tieferen Schichten vorübergehend zu negativen Ionen, aber auch diese werden mit so genannten »Elektronenablösungen« wieder abgebaut. Durch den kontinuierlichen Ablauf von Quell- und Senkprozessen bleibt jedenfalls die Zahl geladener Teilchen im Vergleich zu den Neutralgasbestandteilen gering. So liegt ihr gesamter Volumenanteil, der zwar mit zunehmender Höhe im Wesentlichen stetig ansteigt, selbst in 500km über der Erdoberfläche nur bei etwa 1%. Ihre gesamte Teilchendichte erreicht in 250km bis 350km Höhe mit durchschnittlich $1 \cdot 10^6 p/cm^3$ den Maximalwert.

Teilchendichte verschiedener atmosphärischer Bestandteile in der Ionosphäre

Höhe	Teilchendichte [p/cm³]				geladene Partikel
	N_2	O_2	O	He	
250km	$4,8 \cdot 10^8$	$2,5 \cdot 10^7$	$1,4 \cdot 10^9$	$9,7 \cdot 10^6$	$\sim 1 \cdot 10^6$
350km	$2,1 \cdot 10^7$	$6,8 \cdot 10^5$	$2,2 \cdot 10^8$	$6,0 \cdot 10^6$	

Annähernd die Hälfte aller geladenen Partikel sind freie Elektronen. Die am häufigsten vorkommenden Ionen sind O^+, NO^+, O_2^+, N^+, H^+, N_2^+ und He^+.

D-REGION

Die D-Region umfasst den Höhenbereich von 50km bis 90km über der Erdoberfläche. In ihr sind hauptsächlich tagsüber sowohl positive als auch negative Ionen und freie Elektronen vorhanden. Der Ionisationsgrad und die Elektronenkonzentration (maximal $2 \cdot 10^3 p/cm^3$) sind in dieser Region noch äußerst gering. Man spricht daher von einem »schwach ionisierten Plasma«, wobei unter dem Begriff »Plasma« allgemein »Elektrizität leitendes Gas«, also ein Gemisch aus freien Elektronen, positiv und negativ geladenen Ionen sowie elektrisch neutralen Atomen und Molekülen zu verstehen ist. Während der Nacht werden die geladenen Teilchen mittels chemischer Reaktionen nahezu komplett abgebaut.

E-REGION

In der E-Region, die von 90km bis 150km Höhe hinaufreicht, sind Ionisationsgrad und Elektronenkonzentration bereits um mehrere Größenordnungen höher als in der D-Region. Trotzdem handelt es sich definitionsgemäß immer noch um ein nur schwach ionisiertes Plasma mit einer Gesamtdichte geladener Teilchen bis zu $4 \cdot 10^5 p/cm^3$, das entspricht einem Volumenanteil von maximal 0,0008%. Negative Ionen sind hier kaum noch zu finden, die häufigsten geladenen Bestandteile sind Elektronen (bis zu $2 \cdot 10^5 p/cm^3$), O_2^+ (bis zu $1 \cdot 10^5 p/cm^3$) und NO^+ (bis zu $1 \cdot 10^5 p/cm^3$).

Die Zone maximaler Elektronenkonzentration innerhalb der E-Region wird E-Schicht genannt. Sie befindet sich durchschnittlich in 120km bis 130km Höhe und ist ein bis zwei Stunden nach der lokalen Mittagszeit am stärksten ausgeprägt. Der Ionisationsgrad ist jedoch nicht nur dem natürlichen Tagesgang unterworfen, sondern kann vorübergehend auch enorme räumliche Abweichungen aufweisen, welche sich in einem dramatischen Ansteigen der Elektronendichte lokal bis auf das hundertfache ihres Normalwertes äußern. Diese Anomalien in Form inhomogener, überwiegend flacher Elektronenwolken mit einem Volumen von 10km³ bis 10 Millionen km³ (Dicke maximal 10km) werden als »sporadische« Es-Schichten bezeichnet. Sie existieren meist in einer Höhe zwischen 100km und 130km und dauern zumindest einige Minuten, oft auch mehrere Stunden an, ehe sie sich wieder auflösen.

Die Ursachen für die Ausbildung von Es-Schichten sind vielfältiger Natur. In hohen Breiten kann eindringende hochenergetische Korpuskularstrahlung die Elektronendichte vervielfachen, indem sie zusätzlich zu den ablaufenden Photoionisationsprozessen weitere Elektronen aus Atomen und Molekülen regelrecht herausschlägt. In den mittleren Breiten ermöglichen starke vertikale Windscherungen mit Turbulenzen im Scherungsbereich die Bildung von Es-Schichten, am häufigsten tagsüber im Spätfrühling und Sommer. In Äquatornähe führen Instabilitäten im Einflussbereich des äquatorialen Elektrojets zu erhöhten Elektronenkonzentrationen. Unter dem äquatorialen Elektrojet versteht man eine oder mehrere eng begrenzte Zonen in Äquatornähe, innerhalb derer markant höhere Werte der horizontalen elektrischen Stromdichte auftreten als in der Umgebung. Er erstreckt sich in magnetischer West-Ost-Richtung.

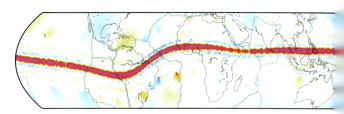

Der äquatoriale Elektrojet, wie er aus vielfachen Messungen des Fernerkundungssatelliten CHAMP während seiner Mittags-Überflüge abgeleitet werden kann. Er befindet sich in unmittelbarer Nähe des magnetischen Äquators und ist im magnetischen Koordinatensystem West-Ost ausgerichtet.

SPEZIALWISSEN: ELEKTRIZITÄT UND MAGNETISMUS DER HOHEN ATMOSPHÄRE

Aufgrund der stark reduzierten Luftdichte und nur noch bedingt wirksamen turbulenten Durchmischung schweben Elektronen in einer Höhe über 80km bereits in unabhängigen oder von Magnetfeldern geprägten Bahnen, während die wesentlich schwereren positiven Ionen bis zu einer Höhe von 130 km bis 150km noch mit den Neutralgasteilchen mitgestoßen werden und damit thermosphärischen Winden folgen. Dies führt zu einer deutlichen Ladungstrennung und zur Entstehung elektrischer Felder, welche wiederum infolge ihrer Kraftwirkung auf elektrische Ladungen eine Bewegung elektrisch geladener Teilchen verursachen: es fließt also Strom. Die Schicht zwischen 80km und 150km wird daher auch als Dynamosphäre bezeichnet.

Setzt man sich mit den Maxwellschen Gleichungen auseinander, so wird ersichtlich, dass elektrischer Strom stets in Verbindung mit einem Magnetfeld einhergeht. In seiner vierten Gleichung formulierte Maxwell, dass »jedes zeitlich veränderliche elektrische Feld ein magnetisches Wirbelfeld erzeugt«; weiter heißt es in seinem Induktionsgesetz, »zeitabhängige magnetische Felder rufen ein elektrisches Wirbelfeld hervor«. Die zeitliche Variation des elektrischen Feldes kann bereits aus der im vorigen Absatz beschriebenen Bewegung elektrisch geladener Teilchen abgeleitet werden, damit ist das Vorhandensein eines permanenten ionosphärischen Magnetfeldes in der E-Region nachvollziehbar.

Zusätzlich unterliegt die Atmosphäre einem merklichen Gezeiteneffekt durch das Zusammenwirken von Gravitations- und Zentrifugalkräften bei der Bewegung des Mondes um die Erde und der Erde um die Sonne. Die daraus resultierende Massenbewegung unserer Lufthülle, welche vor allem die Neutralgasteilchen mitsamt den positiven Ionen betrifft, verändert die vorhandenen elektrischen Felder, wobei die lunare Gezeitenwirkung erwartungsgemäß bedeutender ausfällt als die solare Gezeitenwirkung. Die Flussdichte des darauf zurückführbaren Magnetfeldes variiert um etwa ±2nT. (Für die quantitative Beschreibung magnetischer Felder sind sowohl die »magnetische Feldstärke« als auch die »magnetische Flussdichte« gebräuchliche Begriffe. In isotropen, also richtungsunabhängigen magnetischen Materialien, verhalten sich die beiden Größen zueinander direkt proportional.)

Noch effizienter werden atmosphärische Schwankungen infolge der solaren thermischen Anregung umgesetzt. Der periodische Wechsel zwischen einer tagsüber wärmeren und daher ausgedehnteren Lufthülle sowie einer nächtlichen kälteren Atmosphäre, die sich entsprechend zusammenzieht, verursacht zum Beispiel in Polnähe thermosphärische Windgeschwindigkeiten um 350km/h und Beiträge zur magnetischen Flussdichte von etwa ±35nT. Mit dem Maxwellschen Induktionsgesetz, wonach variable magnetische Felder wiederum elektrische Felder erzeugen, wird der Kreislauf zwischen Magnetismus und Elektrizität geschlossen. Die mittels der solaren thermischen Anregung induzierte Stromstärke liegt in der Dynamosphäre bei 80.000A bis 200.000A.

Der äquatoriale Elektrojet, ein eng begrenzter Bereich mit Zonen markant erhöhter elektrischer Stromdichte, ist ein anschauliches Beispiel für das Zusammenwirken von elektrischen und magnetischen Kräften. (Die elektrische Stromdichte ist eine vektorielle Größe, deren Richtung die Bewegung positiver Ladungsträger anzeigt und deren Betrag der elektrischen Stromstärke pro Flächeneinheit [A/m²] entspricht. Unter elektrischer Stromstärke versteht man die durch den Leiterquerschnitt fließende Ladungsmenge pro Zeiteinheit.) Die beachtliche Anzahl elektrischer Ladungen im Äquatorbereich ist auf starke Sonneneinstrahlung und einer damit einhergehenden intensiven Photoionisationsrate zurückzuführen. Betrachtet man den Vektor der horizontalen Stromdichte im magnetischen Koordinatensystem, so kann man diesen allgemein in einen meridionalen und einen zonalen Anteil zerlegen. Im Falle des äquatorialen Elektrojets lässt jedoch die Konfiguration des Magnetfeldes in Verbindung mit der vertikalen Bewegungsrichtung der Atmosphäre infolge der solaren thermischen Anregung und Gezeitenwirkungen lediglich eine zonale Komponente des elektrischen Feldes ($\vec{E} = \vec{v} \times \vec{B}$) und somit auch der elektrischen Stromdichte zu. Der äquatoriale Elektrojet erstreckt sich demnach in West-Ost-Richtung, wobei er an der Tagseite aufgrund der tagsüber erhöhten elektrischen Leitfähigkeit deutlich stärker ausgeprägt ist als an der Nachtseite.

F-REGION

Der oberste Teil der Ionosphäre ist die F-Region, welche sich ab einer Höhe von 150km über der Erdoberfläche erstreckt. Der Ionisationsgrad steigt hier mit zunehmender Höhe meist stetig an, wobei dessen tages- und jahreszeitliche Variabilität im Verhältnis zu den auf die wechselnde Sonnenaktivität zurückzuführenden Schwankungen allmählich unbedeutender wird. Die wichtigsten geladenen Teilchen sind Elektronen (bis zu $2 \cdot 10^6 p/cm^3$) und O^+ (bis zu $2 \cdot 10^6 p/cm^3$) sowie oberhalb von 900km Höhe auch H^+.

Innerhalb der F-Region sind zwei Zonen relativ hoher Elektronendichte vorhanden. Die F1-Schicht ist ähnlich wie die E-Schicht besonders bei Tageslicht gut ausgeprägt und befindet sich etwa 150km bis 200km über der Erdoberfläche, am häufigsten in 190km Höhe. Innerhalb der F2-Schicht in normalerweise 250km bis 350km Höhe erreicht die Elektronenkonzentration ihr globales Maximum, welches allerdings beträchtlichen zeitlichen Änderungen unterworfen ist. Der Hauptanteil dieser Fluktuationen steht auch hier mit der Sonneneinstrahlung in Zusammenhang. So wird die höchste Elektronendichte im Normalfall untertags inmitten fortwährend ablaufender Photoionisationsprozesse registriert, sie beträgt zum Beispiel in den mittleren Breiten bei ruhiger Sonne etwa $4 \cdot 10^5 p/cm^3$, bei hoher Sonnenaktivität steigt sie auf typischerweise $2 \cdot 10^6 p/cm^3$ an. Während der Dunkelheit reduziert sich die Elektronenkonzentration durchschnittlich um eine Größenordnung.

Hinsichtlich ihrer horizontalen Verteilung wird die maximale Elektronendichte in den niedrigen Breiten erzielt, allerdings nicht exakt über dem Äquator, dem Ort intensivster

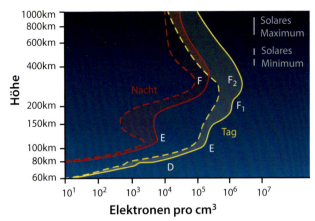

Die höchste Elektronendichte tritt in der F2-Schicht tagsüber bei hoher Sonnenaktivität auf.
Die Unterschiede zwischen Tag und Nacht sind vor allem in den unteren Regionen der Ionosphäre signifikant. In den oberen Regionen wirkt sich der solare Aktivitätszyklus stärker aus.

Sonneneinstrahlung, sondern abseits davon gürtelförmig in beiden Hemisphären. Diese Eigentümlichkeit wird in der Literatur als »äquatoriale Anomalie« bezeichnet. In den mittleren Breiten ist eine weitere bemerkenswerte Besonderheit anzutreffen, wonach die höchste Elektronenkonzentration auf der Winterhalbkugel etwas höhere Werte einnimmt als innerhalb der beleuchteten Sommerhalbkugel. Dies kann mit der großräumigen thermosphärischen Zirkulation in Zusammenhang gebracht werden, deren absteigender Ast in der Winterhemisphäre sauerstoffreichere Luft von höheren Schichten nach unten transportiert und damit die Photoionisationsrate von atomarem Sauerstoff in der unteren F2-Schicht erhöht.

In geringerem Maße werden Variabilitäten der Teilchendichte freier Elektronen auch durch unregelmäßige thermosphärische Strömungen und damit bewirkte Änderungen der Zusammensetzung der Heterosphäre verursacht. Dies beeinflusst die Häufigkeiten bestimmter chemischer Reaktionen, was sich wiederum auf den Ionisationsgrad auswirkt.

HÖHENBEREICHE DES POLARLICHTS

Nächtliche Polarlichter werden von Elektronen ausgelöst, die durch spezielle Vorgänge im lang gestreckten Schweif der Magnetosphäre beschleunigt werden (→ Kapitel Sonnenwind und Magnetosphäre) und dann bis in die Ionosphäre vorzugsweise hoher geomagnetischer Breiten vordringen. Die Partikelenergien betragen beim Auftreffen auf die atmosphärischen Bestandteile bis zu 200keV, wobei die größte Durchflussstärke bei etwa 10keV registriert wird. Diese Energiemenge ist überaus beachtlich und mehr als ausreichend, um Atome und Moleküle mittels Kollisionen in einen angeregten Zustand überzuführen. Meist werden die ersten atmosphärischen Partikel sogar so hart getroffen, dass ihre Schalenelektronen nicht nur auf weiter außen liegende Orbits, sondern oftmals gleich ganz aus dem Partikelverband hinausgeschleudert werden. Die Folge sind zusätzliche positiv geladene Ionen und eine Mehrzahl an freien Elektronen, welche nicht nur die elektrische Leitfähigkeit der oberen Luftschicht erhöhen, sondern selbst noch genügend kinetische Energie aufweisen, um damit Atmosphärenteilchen anzuregen. Bei besonders hohen Energiebeträgen gelingt es den beschleunigten Elektronen nicht selten, auf ihrem Weg in die immer dichter werdenden tieferen Ionosphärenregionen gleich zahlreiche der vorhandenen Atome und Moleküle zu ionisieren, bevor ihre Energie letztendlich verbraucht ist. In solchen Fällen einer regelrechten Teilchenkaskade werden reichlich sekundäre Elektronen erzeugt, welche neben den primären Elektronen für die Polarlichtauslösung zur Verfügung stehen.

Für die Untergrenze der Aurora ist sowohl die Eindringtiefe primärer und sekundärer Stoßpartikel, als auch das Vorhandensein von noch nicht allzu vielen atmosphärischen Stoßpartnern, welche die Lichtentstehung stören könnten, von Bedeutung. Der Oberrand wird indessen durch eine nach oben immer dünner werdende Luftschicht und folglich abnehmende Anzahl polarlichterzeugender Partikel sowie von der eingeschränkten Fähigkeit des menschlichen Auges, ein weit entferntes Polarlicht zu erkennen, begrenzt.

Beobachtungen zeigen, dass sich der untere Rand einer ausgeprägten nächtlichen Aurora häufig in etwa 90km Höhe befindet, bei extremen Bedingungen aber bis auf 70km über der Erdoberfläche absinken kann. Die Obergrenzen liegen in maximal 500km bis 700km Höhe, in seltenen Fällen auch höher, wobei allerdings der sichtbare Oberrand oft schon in 300km über der Erdoberfläche erreicht ist. Vertikal mächtigere Polarlichter können am ehesten während geomagnetischer Stürme beobachtet werden, wenn bedingt durch einen hochatmosphärischen polaren Temperaturanstieg Luftpartikel großflächig aufsteigen und innerhalb der mittleren und oberen Thermosphäre einen Massenzuwachs bewirken.

Für die unterschiedlichen Farben der Aurora gibt es jeweils bevorzugte Höhenbereiche. Die generell vorherrschende Farbe des Polarlichts ist das Gelbgrün des atomaren Sauerstoffs mit einer maximalen Leuchtkraft in etwa 120km bis 140km Höhe. Grund für diese Dominanz ist einerseits die hohe Intensität der Emissionslinie, andererseits die herausragende Empfindlichkeit des menschlichen Auges für den betreffenden Wellenlängenbereich. Das Rot des selben Elements leuchtet hingegen aufgrund des geraume Zeit dauernden Emissionsprozesses, der ja eine sehr dünne Atmosphäre erfordert, erst in 200km bis 320km Höhe am intensivsten. Damit wird diese Farbe in den meisten Fällen von der deutlich näher an der Erdoberfläche befindlichen gelbgrünen Aurora überstrahlt und ist nur bei besonders wirkungsvollen Teilchenkaskaden gut sichtbar. Bei einem solchen außergewöhnlichen Ereignis kann dann aber speziell rotes Polarlicht, für welches ja bestenfalls ein mäßig weites Eindringen der anregenden Partikel in unsere Lufthülle erforderlich ist, zeitweise auch weit abseits der polnahen Gebiete in mittleren und eventuell sogar niedrigen geomagnetischen Breiten gesehen werden. Im Gegensatz dazu benötigt wiederum die karminrote Farbe des molekularen Stickstoffs ein tiefes Vordringen primärer und sekundärer Elektronen. Diese Farbe zeigt sich nämlich sporadisch am unteren Rand des Polarlichts kräftiger, also in Regionen, in denen Stickstoff noch den weitaus größten Volumenanteil aller atmosphärischer Bestandteile ausmacht und der erst in höheren Bereichen bestimmende atomare Sauerstoff noch kaum vorhanden ist.

SEITE 64:

Während gelbgrünes Polarlicht in der Regel in 120km bis 140km Höhe am leuchtkräftigsten erscheint, erreicht rotes Polarlicht erst in einer Höhe von 200km bis 320km seine maximale Intensität und befindet sich demnach häufig oberhalb davon. Diese wunderschöne Aufnahme gelang dem Fotografen in der Nacht vom 30. September auf den 1. Oktober 2001 in Valkeakoski.

SEITE 65:

In der Nacht vom 24./25. September 2003 zeigte das ausgedehnte Polarlichtband über Valkeakoski einen ungewöhnlich kräftigen karminroten Unterrand. Dieser ist überwiegend auf molekularen Stickstoff zurückzuführen. Das darüber liegende Gelbgrün wird von atomarem Sauerstoff emittiert.

SEITE 66:

»Das Nordlicht kann Wolken berühren«, glaubte man in früheren Zeiten. Tatsächlich befindet sich die Aurora Borealis um ein Vielfaches höher (Valkeakoski, 5./6. November 2001).

SEITE 67:

Ein am Unterrand scharf begrenztes, nach oben hin diffuses Polarlichtband spiegelt sich eindrucksvoll an der glatten Seeoberfläche bei Valkeakoski. Die Farben kommen in dunklen, mondlosen Nächten am Besten zur Geltung.

MAGNETOSPHÄRE DER ERDE

An die Atmosphäre schließt die Magnetosphäre der Erde an, wobei die beiden Sphären allerdings nicht getrennt voneinander existieren, sondern über einen gemeinsamen Überlappungsbereich verfügen. Dieser umfasst definitionsgemäß denjenigen Teil der Erdatmosphäre, in dem die Bewegung geladener Teilchen nicht mehr von thermosphärischen Winden geprägt wird, sondern überwiegend der Kontrolle durch elektrische und magnetische Kräfte unterliegt. Für freie Elektronen gilt dies bereits innerhalb der Dynamosphäre, für Ionen ist die Luft erst ab einer Höhe von 130km bis 150km dünn genug, um nicht mehr vorrangig mit Neutralgasteilchen mitgestoßen zu werden.

Für das Vorhandensein von magnetischen Kräften innerhalb der Magnetosphäre sind drei wesentliche Quellen zu nennen: die variablen elektrischen Felder in der Ionosphäre, der Sonnenwind, vor allem aber das so genannte innere Magnetfeld der Erde.

INNERES MAGNETFELD DER ERDE

Beim inneren Magnetfeld der Erde handelt es sich in erster Näherung um ein globales Dipolfeld mit zwei gegenüberliegenden Polen, wie man es vereinfacht auch bei einem Stabmagneten vorfindet. Die theoretischen Pole dieses geomagnetischen Feldes liegen zum einen in Wilkesland auf dem Kontinent Antarktika bei etwa 80,0°S und 107,8°O (geomagnetischer Nordpol), zum anderen auf Ellesmere Island im Kanadischen Territorium Nunavut bei etwa 80,0°N und 72,2°W (geomagnetischer Südpol). Die magnetischen Feldlinien verlaufen vom geomagnetischen Nord- zum geomagnetischen Südpol und sind in erster Näherung in sich geschlossen.

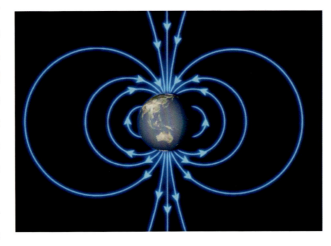

Die geomagnetischen Pole sind derzeit konträr zu den geografischen Polen angeordnet. Der geomagnetische Nordpol befindet sich auf der Südhalbkugel, der geomagnetische Südpol in der Nähe des geografischen Nordpols. Diese Eigentümlichkeit kann aus der Orientierung der magnetischen Feldlinien, die definitionsgemäß stets vom magnetischen Nord- zum magnetischen Südpol verlaufen, abgelesen werden.

Tatsächlich weicht allerdings das an der Erdoberfläche gemessene Magnetfeld vom theoretischen Ansatz eines Dipolfeldes ab. Grund dafür sind die ungleichmäßige Anordnung magnetischer Materialien im Inneren der Erde, in geringem Maße auch die Stromsysteme der Ionosphäre, welche lokale zusätzliche Felder erzeugen, die sich dem Dipolfeld überlagern. Das sich daraus ergebende Gesamtfeld, an dem sich frei schwebende Kompassnadeln orientieren, bezeichnet man gemeinhin als Magnetfeld der Erde. Die magnetischen Pole dieses Feldes befinden sich in Meeresgebieten, der Nordpol im Packeis der Antarktis bei etwa 64,4°S und 137,3°O, der Südpol im Arktischen Ozean nördlich von Kanada bei etwa 85,0°N und 132,4°W. Beide Pole verharren nicht konstant an ihrem Ort, sondern zeigen erhebliche Driftbewegungen. So verlagert sich der magnetische Südpol derzeit jährlich um etwa 40km Richtung Nordnordwesten und würde bei gleich bleibendem Kurs in den nächsten Jahrzehnten Sibirien erreichen. Darüber hinaus ist die kontinuierliche Driftbewegung von beträchtlichen kurzzeitigen Fluktuationen überlagert, welche sich in unregelmäßigen Polwanderungen sogar von bis zu 85km pro Tag bemerkbar machen.

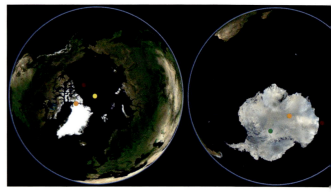

Die Pole der Erde (gelb: geografischer Nordpol, grün: geografischer Südpol, orange: geomagnetische Pole, rot: magnetische Pole).

Die Stärke des Erdmagnetfeldes ist beachtlich und wird innerhalb des Sonnensystems nur noch vom Dipolfeld des Planeten Jupiter sowie von den gewaltigen Magnetfeldern der Sonne übertroffen. Am stärksten ist das Erdmagnetfeld in den polaren und subpolaren Breiten ausgeprägt. So erreicht die

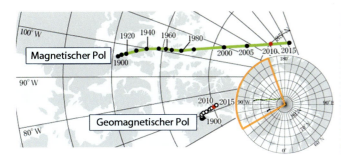

Der magnetische Südpol verlagerte sich im vergangenen Jahrhundert mit zuletzt zunehmender Geschwindigkeit Richtung Nordnordwesten.

Flussdichte an der Erdoberfläche entsprechend dem »US/UK World Magnetic Model Epoch 2010.0« zum Beispiel am magnetischen Südpol etwa 57.000nT, im zentralen Mittelsibirien sogar mehr als 61.000nT. Der Maximalwert wird in naher Umgebung des magnetischen Nordpols mit mehr als 66.000nT erzielt. Mit abnehmender Breite verringert sich die Feldstärke und beträgt zum Beispiel an der deutschen Ostseeküste, ausgedrückt wieder über die magnetische Flussdichte, noch knapp 50.000nT während sie in den Alpenländern nur noch 47.000nT bis 48.000nT ausmacht. Die geringsten Werte mit oberflächennah knapp unter 23.000nT werden jedoch nicht, wie vielleicht erwartet, am Äquator, sondern abseits davon über dem westlichen Südatlantik und im Grenzbereich der Staaten Brasilien, Paraguay, Uruguay, Argentinien registriert. Für das Ausmaß dieser bemerkenswerten Besonderheit, Südatlantik-Anomalie genannt (»Southern Atlantic Anomaly«), konnte bislang noch keine zufrieden stellende Erklärung gefunden werden. Eine wesentliche Ursache dürfte jedenfalls darin begründet sein, dass die Magnetfeldachse der Erde nicht exakt durch den Erdmittelpunkt verläuft, sondern etwas auf die pazifische Seite versetzt ist.

Für Vergleichszwecke mit anderen Himmelskörpern werden gerne Messwerte im Äquatorbereich herangezogen. Entlang des geografischen Äquators variiert die magnetische Flussdichte zwischen 27.000nT und 43.000nT, wobei die höchsten Beträge auf der indonesischen Insel Sumatera in relativer Nähe zum magnetischen Nordpol und die kleinsten Werte an der Küste Nordost-Brasiliens nahe der Südatlantik-Anomalie festgestellt werden.

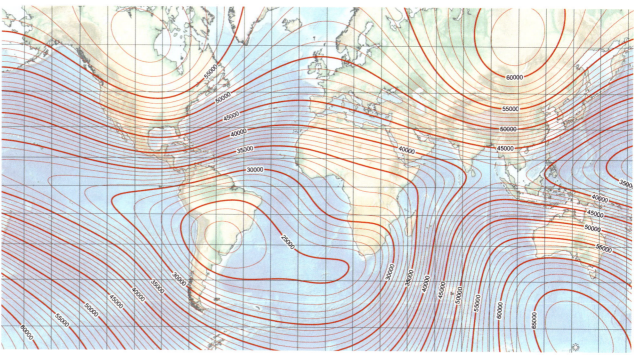

Die höchsten Werte der magnetischen Flussdichte treten erdoberflächennah in Kanada, Sibirien und im antarktischen Ozean nahe dem magnetischen Nordpol auf, der niedrigste Wert in Südamerika.

Magnetische Flussdichte planetarer Magnetfelder

innere Planeten	magnetische Flussdichte an der Oberfläche (Äquator)	äußere Planeten	magnetische Flussdichte an der Wolkenobergrenze (Äquator)
Merkur	~300nT	Jupiter	~430.000nT
Venus	~4nT	Saturn	~21.000nT
Erde	~35.000nT	Uranus	~25.000nT
Mars	~50nT	Neptun	~15.000nT

Nach aktuellem Wissensstand dürfte das Erdmagnetfeld mehr als 3,6 Milliarden Jahre alt sein. Seine Quelle befindet sich tief im Erdinneren, welches schalenförmig aufgebaut ist. Die sieben Kontinente (Europa, Asien, Nordamerika, Südamerika, Afrika, Ozeanien, Antarktika) und sieben Ozeane (Arktischer Ozean, Nordatlantik, Südatlantik, Nordpazifik, Südpazifik, Indischer Ozean, Antarktischer Ozean) mitsamt ihren zugehörigen Platten sind Teil der Erdkruste, welche bis zu 40km ins Erdinnere hineinreicht. Unmittelbar daran schließt der Erdmantel in einer Tiefe bis 2900km an, wobei man zwischen einem plastischen oberen und einen im Gegensatz dazu starren unteren Mantel unterscheidet. Die nächste Schale umfasst den hauptsächlich aus Nickel und Eisen zusammengesetzten äußeren Erdkern, der sich 2900km bis 5150km unterhalb der Erdoberfläche erstreckt. Die Temperatur beträgt an seinem Außenrand 2800°C und steigt nach innen bis auf 4800°C an. Im Zentrum der Erde befindet sich letztendlich der heiße innere Erdkern, welcher vermutlich ebenfalls vorwiegend aus Nickel und Eisen besteht, mit einem Radius von 1230km. Obwohl die Temperaturen tief im Inneren der erdartigen Planeten (Merkur, Venus, Erde, Mars) auf den ersten Blick relativ hoch erscheinen, sind sie im Vergleich zu früheren Epochen bereits zu wenig heiß, um die jeweiligen Planetenkerne in einem anderen als einen aufgrund der extremen Druckverhältnisse festen Zustand zu erhalten. Eine bedeutende Sonderstellung kommt hier lediglich der Erde zu, deren relativ naher und vor allem massereicher Mond mit seiner Gezeitenwirkung das Nickel-Eisen-Gemisch des äußeren Erdkerns in einer niedrigviskosen, flüssigkeitsartigen Eigenschaft bewahrt. Dies ermöglicht einen turbulenten Wärmetransport mittels Konvektionszellen, deren Strömungskomponenten unter Einwirkung der Corioliskraft das Dipolfeld der Erde erzeugen.

In unregelmäßigen Zeitabständen, durchschnittlich alle 250.000 Jahre, bricht das Erdmagnetfeld vorübergehend

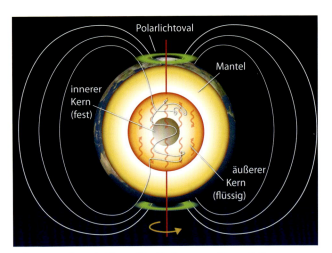

Schematischer Aufbau des Erdinneren Konvektionsströmungen im flüssigkeitsartigen äußeren Kern erzeugen das erdmagnetische Hauptfeld.

nahezu komplett zusammen, um seine magnetischen Pole auf der jeweils gegenüberliegenden Hemisphäre neu auszurichten. Diese Umpolungsphasen dauern vermutlich 5000 bis 10.000 Jahre, währenddessen ein nur sehr schwaches Magnetfeld unseren Planeten umgibt. Da der letzte Polwechsel inzwischen 780.000 Jahre zurückliegt, werden in Wissenschaftskreisen bereits Vermutungen geäußert, wonach die nächste Umpolung schon bald bevorstünde. Beobachtungen, welche auf eine Abschwächung des Erdmagnetfeldes in jüngster Vergangenheit schließen lassen, untermauern diese Annahme. So dürfte sich die magnetische Feldstärke innerhalb der letzten 300 Jahre weltweit um etwa 10% reduziert haben. Im Untersuchungszeitraum 1979–2002 konnte überdies eine beschleunigte Abnahme festgestellt werden, welche global gemittelt 1,7% ausmachte und in einzelnen Regionen, wie zum Beispiel im Bereich der Südatlantik-Anomalie, mit 10% während dieses relativ kurzen Zeitabschnittes sogar dramatische Ausmaße erreichte. Die Änderungen des Erdmagnetfeldes erfolgen jedoch nicht überall mit demselben Vorzeichen, denn entgegen dem weltweiten Trend nimmt die magnetische Flussdichte zum Beispiel in Lappland derzeit um 35nT pro Jahr zu.

Über die Auswirkungen eines Polwechsels gibt es nur Vermutungen. Solange das Erdmagnetfeld intakt ist, hält es sowohl den Sonnenwind und die von manchen Sonneneruptionen ausgehende, hochenergetische lebensfeindliche Protonenstrahlung, als auch die zwar seltenere, aber noch energiereichere kosmische Strahlung ausreichend von uns fern. Bricht jedoch das Magnetfeld zusammen, müsste das Strahlungsniveau an der Erdoberfläche gefährlich ansteigen. Die Konsequenzen wären lebensbedrohlich, es käme zu folgenschweren DNA-Mutationen und einer möglicherweise signifikanten Dezimierung der Lebewesenpopulation. Bislang konnten allerdings, trotz zahlreich erfolgter Polumkehrungen im Laufe der Erdgeschichte, noch keine Hinweise auf solche Ereignisse gefunden werden. Daher geht man mittlerweile davon aus, dass das Magnetfeld während der mehrere Jahrtausende dauernden Umpolungsphasen an anderer Stelle kompensiert wird. Am ehesten kommt dafür die Ionosphäre in Frage, bis zu welcher der Sonnenwind im Falle des Zusammenbruchs des Erdmagnetfeldes vordringen könnte. Die geladenen solaren Partikel würden dann nämlich durch ihre Bewegung im ionosphärischen Magnetfeld dieses mittels magnetischer Induzierung entscheidend verstärken und die Ionosphäre auf diese Weise die Schutzfunktion des fehlenden Erdmagnetfeldes übernehmen.

DAS INNERE DER MAGNETOSPHÄRE

Entsprechend der Definition, wonach die Magnetosphäre dort beginnt, wo die Bewegung geladener Teilchen überwiegend von elektrischen und magnetischen Kräften übernommen wird, kann ihre untere Grenze mit 130km bis 150km über der Erdoberfläche bestimmt und als unterste Schicht die F-Region der Ionosphäre festgelegt werden. Die obere Grenze der Magnetosphäre befindet sich bereits weit außerhalb unserer Luftschicht im luftleeren Raum, an der Tagseite etwa 60.000km bis 120.000km von der Erde entfernt, an der Nachtseite in Form eines Schweifes bis mehr als 1 Million km in den Weltraum hinausgezogen. Sie wird als Magnetopause bezeichnet.

PLASMASPHÄRE

Unmittelbar an die Ionosphäre schließt die Plasmasphäre an. Während der Ionisationsgrad hier mit zunehmender Höhe weiter ansteigt, nimmt die Elektronenkonzentration oberhalb der Höhe ihres globalen Maximums (F2-Schicht mit durchschnittlich knapp $10^6 p/cm^3$) nahezu stetig ab und erreicht an der äußeren Umrandung der Plasmasphäre nur noch einen Wert von etwa $100 p/cm^3$. Grund ist die in der immer dünner werdenden Luft zurückgehende Zahl an Photoionisationen. Die Ausdehnung der Plasmasphäre zeigt deutliche Unterschiede zwischen der Tag- und der Nachtseite. Über dem Äquator, wo sie ihre größte Mächtigkeit aufweist, reicht sie sonnenzugewandt bis in eine Höhe von etwa 16.000km bis 19.000km über der Erdoberfläche, während sie sich in den Abendstunden vorübergehend sogar auf 25.000km bis knapp 30.000km ausdehnt. In der an die Plasmasphäre anschließenden knapp 1000km breiten Übergangszone, der Plasmapause, reduziert sich die Elektronendichte sehr schnell auf ungefähr $1 p/cm^3$.

Der signifikante Plasmadruckgradient vom Magnetosphärenschweif zur Plasmasphäre verursacht den so genannten »Polarwind«. Darunter ist ein Fluss geladener Teilchen, vor allem Elektronen, H^+ und He^+, zu verstehen, welcher sich von der polaren Ionosphäre bis in große Höhen erstreckt und entlang der offenen in den Schweif hineinreichenden magnetischen Feldlinien verläuft. Seine Geschwindigkeit beträgt zum Beispiel in 3000km Höhe beachtliche 35.000km/h bis 70.000km/h.

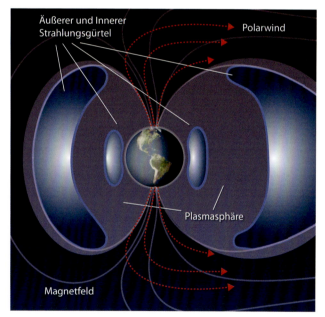

Schematische Darstellung der Plasmasphäre, die vor allem über den niedrigen und mittleren Breiten markant ausgebildet ist.

Setzt man sich mit Partikelenergien magnetosphärischer Teilchen auseinander, so zeigt sich, dass innerhalb der Plasmasphäre sowohl freie Elektronen als auch positive Ionen meist nur mit relativ geringen Energiebeträgen von typischerweise 0,3eV bis maximal einigen wenigen eV ausgestattet sind. Eine Ausnahme bilden die so genannten Strahlungsgürtel, innerhalb derer sich auch eine beträchtliche Menge hochenergetischer Partikel sowohl irdischen als auch extraterrestrischen Ursprungs aufhalten.

STRAHLUNGSGÜRTEL

Im Umkreis der Erde konnten bislang drei Strahlungsgürtel nachgewiesen werden, zwei sehr markante, welche nach ihrem Entdecker Van-Allen-Gürtel genannt werden, sowie ein weiterer, allerdings wenig intensiver Gürtel, der sich zwischen den beiden befindet. Die hervorstechende Eigenschaft der Strahlungsgürtel ist, wie bereits erwähnt, die hohen Energiebeträge, mit welchen zumindest ein Teil der hier vorkommenden Partikel aufwarten kann. Für Elektronen liegen die Werte dabei um 0,04MeV bis 5MeV, für Protonen sogar zwischen 0,1MeV und 700MeV.

Der innere Strahlungsgürtel umgibt unseren Planeten in einer Höhe von 1000km bis 6000km und ist nur über den niedrigen Breiten vorhanden. Er ist rotationssymmetrisch zur magnetischen Achse und nahezu spiegelsymmetrisch zur magnetischen Äquatorebene der Erde angeordnet. In dessen Inneren existieren die energiereichsten Protonen und deren Durchflussstärke übersteigt selbst bei mehr als 30MeV im Zentrum noch einen Wert von $10^4 p/cm^2 s$. Protonen und Elektronen des inneren Van-Allen-Gürtels sind überwiegend auf die Wirkung extrem hochenergetischer extrasolarer Korpuskularstrahlung zurückzuführen. Kosmische Strahlung vermag nämlich beim Eindringen in die Erdatmosphäre Stickstoff- und Sauerstoffatomkerne zu zertrümmern und dabei freie Neutronen herauszuschlagen. Diese werden zum Teil in den interplanetaren Raum zurückgestreut und zerfallen ohne Bindung an einen Atomkern innerhalb relativ kurzer Zeit (Halbwertszeit ~15min) in Protonen, Elektronen und Antineutrinos. Sobald die Teilchen eine Ladung aufweisen, werden sie von den magnetischen Kräften innerhalb der Magnetosphäre abgefangen und in den inneren Van-Allen-Gürtel geleitet.

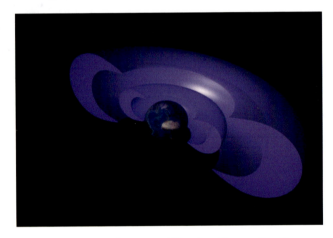

Der innere und äußere Van-Allen-Strahlungsgürtel umgeben die Erde über den niedrigen bzw. den niedrigen und mittleren Breiten.

Der mittlere, nur schwach ausgeprägte Strahlungsgürtel verläuft in einem Abstand von etwa 12.000km zur Erdoberfläche. Über ihn ist nur wenig bekannt.

Der äußere Van-Allen-Gürtel befindet sich bereits 15.000km bis 25.000km über der Erdoberfläche und erstreckt sich über den niedrigen und mittleren Breiten, wobei seine Höhe zum Äquator hin zunimmt. Im Gegensatz zum inneren Strahlungsgürtel ist die Form des äußeren Gürtels auch von der Tageszeit abhängig. An der sonnenzugewandten Seite rückt er näher an die Erde heran, während sein Abstand an der Nachtseite stets anwächst. Die hier enthaltenen Partikel sind energiereichste Elektronen mit mehr als 1,6MeV und einer Durchflussstärke im Zentrum von über 10^4p/cm²s sowie zahlreiche Elektronen und Protonen mit zwar nur mittelhohen Energiebeträgen, deren Durchflussstärke aber einen Wert von 10^8p/cm²s übertrifft. Sie werden mit dem Sonnenwind transportiert, dringen in die Magnetosphäre ein und werden mit Hilfe magnetischer Kräfte in den äußeren Van-Allen-Gürtel geleitet.

PLASMASCHICHT

Eine besondere Bedeutung in Bezug auf Polarlichter kommt der Plasmaschicht zu. Diese Region befindet sich im Schweifinneren der Magnetosphäre außerhalb der Strahlungsgürtel. Somit beginnt diese Zone in den niedrigen und mittleren Breiten erst oberhalb des äußeren Van-Allen-Gürtels, während sie in hohen geomagnetischen Breiten bis in die Atmosphäre hineinreicht.

Die geladenen Partikel innerhalb der Plasmaschicht sind in der Regel niederenergetisch mit Energiebeträgen von 0,08 bis 1,65keV. Herausragend ist allerdings deren Durchflussstärke, welche stellenweise noch markant höhere Werte einnimmt als bei den Teilchen der Strahlungsgürtel.

BEWEGUNG GELADENER TEILCHEN IM DIPOLFELD DER ERDE

Die Bewegung geladener Teilchen in jenem Bereich der Magnetosphäre, in dem die Magnetfeldlinien, wie zum Beispiel innerhalb der Strahlungsgürtel geschlossen sind, setzt sich vereinfacht aus drei Komponenten zusammen:

- Gyration (gleichförmige Kreisbewegung) um die magnetischen Feldlinien
- Oszillation (Hin- und Herpendeln) zwischen den Spiegelungspunkten
- longitudinale Drift

Da die geladenen Partikel nicht nur um die Magnetfeldlinien kreisen, sondern sich gleichzeitig auch entlang der Feldlinien vorwärts bewegen, kann man sich die Gyration wie eine schraubenförmige Bewegung der Teilchen um die magnetischen Feldlinien vorstellen. Je stärker das Magnetfeld, also je näher dem geomagnetischen Pol an der Erdoberfläche, desto rascher kreisen die Partikel und desto kleiner werden auch die Kreisradien. Allerdings nimmt dabei die Vorwärtskomponente sukzes-

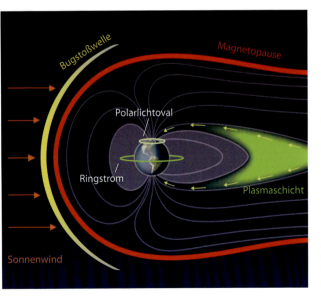

Aufbau der Magnetosphäre. Die Plasmaschicht verläuft außen an der Plasmasphäre und den Strahlungsgürteln vorbei und grenzt in hohen geomagnetischen Breiten direkt an die Atmosphäre.

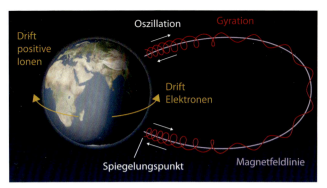

Vereinfachte Darstellung der drei Bewegungskomponenten Gyration, Oszillation und Drift.

sive ab, bis die geladenen Teilchen an einen Spiegelungspunkt gelangen, von dem aus sie wieder kreisend zurück schwingen.

Der Spiegelungspunkt hängt abgesehen von der magnetischen Flussdichte des Magnetfeldes von der Energie des geladenen Partikels sowie von dessen Einfallswinkel zu den magnetischen Feldlinien ab. Energiereiche Teilchen dringen tief in die Atmosphäre ein. So können Elektronen mit mehr als 30keV und Protonen mit mehr als 1MeV bis in die D-Region der Ionosphäre gelangen. Die Oszillation zeichnet sich durch ein enormes Tempo aus. Hochenergetische Partikel benötigen für ein komplettes Hin- und Herpendeln nur wenige Sekunden, wobei Elektronen mit gleichen Energiebeträgen die Strecke rascher zurücklegen als Protonen.

Die longitudinale Drift bedeutet eine Art Seitwärtsbewegung der geladenen Teilchen rund um den Erdball, wobei positive Ionen westwärts und Elektronen ostwärts driften. Für eine komplette Erdumrundung benötigen hochenergetische Partikel weniger als eine Stunde. Dabei zeigt sich, dass, sofern man gleiche Energiebeträge voraussetzt, die Protonen ihre Drift rascher vollführen als Elektronen.

SPEZIALWISSEN: GYRATION

Die Kraft eines einheitlichen zeitlich und räumlich konstanten magnetischen Feldes auf ein geladenes Teilchen wird als Lorentzkraft bezeichnet und folgendermaßen formuliert:

(1) Lorentzkraft vektoriell $\vec{F}_M = q\vec{v} \times \vec{B}$

(2) Lorentzkraft skalar $F_M = q \cdot v \cdot B \cdot \sin \alpha$ $[Jm^{-1} = N]$

mit $B\ [T = Vm^{-2}s = JC^{-1}m^{-2}s]$ als magnetische Flussdichte,

$v\ [ms^{-1}]$ Geschwindigkeit des Teilchens,

$q\ [C]$ elektrische Ladung des Teilchens,

α Winkel zwischen Geschwindigkeitsvektor und Vektor der magnetischen Flussdichte.

Die Lorentzkraft ist sowohl zum Geschwindigkeitsvektor als auch zum Vektor der magnetischen Flussdichte (entspricht dem Magnetfeld) senkrecht ausgerichtet. Die Kraft wirkt nur auf bewegte ($v \neq 0$) und geladene ($q \neq 0$) Teilchen. Aus (1) folgt, dass geladene Partikel, die sich senkrecht zum Magnetfeld bewegen ($\alpha = 90°$), eine Kreisbahn um eine magnetische Feldlinie beschreiben, die Kraft weist dabei nach innen zum Rotationsmittelpunkt. Aufgrund der Kreisbewegung kommt eine weitere Kraft zur Geltung, die Zentrifugalkraft, sie wird exakt in entgegengesetzter Richtung vom Rotationsmittelpunkt nach außen ausgeübt. Für ein geladenes Teilchen, welches beschleunigungsfrei um eine magnetische Feldlinie kreist, müssen einander Lorentzkraft und Zentrifugalkraft bei Vernachlässigung aller weiteren Kräfte exakt aufheben. Dieser Gleichgewichtszustand kann infolge der gleichen Vektorrichtung recht einfach in skalarer Form dargestellt werden:

(3) Lorentzkraft = Zentrifugalkraft

$q \cdot v \cdot B = \dfrac{m \cdot v^2}{r}$ $[Jm^{-1} = N]$

(4) Lorentzkraft = Zentrifugalkraft

$q \cdot v \cdot B = m \cdot \omega^2 \cdot r$ $[Jm^{-1} = N]$ mit

$m\ [kg]$ Masse des Teilchens, $r\ [m]$ Gyrationsradius,

$\omega = \dfrac{v}{r}$ Winkelgeschwindigkeit, Gyrationsfrequenz

Für geladene Partikel, die sich nicht senkrecht zum Magnetfeld bewegen, empfiehlt es sich, den Geschwindigkeitsvektor in eine parallele Komponente $v_\| = v \cdot \cos \alpha$ und eine senkrechte Komponente $v_\perp = v \cdot \sin \alpha$ aufzuspalten. Aus (3) und (4) folgt dann für Gyrationsradius und Gyrationsfrequenz:

(5) Gyrationsradius $r_G = \dfrac{m \cdot v_\perp}{q \cdot B}$ $[m]$

(6) Gyrationsfrequenz $\omega_G = \dfrac{v_\perp}{r_G} = \dfrac{q \cdot B}{m}$ $[s^{-1} = Hz]$

Mit zunehmender magnetischer Flussdichte wird der Gyrationsradius stets kleiner und die Gyrationsfrequenz gleichzeitig größer.

RINGSTROM

Denkt man sich die drei Bewegungskomponenten Gyration, Oszillation und Drift, wie sie von vielen positiv und negativ geladenen Teilchen, hauptsächlich Elektronen, H^+ und He^+, gleichzeitig und nahezu kollisionsfrei innerhalb der Magnetosphäre ausgeführt werden, so resultiert daraus ein westwärts gerichteter Ringstrom. Dieser ist im Normalfall in knapp 32.000km über der Erdoberfläche mit einer Durchflussstärke von $10^9 p/cm^2 s$ in Äquatornähe am markantesten und nachts grundsätzlich stärker als tagsüber ausgeprägt. Die Partikelenergien betragen typischerweise 10keV bis 200keV.

Mit dem Ringstrom werden Ladungsträger im Magnetfeld bewegt und damit entsprechend dem Generatorprinzip kinetische Energie in elektrische Energie umgewandelt, also elektrischer Strom induziert. Dieser wiederum erzeugt ein magnetisches Wirbelfeld von zumindest 5nT bis 10nT, welches dem Erdmagnetfeld entgegengerichtet ist.

ELEKTRISCHE STROMSYSTEME ÜBER DEN POLGEGENDEN

Über den Polgegenden verlaufen innerhalb der Magnetosphäre und oberen Atmosphäre noch drei weitere bedeutende elektrische Stromsysteme:

- **Birkeland-Ströme:** Bewegung elektrisch geladener Teilchen, hauptsächlich Elektronen, in einer Kombination der Bewegungskomponenten »Gyration« und »Oszillation« entlang der magnetischen Feldlinien des Erdmagnetfeldes.
- **Pedersen-Ströme:** Bewegung elektrisch geladener Teilchen, hauptsächlich positive Ionen, senkrecht zum in hohen geomagnetischen Breiten annähernd vertikal ausgerichteten magnetischen Feld und parallel zum elektrischen Feld → fließen demnach horizontal meist in Nord-Süd-Richtung (morgens) bzw. Süd-Nord-Richtung (abends), Maximum in 125km Höhe.
- **Hall-Ströme:** Bewegung elektrisch geladener Teilchen, hauptsächlich Elektronen, senkrecht zum in hohen geomagnetischen Breiten annähernd vertikal ausgerichteten magnetischen Feld und senkrecht zum elektrischen Feld → fließen demnach überwiegend zonal in West-Ost- bzw. Ost-West-Richtung, Maximum in 105km Höhe → Polare Elektrojets

SPEZIALWISSEN: OSZILLATION

Die geladenen Teilchen innerhalb der Magnetosphäre bewegen sich nur in den seltensten Fällen exakt senkrecht zu den magnetischen Feldlinien in Kreisbahnen. Vielmehr drehen sie sich infolge ihrer parallelen Geschwindigkeitskomponente in Schraubenbahnen um die Magnetfeldlinien. Für zeitlich konstante Magnetfelder muss dabei das magnetische Moment erhalten bleiben.

(7) magnetisches Moment

$$\mu = I \cdot A = const \ [A\,m^2]$$

mit $I\,[A]$ als Stromstärke

$A\,[m^2]$ als Kreisfläche

Setzt man für I die Stromstärke einer von einem geladenen Teilchen durchflossenen Kreisschleife ein, also $I = \frac{q \cdot \omega_G}{2\pi}$, und verwendet man für die Kreisfläche die Formulierung $A = r_G^2 \cdot \pi$, so folgt daraus unter Berücksichtigung von (6) und (5):

(8) magnetisches Moment

$$\mu = \frac{v_\perp^2 \cdot m}{2 \cdot B} = const \ [A\,m^2]$$

mit

$v_\perp \ [ms^{-1}]$ Geschwindigkeit senkrecht zum Magnetfeld, bzw. Gyrationsgeschwindigkeit

$m\,[kg]$ Masse des Teilchens,

$B\,[T = Vm^{-2}s = JC^{-1}m^{-2}s]$ magnetische Flussdichte

Gelangt das geladene Partikel in eine Region mit höherer magnetischer Flussdichte, so muss sich, wie aus (8) leicht herausgelesen werden kann, auch seine Gyrationsgeschwindigkeit erhöhen.

Die kinetische Energie des geladenen Teilchens bleibt während seiner schraubenlinienförmigen Bewegung entlang einer Magnetfeldlinie konstant, da die Kraft des magnetischen Feldes stets senkrecht zum Weg des Partikels ausgerichtet ist (1) und damit keine Arbeit verrichtet wird.

(9) kinetische Energie

$$W_{KIN} = \frac{m}{2} \cdot v^2 = \frac{m}{2} \cdot (v_\perp^2 + v_\parallel^2) = const$$

mit $v^2 = v_\perp^2 + v_\parallel^2$ infolge des Satzes von Pythagoras für rechtwinkelige Dreiecke.

Gelangt das geladene Partikel in eine Region mit höherer magnetischer Flussdichte, also z.B. in die Nähe eines geomagnetischen Pols an der Erdoberfläche, und erhöht sich dadurch, wie bereits in (8) gezeigt, seine Gyrationsgeschwindigkeit, so muss sich entsprechend (9) gleichzeitig die Geschwindigkeitskomponente entlang des Magnetfeldes verringern bis sie irgendwann den Wert 0 erreicht und das Teilchen nicht weiter vordringen kann. Es kommt zu einer so genannten »Spiegelung«, das geladene Partikel kehrt um und rast gyrierend zur gegenüberliegenden Hemisphäre, bis es erneut »gespiegelt« wird.

GRENZEN PLANETARER MAGNETFELDER

Obwohl die Stärke eines Magnetfeldes mit zunehmender Entfernung von seiner Quelle abnimmt, reicht der Einflussbereich planetarer Dipolfelder stets über die Planetenoberflächen und -atmosphären teilweise bis weit in den interplanetaren Raum hinaus, wo ein Zusammentreffen mit dem vom Sonnenwind durch das gesamte Sonnensystem transportierten Interplanetares Magnetfeld erfolgt. Die Grenze zwischen einer planetaren Magnetosphäre und dem Sonnenwind wird als Magnetopause bezeichnet. Sie ist auf der sonnenzugewandten Seite an jenen Punkten zu finden, wo ein Gleichgewichtszustand zwischen der magnetischen Energiedichte des Magnetfeldes und der kinetischen Energiedichte des Sonnenwindes erfüllt ist, oder anders formuliert, wo ein Gleichgewicht zwischen dem magnetischen Druck des planetaren Magnetfeldes und dem senkrecht auf die Magnetosphäre ausgeübten dynamischen Druck des Sonnenwindes gegeben ist.

Im Einflussbereich des Erdmagnetfeldes ist dieser Gleichgewichtszustand im subsolaren Punkt durchschnittlich knapp 60.000km oberhalb der Erdoberfläche vorzufinden. Nimmt aber die Teilchendichte oder Geschwindigkeit des Sonnenwindes signifikant zu, dann rückt die Magnetopause näher an die Erde heran, da eine höhere magnetische Flussdichte erforderlich ist, um dem Druck des Sonnenwindes standzuhalten. In extremen Fällen kann die Magnetosphäre auf weniger als 36.000km zusammengedrückt werden, wodurch künstliche Satelliten in geostationären Erdumlaufbahnen (»Geostationary Earth Or-

SPEZIALWISSEN: DRIFT

Kräfte, welche von außen auf die schraubenförmig kreisenden Partikel einwirken, können die Kreisbahnen verändern. Einen wesentlichen Beitrag dazu liefern im Dipolfeld der Erde die Kraft des elektrischen Feldes sowie die Schwerkraft.

Die Kraft eines einheitlichen elektrischen Feldes auf ein geladenes Teilchen wird folgendermaßen formuliert:

(10) elektrische Kraft vektoriell $\vec{F}_E = q\vec{E}$

mit $E\,[NC^{-1}=Vm^{-1}]$ elektrische Feldstärke,
$q\,[C]$ elektrische Ladung des Teilchens

Die Kraft wirkt nur auf geladene ($q \neq 0$) Teilchen.
Ist sowohl der Geschwindigkeitsvektor als auch das elektrische Feld senkrecht zum magnetischen Feld ausgerichtet, so spannt der Vektor der elektrischen Kraft mit dem Geschwindigkeitsvektor des Teilchens eine Ebene auf, welche vom Magnetfeld senkrecht durchstoßen wird. Damit kann die elektrische Kraft auf das geladene Partikel während seiner Kreisbewegung um die magnetische Feldlinie einwirken, indem sie das Teilchen dort, wo der Vektor der elektrischen Kraft und die Normalprojektion des Geschwindigkeitsvektors in die selbe Richtung zeigen, beschleunigt und dort, wo die beiden Vektoren entgegengerichtete Komponenten aufweisen, bremst. Dies führt zu einer permanenten Änderung des Geschwindigkeitsbetrages des Partikels, wodurch entsprechend (5) auch der Gyrationsradius entlang der nun verzerrten »Kreisbahn« variiert. Daraus resultiert für das Teilchen eine Verschiebung des Kreismittelpunktes mit der so genannten »Driftgeschwindigkeit«, welche folgender Gleichung genügt:

(11) Driftgeschwindigkeit infolge der elektrischen Kraft
$$\vec{v}_D = \frac{\vec{E} \times \vec{B}}{B^2}$$

Die Driftbewegung erfolgt sowohl senkrecht zum magnetischen als auch senkrecht zum elektrischen Feld. Sie ist ladungsunabhängig.

In ähnlicher Form lässt sich die Auswirkung der Schwerkraft (Gewichtskraft) beschreiben. Diese Kraft, die auf alle Körper im Schwerefeld der Erde Einfluss nimmt, ist folgendermaßen definiert:

(12) Schwerkraft (Gewichtskraft) vektoriell $\vec{F}_G = m\vec{g}$

mit $g\,[ms^{-2}]$ Fallbeschleunigung
$m\,[kg]$ Masse des Teilchens

Auch hier wird das Teilchen beschleunigt, sobald es sich in Kraftrichtung bewegt und gebremst, wenn es sich in der Gegenrichtung befindet. Ein wesentlicher Unterschied zur elektrischen Kraft liegt allerdings darin begründet, dass der Vektor der Gewichtskraft nicht von der Partikelladung abhängig ist und daher unter Berücksichtigung der verschiedenen Drehrichtungen positiv und negativ geladener Teilchen um die magnetischen Feldlinien gegensätzliche Driftrichtungen hervorruft. Darüber hinaus ist auch die Driftgeschwindigkeit bei Protonen und Elektronen unterschiedlich. Sie lässt sich mittels folgender Gleichung bestimmen:

(13) Driftgeschwindigkeit infolge der Schwerkraft
$$\vec{v}_D = \frac{m\vec{g} \times \vec{B}}{qB^2}$$

bit«) das schützende Erdmagnetfeld verlassen und dem von der Sonne kontinuierlich abgegebenen Plasmastrom voll ausgesetzt werden.

Die Wirkung des Sonnenwindes auf die Magnetosphäre ist enorm und manifestiert sich recht deutlich in deren Gestalt, Größe und Stärke sowie den Vorgängen in ihrem Inneren. Während er an der sonnenzugewandten Seite gemäß seiner kinetischen Energiedichte die magnetischen Feldlinien zusammendrückt, zieht er diese an der Nachtseite aufgrund der beim Vorbeiströmen ausgeübten tangentialen Schubspannung deutlich mehr als 1.000.000 km weit wie einen Schweif hinaus. Vermutlich sind die Feldlinien an der sonnenabgewandten Seite sogar »offen«, also sehr weit in den interplanetaren Raum hinausreichend, bevor sie zurückkehren; allerdings ist diese Annahme bislang noch nicht einwandfrei bewiesen. Da der Sonnenwind nicht immer gleichmäßig weht, sondern laufenden Variationen unterliegt, verschiebt sich auch die Magnetopause kontinuierlich, wodurch das unseren Planeten umgebende Magnetfeld wie eine riesige Windfahne, deren Länge sich fortdauernd verändert, im Weltraum zu flattern scheint.

Eine unmittelbare Folgewirkung der beachtlichen Verformung des geomagnetischen Feldes sind drei so genannte »neutrale Zonen«, an denen die magnetische Flussdichte innerhalb der Magnetosphäre auf einen sehr kleinen Wert zurückgeht. Zwei Zonen befinden sich auf der sonnenzugewandten Seite in der Nähe der beiden geomagnetischen Pole, wo sich Feldlinien, welche die Pole auf der Tagseite verbinden, von jenen trennen, welche zwar auf der Tagseite »entspringen«, aber vom Sonnenwind in die Nachtseite »gezerrt« werden. Dies dürfte für alle Feldlinien etwa polwärts von 80° geomagnetischer Breite der Fall sein. Die dritte neutrale Zone mit einer Breite von etwa 500 km bis 5000 km befindet sich sonnenabgewandt im Zentrum des lang gestreckten Schweifs der Magnetosphäre. Hier verlaufen magnetische Feldlinien parallel zueinander in entgegengesetzter Richtung, wodurch die Feldstärke nahe null geht.

Der Sonnenwind prägt aber nicht nur die Gestalt der Magnetosphäre, sondern liefert aufgrund seiner Zusammensetzung aus geladenen Teilchen auch einen erheblichen Beitrag zur Stärke des die Erde umgebenden Magnetfeldes. Denn sobald Ladungsträger im Magnetfeld bewegt werden, wie es ja beim Vorbeiströmen des Sonnenwindes an der Magnetopause passiert, wird entsprechend dem Generatorprinzip kinetische Energie in elektrische Energie umgewandelt, also elektrischer Strom induziert. Dieser wiederum erzeugt, übereinstimmend mit der vierten Maxwellschen Gleichung, ein magnetisches Wirbelfeld, welches das Erdmagnetfeld entscheidend verstärkt. Berechnungen zeigen, dass im Vergleich zum tatsächlichen mittleren Abstand der Magnetopause von knapp 60.000 km am subsolaren Punkt die Mächtigkeit des reinen Dipolfeldes im Mittel weniger als 45.000 km betragen würde.

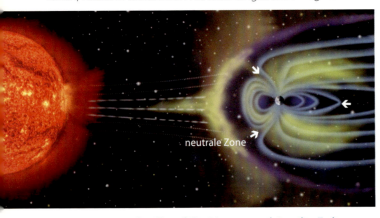

Der Sonnenwind trifft auf die Magnetosphäre der Erde und modifiziert diese. An der sonnenzugewandten Seite werden die irdischen Magnetfeldlinien zusammengedrückt, sonnenabgewandt werden sie weit in den interplanetaren Raum hinausgezogen. Eine unmittelbare Folgewirkung dieser Verzerrung sind die drei neutralen Zonen der Magnetosphäre.

SONNENWIND

Der Sonnenwind ist ein kontinuierlicher quasineutraler Plasmastrom, der von der Sonnenkorona radial in alle Richtungen abgegeben wird. Hauptbestandteile sind freie Elektronen und Atomkerne, davon sind 86% Wasserstoffkerne, 13% Heliumkerne und etwa 1% schwerere Elemente. Der hydrodynamische Massenverlust der Sonne beträgt dabei enorme 0,5 bis 1,0 Milliarden kg/s und ereignet sich zusätzlich zum thermonuklearen Massenverlust von 4,275 Milliarden kg/s infolge der Umwandlung von Wasserstoff in Helium im Sonneninneren. Eine weitere Eigenschaft des Sonnenwindes ist seine Natur als Teilchen- oder Korpuskularstrahlung. Darunter ist Strahlung, welche in Form von materiellen Teilchen bewegt wird, zu verstehen. Beim Sonnenwind handelt es sich um eine normalerweise überwiegend niederenergetische Strahlung mit Partikelenergien von typischerweise 0,1 keV bis 1 keV.

Damit elektrisch geladene Teilchen aus der Sonnenatmosphäre in den interplanetaren Raum entweichen können, muss die kinetische Energiedichte des Plasmas sowohl die magnetische Energiedichte als auch die Energiedichte des Gravitationsfeldes der Sonne überwinden. Man kann zeigen, dass dazu eine Geschwindigkeit von mindestens 50 km/s notwendig ist, dies entspricht der so genannten »Alfven-Geschwindigkeit«, der Fortpflanzungsgeschwindigkeit magnetohydrodynamischer Wellen in einem magnetischen Feld. Wodurch die benötigte kinetische Energie kontinuierlich zur Verfügung gestellt wird, ist bislang noch nicht geklärt. Möglicherweise sind Schockwellen dafür verantwortlich, die von Mikroflares ausgelöst werden, welche vermutlich die Sonnenkorona so effizient aufheizen.

MESSUNGEN DES SONNENWINDES

Der Sonnenwind wird vom Observatorium SOHO (SOlar and Heliospheric Observatory), welches von NASA und ESA gemeinsam entwickelt wurde, seit April 1996 sowie von der Sonde ACE (Advanced Composition Explorer) im Auftrag der NASA seit Januar 1998 eingehend untersucht. SOHO und ACE befinden sich in kleinen Umlaufbahnen um den so genannten »Lagrangepunkt« oder Librationspunkt L1 entlang einer Linie zwischen Sonne und Erde etwa 1,5 Millionen km von der Erde entfernt. Dieser Punkt ist dadurch ausgezeichnet, dass sich die Gravitations- und Zentrifugalkräfte exakt kompensieren, die Observatorien können daher an diesem Ort nahezu stabil verweilen. Dies bietet gegenüber erdumkreisenden Positionen bzw. dem auf der Nachtseite der Erde gelegenen Librationspunkt L2 den entscheidenden Vorteil, die Sonne ununterbrochen beobachten zu können. An Bord der beiden Sonden befinden sich mehrere Instrumente, auf SOHO sind das u.a. LASCO (Large Angle and Spectrometric COronagraph), EIT (Extreme Ultraviolet Imaging Telescope) sowie MDI (Michelson Doppler Imager), auf ACE z.B. EPAM (Electron Proton and Alpha Monitor), SWEPAM (Solar Wind Electron Proton Alpha Monitor) und MAG (MAGnetic Field Experiment).

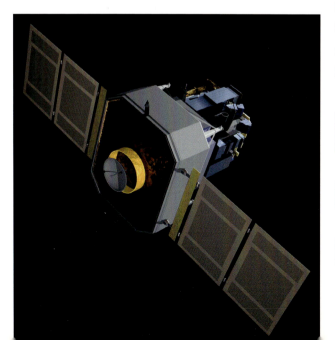

Das Observatorium SOHO wurde von der NASA und ESA gemeinsam entwickelt.

Die Geschwindigkeit des Sonnenwindes ist sowohl kleineren kurzperiodischen Schwankungen, den »Böen«, als auch erheblich größeren Änderungen über einen längeren Zeitraum unterworfen, die primär von den Strukturen und Eigenschaften der Quellgebiete innerhalb der Sonnenkorona geprägt sind. So reduzieren zum Beispiel Magnetfeldschlaufen, die sich über bipolaren Sonnenfleckengruppen erheben, die Abströmgeschwindigkeit des Koronagases, während andererseits über Regionen mit offenen Magnetfeldlinien der Sonnenwind mit sehr hoher Geschwindigkeit von 600km/s bis sogar 900km/s weht. Offene Magnetfeldlinien entspringen im Umkreis der Sonnenpole sowie in den Koronalen Löchern (➔ Kapitel Sonnenaktivität). Aufgrund der typischen Anordnung der Sonnenfleckengruppen überwiegend in niedrigen Breiten, Koronalen Löchern eher in höheren Breiten, steigt die Sonnenwindgeschwindigkeit im Mittel mit zunehmender heliografischer Breite an. Daraus folgt, dass die Erde wegen der Neigung des Sonnenäquators gegen die Ekliptik Anfang März und Anfang September die durchschnittlich stärksten Sonnenwinde erfährt.

Ereignisse, welche die Geschwindigkeit des Sonnenwindes vorübergehend auf mehr als 1000km/s, in außergewöhnlichen Fällen sogar 2000km/s forcieren können, sind die Koronalen Massenauswürfe (➔ Kapitel Sonnenaktivität). Manchmal führen aber auch Kollisionen zwischen unterschiedlich schnell laufenden Plasmaströmen im interplanetaren Raum zu markanten Geschwindigkeitserhöhungen. Sobald ein Hochgeschwindigkeits-Sonnenwind auf einen vorauslaufenden langsameren trifft, kommt es nämlich zu Interferenzen, wobei im Falle einer konstruktiven Interferenz bei günstigen Bedingungen Schockwellen entstehen, welche den Sonnenwind sprunghaft beschleunigen können. Regionen, in denen dies passiert, werden als CIR (»Co-Rotating Interactive Regions«) bezeichnet.

Neben der Geschwindigkeit zeigen auch Zusammensetzung und Teilchendichte des Sonnenwindes beträchtliche Variationen. In Extremfällen kann die Dichte auf $0,4p/cm^3$ zurückgehen bzw. auf $100p/cm^3$ ansteigen, der Mittelwert liegt bei $6p/cm^3$. Diese Zahlen erscheinen auf den ersten Blick gering, multipliziert man aber die mittlere Teilchendichte mit der Durchschnittsgeschwindigkeit des Sonnenwindes, so ergibt das

Typische Werte des Sonnenwindes am Lagrangepunkt L1 zwischen Erde und Sonne				
Parameter	geringer Wert	Mittelwert	hoher Wert	extremer Wert
Geschwindigkeit	300km/s	450km/s	750km/s	2000km/s
Teilchendichte	$3p/cm^3$	$6p/cm^3$	$15p/cm^3$	$100p/cm^3$
magnetische Flussdichte B_r	3nT	6nT	15nT	75nT

auf Höhe der Erdbahn immerhin eine Durchflussstärke von 270 Millionen p/cm²s.

Ein weiterer wichtiger Parameter, der von den Instrumenten an Bord von ACE gemessen wird, ist die magnetische Flussdichte des Interplanetaren Magnetfelds. Dabei handelt es sich ursprünglich um das im heißen Koronagas »eingefrorene« solare Magnetfeld, das mit dem Sonnenwind durch das gesamte Sonnensystem transportiert wird. Die Anfangs- und Endpunkte der interplanetaren Magnetfeldlinien verbleiben allerdings auf der Sonne und weisen infolge der Sonnenrotation eine Spiralstruktur auf. Innerhalb dieser Struktur kann man zwischen einzelnen Sektoren unterscheiden, in denen das interplanetare Magnetfeld abwechselnd nordwärts und südwärts ausgerichtet ist. Für die Grenzfläche zwischen zwei solchen Abschnitten ist der Begriff HCS (»Heliospheric Current Sheet«) gebräuchlich.

Solares Plasma, welches in den Einflussbereich einer Magnetfeldschlaufe zwischen zwei Sonnenfleckengruppen gerät, wird von den Feldlinien eingefangen und kann nicht mehr entweichen. Dies führt zu einer Verringerung der Sonnenwindgeschwindigkeit oberhalb von Magnetfeldschlaufen (Aufnahme des Satelliten TRACE).

HELIOSPHÄRE

Der Wirkungsbereich des Sonnenwindes umfasst einen gewaltigen Raum, der weit über die Bahnen der äußeren Planeten unseres Sonnensystems hinausreicht, er wird als Heliosphäre bezeichnet. Über die wahre Größe dieses Gebietes liegen derzeit nur Schätzungen vor, demnach könnte der Rand der Heliosphäre, die Heliopause, in Bewegungsrichtung der Sonne um das Zentrum der Milchstraße etwa 15 Milliarden km entfernt liegen, in der Gegenrichtung sogar annähernd 23 Milliarden km.

Für die Heliopause gilt definitionsgemäß, dass der Strömungsdruck des Sonnenwindes gleich dem Gasdruck der interstellaren Materie sein muss. Die kontinuierlichen Variationen des Sonnenwinds sorgen somit für Verschiebungen der Heliopause gegenüber dem interstellaren Raum, wobei die Änderungen aufgrund der enormen Entfernung freilich mehr als ein Jahr benötigen, um von der Sonnenkorona bis an die Heliopause zu gelangen. Indirekte Beobachtungen zeigen jedenfalls, dass die Heliosphäre in Jahren mit hoher Sonnenaktivität ausgedehnter sein dürfte, während des solaren Aktivitätsminimums hingegen schwächer entwickelt als im Mittel.

So wird zum Beispiel die Zunahme nachtleuchtender Wolken in Jahren geringer Sonnenaktivität auf das verstärkte Eindringen extrem hochenergetischer interstellarer Partikel in die schwach ausgeprägte Heliosphäre zurückgeführt. Nachtleuchtende Wolken sind bläulich-silberne oder weiße Eiswolken, die sich an der kältesten Stelle der Erdatmosphäre, in der extrem kalten polaren Sommermesopause in etwa 82km bis 83km Höhe, bilden. Sie können unter bestimmten Bedingungen von Ende Mai bis Mitte August polwärts von etwa 48° geografischer Breite bei einer Sonnenhöhe von –6° bis –16° beobachtet werden. Voraussetzungen für die Entstehung von nachtleuchtenden Wolken sind neben einer sehr niedrigen Lufttemperatur von weniger als –120°C das Vorhandensein von Sublimationskernen und zumindest einer geringen Menge Wasserdampf. Interstellare Partikel erhöhen die Anzahl von Sublimationskernen signifikant, indem sie einerseits in der hohen Atmosphäre Ionen erzeugen, an denen sich Wasserdampfmoleküle anlagern können, andererseits selbst die Rolle eines Sublimationskerns übernehmen. Daher erscheint ein Zusammenhang zwischen der Teilchendichte interstellarer Partikel und der Häufigkeit von nachtleuchtenden Wolken durchaus schlüssig.

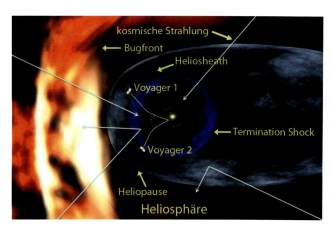

Die Heliosphäre umgibt das Sonnensystem wie eine überdimensionale Blase.

SEITE 79:

Nachtleuchtende Wolken bestehen wie die kälteren Wolken der Troposphäre aus Wasserdampf in sublimierter Form, also aus Eiskristallen. Aufgrund ihrer geringen Dicke und extrem großen Höhenlage von 82km bis 83km können sie bei Tageslicht nicht gesehen werden. Erst eine gewisse Zeit nach Sonnenuntergang bzw. vor Sonnenaufgang bietet der dämmrige Himmel genügend Kontrast, um die von der 6° bis 16° unter dem Horizont befindlichen Sonne beschienenen Wolken leuchten zu lassen.

SONNENWIND UND MAGNETOSPHÄRE

Auf seinem Weg durch die Heliosphäre trifft der Sonnenwind auf die Magnetosphären der Planeten und wird jeweils entlang ihrer Magnetopausen an ihnen vorbeigeleitet. Vor allem die stärkeren planetaren Magnetfelder wirken dabei wie riesige Deflektoren, welche ein Eindringen der geladenen Partikel zunächst erfolgreich verhindern.

Auf diese Weise wurde zum Beispiel die Erdatmosphäre im Laufe der Geschichte stets vor gröberen Schäden bewahrt. Die Gashülle des Planeten Mars, der nur über ein relativ schwaches Magnetfeld verfügt, ist hingegen einer massiven Sonnenwinderosion permanent ausgesetzt. So dürfte bereits vor langer Zeit ein erheblicher Anteil seiner Atmosphäre unwiederbringlich weggeblasen worden sein.

BUGFRONT

Der Sonnenwind fließt mit Überalfvengeschwindigkeit, das bedeutet, seine Strömungsgeschwindigkeit ist größer als die Wellengeschwindigkeit magnetohydrodynamischer Wellen im interplanetaren Raum. Damit entsteht, vergleichbar mit einem Flugzeug, welches mit Überschallgeschwindigkeit fliegt oder analog zu einem Schiff, das sich schneller bewegt als die Oberflächenwellen des Wassers, eine ausgeprägte Bugwelle, welche etwa 20.000km bis 25.000km vor der sonnenzugewandten Seite unserer Magnetopause ausgebildet wird. Während die geladenen Teilchen innerhalb der Magnetosphäre von elektrischen und magnetischen Kräften gelenkt werden, welche dem Erdmagnetfeld zuzurechnen sind, unterliegen die Partikel jenseits der Bugfront ausschließlich der Wirkung des interplanetaren Magnetfeldes. Im Übergangsgebiet vermischen sich Teilchen beider Populationen in ungeordneten und höchst turbulenten Bewegungen.

EINDRINGEN DES SONNENWINDES IN DIE MAGNETOSPHÄRE

Obwohl das Erdmagnetfeld einen recht wirkungsvollen Schutzschild vor der solaren Korpuskularstrahlung bietet, sind Sonnenwindpartikel auch diesseits der Magnetopause zu finden. Als Beispiel wurde der äußere Van-Allen-Gürtel bereits angeführt. Ihr Eindringen in die Magnetosphäre erfolgt dabei überwiegend über die drei neutralen Zonen, wobei das Ausmaß entscheidend von der Interaktion des Erdmagnetfeldes mit dem interplanetaren Magnetfeld geprägt wird.

Am intensivsten gelangen Sonnenwindteilchen bei entgegengesetzten Magnetfeldern ins Innere der Magnetosphäre. Diese Bedingungen sind bei südwärts gerichtetem interplanetaren Magnetfeld gegeben, zumal das Magnetfeld der Erde, deren Feldlinien ja vom geomagnetischen Nordpol in der Antarktis zum geomagnetischen Südpol in der Arktis verlaufen, quasi nordwärts gerichtet ist. Dabei verbinden sich an der sonnenzugewandten Seite im Übergangsgebiet zwischen Bugfront und Magnetopause die äußersten Feldlinien des Erdmagnetfeldes mit den magnetischen Feldlinien des Sonnenwindes und werden bei dessen Vorbeiströmen vorübergehend in die Nachtseite »verschleppt«. An den beiden polnahen neutralen Zonen, wo die Magnetosphäre nun regelrecht aufgerissen ist, kann Sonnenwindplasma verstärkt einfließen und bis in die polare Atmosphäre vordringen. Damit wird ein bemerkenswertes Zirkulationssystem in der Ionosphäre angetrieben. Infolge der extraterrestrischen Plasmazufuhr strömen ionosphärische Partikel vom lokalen Mittagspunkt über die Polargebiete zum lokalen Mitternachtspunkt bis nahe 66° geomagnetischer Breite und werden dort sowohl nach Westen als auch nach Osten umgelenkt, um in zwei Ästen zonal auf die Tagseite zurückzufließen.

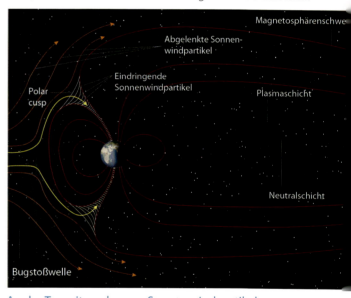

An der Tagseite gelangen Sonnenwindpartikel über zwei schmale, trichterförmige Zonen, die als »polar cusp« bezeichnet werden, in das Innere der Magnetosphäre. Auf der sonnenabgewandten Seite dringen sie bevorzugt in einer Schicht im Zentrum des Magnetosphärenschweifs ein.

Bei nordwärts gerichtetem interplanetaren Magnetfeld ist eine Verbindung zwischen Erdmagnetfeld und dem Magnetfeld des Sonnenwindes an der sonnenzugewandten Seite aufgrund der parallelen Ausrichtung der Feldlinien zunächst nicht möglich. Erst über den geomagnetischen Polen, wo sich Feldlinien befinden, welche gerade noch auf der Tagseite »entspringen« aber vom Sonnenwind mittels tangentialer Schubspannung in die Nachtseite »gezerrt« werden, verlaufen solare und erdmagnetische Feldlinien zueinander antiparallel und können sich somit vorübergehend vereinigen. Sonnenwindplasma gelangt dadurch an der sonnenabgewandten Seite in unmittelbarer Nähe zu den geomagnetischen Polen in die Magnetosphäre. Das daraus resultierende Zirkulationssystem geladener Teilchen in der hohen Atmosphäre ist kompliziert und nur relativ schwach ausgeprägt.

Bei einem senkrecht zum Erdmagnetfeld ausgerichteten solaren Magnetfeld erfolgt die Vereinigung der magnetischen Feldlinien an der sonnenzugewandten Seite. Verlaufen die Feldlinien des Sonnenwindes bezogen auf die Erde von West nach Ost, so werden die äußersten Feldlinien des Erdmagnetfeldes etwa auf Höhe des Äquators vorübergehend auseinander gerissen und mit dem interplanetaren Magnetfeld verbunden. Mit dem vorbeiströmenden Sonnenwind werden sie nun auf der Südhalbkugel nach Osten verfrachtet, auf der Nordhalbkugel verlagern sie sich hingegen westwärts. Dadurch kann das Sonnenwindplasma in den hohen Breiten der Südhemisphäre speziell vormittags, in den hohen Breiten der Nordhemisphäre vor allem nachmittags verstärkt einfließen und bis in die Atmosphäre vordringen. Dies erzeugt zwei gegenüber dem südwärts ausgerichteten interplanetaren Magnetfeld verdrehte Zirkulationssysteme. Über der Arktis strömen ionosphärische Partikel vom lokalen Nachmittag zum lokalen Frühmorgen bis nahe 66° geomagnetischer Breite, um in zwei Ästen zonal wieder zurück-

Eine südwärts gerichtete interplanetare Magnetfeldlinie trifft auf eine nordwärtsgerichtete Feldlinie des Erdmagnetfeldes und verbindet sich mit ihr an der sonnenzugewandten Seite.

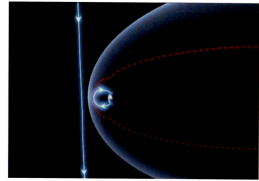 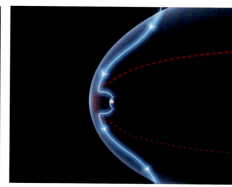

zufließen. Über der Antarktis erfolgt die zentrale Strömung vom lokalen Vormittag zum lokalen Abend. Bei einem von Ost nach West verlaufenden Sonnenwindmagnetfeld verhält es sich jeweils genau umgekehrt.

Im lang gestreckten Schweif der Magnetosphäre befindet sich die dritte neutrale Zone. Auch hier können Teilchen des Sonnenwindes kontinuierlich einsickern, um sich in der Plasmaschicht anzureichern. In der Folge wird ein Teil der darin befindlichen Elektronen auf markante, zum Teil enorme Geschwindigkeiten beschleunigt und ihre Energien auf bis zu 200keV erhöht. Damit ausgestattet rasen die Partikel entlang von Magnetfeldlinien bis in die Ionosphäre. Der Mechanismus, der dies bewirkt, ist heute noch nicht gänzlich verstanden. Eine recht anschauliche Erklärung liefert jedenfalls die Theorie der »Feldlinienverschleppung« von der Tag- auf die Nachtseite, welche bei südwärts gerichtetem interplanetaren Magnetfeld ja besonders intensiv ausfällt. Im Bereich des Magnetosphärenschweifs wird nämlich die Verbindung zwischen den magnetischen Feldlinien des vorbeiströmenden Sonnenwindes und den mittlerweile weit hinausgezogenen Feldlinien des Erdmagnetfeldes gelöst, worauf sich diese selbst wieder vereinigen und mit hohem Tempo Richtung Erde zurückschwingen. Aufgrund ihrer Wirkung auf geladene

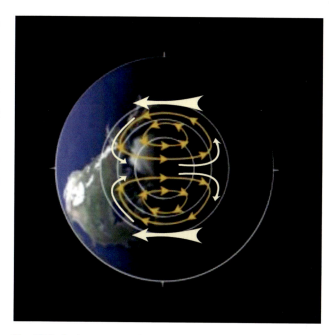

Das Zirkulationssystem bei südwärts gerichtetem interplanetarem Magnetfeld.

Teilchen ist es gut vorstellbar, dass Magnetfeldlinien, welche in dieser Form die nachtseitige Magnetosphäre durchqueren, Elektronen mitziehen und sie damit massiv beschleunigen. Als weitere Ursache für die erhebliche Geschwindigkeitszunahme

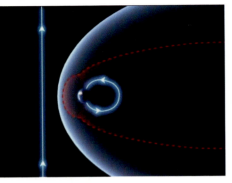 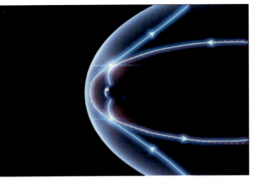 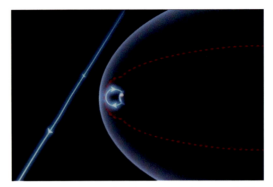 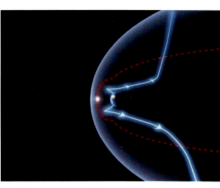

Trifft eine nordwärts gerichtete interplanetare Magnetfeldlinie auf das Erdmagnetfeld, so kommt es erst an der Grenze zwischen der Tag- und Nachtseite zu einer Verbindung.

Ein annähernd senkrecht zum Erdmagnetfeld ausgerichtetes interplanetares Magnetfeld entspricht dem am häufigsten vorkommenden Fall.

geladener Partikel innerhalb der Plasmaschicht sind komplizierte elektrische Felder, welche durch das Vorbeiströmen des Sonnenwindes im Inneren der Magnetosphäre elektromagnetisch induziert werden, zu nennen. Bei diesem Vorgang wird jede Sekunde immerhin eine Energiemenge von typischerweise 10 Millionen MJ vom Sonnenwind in die Magnetosphäre übertragen. Das entspricht einer Leistung von 10.000 GW, mit welcher maßgeblich die polaren Elektrojets (➔ Kapitel Sonnenstürme) betrieben werden.

AUSWIRKUNGEN AUF DIE ATMOSPHÄRE

Damit die beschleunigten Elektronen tatsächlich bis zur Atmosphäre vordringen können, müssen zwei wichtige Voraussetzungen erfüllt sein. Zum einen müssen die geladenen Teilchen über ausreichend hohe Energiebeträge verfügen, zum anderen sollten sie nur einen relativ kleinen Einfallswinkel zu den magnetischen Feldlinien einnehmen. Erst damit ist gewährleistet, dass die Spiegelung ihrer Oszillationsbewegung möglichst nah an der Erdoberfläche und somit bereits innerhalb der Lufthülle erfolgt.

Die Auswirkungen auf die Atmosphäre sind vielfältiger Natur. Ein Beispiel ist die Bildung sporadischer Es-Schichten, die auf die Wirkung hochenergetischer Korpuskularstrahlung zurückzuführen ist. Als das spektakulärste Resultat eines Zusammentreffens zwischen ursprünglichen Sonnenwindpartikeln und Bestandteilen der Luft kann aber auf jeden Fall die atemberaubende Erscheinung des Polarlichts angesehen werden.

Das Zirkulationssystem bei nordwärts gerichtetem interplanetarem Magnetfeld.

Das Zirkulationssystem bei ostwärts gerichtetem interplanetarem Magnetfeld.

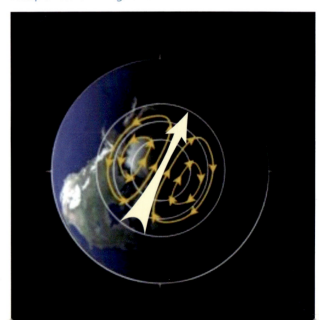

ÖRTLICHE VERTEILUNG DER POLARLICHTER

Polarlichter sind am häufigsten in den so genannten Polarlichtzonen zu sehen, die sich an beiden Erdhalbkugeln in hohen geomagnetischen Breiten anordnen. Sowohl äquatorwärts davon als auch in Richtung des Nord- und Südpols nimmt die Häufigkeit der Aurorasichtbarkeit ab.

POLARLICHTZONEN

Nächtliche Polarlichter werden überwiegend durch Elektronen ausgelöst, die im lang gestreckten Schweif der Magnetosphäre beschleunigt und entlang magnetischer Feldlinien durch die Plasmaschicht geleitet werden, bis sie auf die obere Atmosphäre treffen. Warum die Aurora nicht großflächig am Himmel aufleuchtet, sondern meist nur in eng begrenzten Regionen hoher Breiten, kann vereinfacht aus dem Aufbau der nachtseitigen Magnetosphäre abgeleitet werden. Nur ein Teil der sonnenabgewandten Magnetfeldlinien taucht tief genug in die Plasmaschicht ein, um die darin befindlichen Elektronen überhaupt zu erreichen. Bei annähernd durchschnittlichen Bedingungen gelingt das all denjenigen Feldlinien, die bei einer geomagnetischen Breite nahe 65° bis 75° aus dem Erdinneren aus- und wieder eintreten. Feldlinien niedrigerer Breiten verlaufen innerhalb davon in bereits zu geringen Höhen und verfehlen damit normalerweise die Richtung Ionosphäre rasenden Sonnenwindteilchen. Feldlinien höherer Breiten werden hingegen weit in den interplanetaren Raum hinausgezogen und erstrecken sich demzufolge außen an der Einfallszone auroraler Elektronen vorbei.

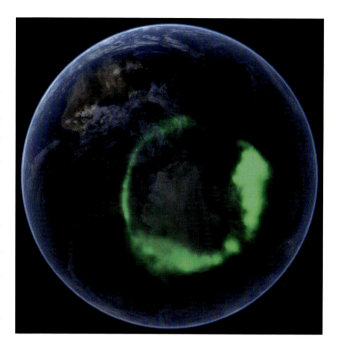

Das südliche Polarlichtoval am 11. September 2005, aufgenommen vom NASA-Satelliten IMAGE. Deutlich zu erkennen ist die unterschiedliche Breite der Lichtzone entlang des Ovals.

Somit bleibt es nur zwei relativ schmalen Zonen, im Normalfall wenige 100km bis gerade einmal 1000km breit, vorbehalten, die Aurora erstrahlen zu lassen. Diese Gebiete, welche sich annähernd wie Spiegelbilder ringförmig um die beiden geomagnetischen Pole anordnen, werden als Polarlichtovale bezeichnet und sind permanent vorhanden. Ihre Formen weichen, dem Namen entsprechend, von einer exakten Kreisform ab, wobei nicht nur die Distanz zum jeweiligen Magnetpol variiert, sondern auch die Breite der Lichtzone entlang der Ovale bedeutende Unterschiede aufweist. In den Stunden um Mitternacht, wenn die Aurora in der Mitte des Magnetosphärenschweifs aufleuchtet, greifen die

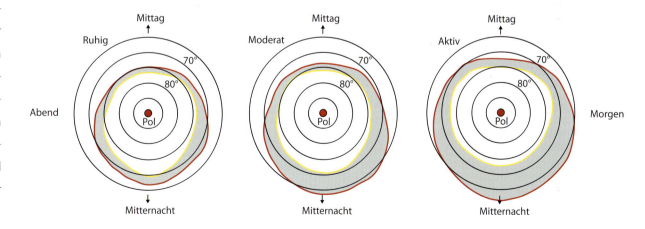

Typische Formen des Polarlichtovals bei drei unterschiedlichen Aktivitätsstufen (ruhig, moderat, aktiv). Abgesehen von geomagnetisch ruhigen Verhältnissen ist die Lichtzone stets gegen Mitternacht am breitesten ausgebildet und weist in allen drei Fällen zu dieser Zeit die größte Entfernung zum geomagnetischen Pol auf.

Polarlichtovale statistisch gesehen am weitesten äquatorwärts aus und erreichen im Mittel eine Entfernung von etwa 2400km zu ihren Polen (entspricht ~68° geomagnetischer Breite). Wenig überraschend entwickeln die Ovale gegen Mitternacht auch ihre größte Breite. An der Tagseite hingegen sind sie eher dünn und rücken, nachdem die anregenden Sonnenwindteilchen hier über die beiden sonnenzugewandten polnahen neutralen Zonen einfließen, stets näher an ihre Magnetpole, auf etwa 75° bis knapp 80° geomagnetischer Breite, heran.

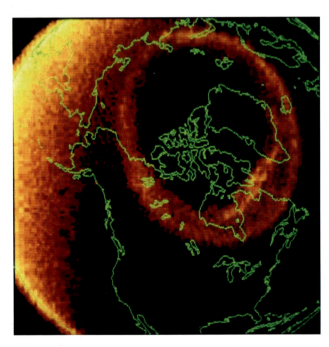

Das nördliche Polarlichtoval am 8. November 1981 während einer aktiven Auroraphase. Aufgrund von Unregelmäßigkeiten im Erdmagnetfeld weicht das nördliche Oval, betrachtet man es im geografischen Koordinatensystem, stärker von einer Kreisform ab als das südliche Oval. Die Aufnahme erfolgte gegen 2:35 UTC im ultravioletten Licht der Klasse UVC. Die Aufhellung im linken Bildrand zeigt die beleuchtete Tagseite der Erde.

Es stellt sich die berechtigte Frage, ob Beobachter, welche sich unterhalb der Polarlichtovale aufhalten, nicht andauernd Polarlichter sehen müssten. Abgesehen von der wichtigen Voraussetzung einer ausreichenden Himmelssichtbarkeit führt das permanente Vorhandensein der beiden Ovale tatsächlich dazu, dass in diesen begünstigten Regionen praktisch jede klare Nacht zumindest eine schwache Aurora beobachtet werden kann. Diese Chance besteht genau genommen sogar für einen etwas breiteren Bereich, nachdem die Polarlichtovale wegen der bereits erwähnten Unregelmäßigkeiten während einer Nacht ja etwas unterschiedliche Regionen überstreichen. Dazu kommt, dass die Aurora selbst in einiger Entfernung immer noch eine ansprechende Höhe über dem lokalen Horizont erreicht und daher stets auch ein wenig abseits der Ovale sichtbar ist. Aus diesen Überlegungen ergibt sich für jede Hemisphäre eine Zone maximaler Polarlichthäufigkeit, die gemeinhin als Polarlichtzone bezeichnet wird und einen Abstand von 1500km bis 3000km zum jeweiligen geomagnetischen Pol einnimmt.

Trotz dieses relativ breiten Streifens befinden sich vermutlich weit weniger als 1% der Erdbevölkerung in der glücklichen Lage, von zuhause aus regelmäßig Polarlichter zu sehen. Denn

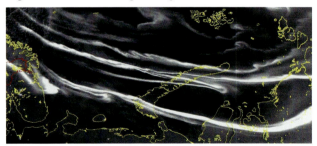

Hochauflösende Satellitenbilder zeigen, dass die Aurora innerhalb des Polarlichtovals aus einer Vielzahl an Bändern und anderen Strukturen besteht, die ständigen Änderungen unterworfen sind (Aufnahme des NOAA DMSP-Satelliten F16).

schon auf der Nordhalbkugel umfasst die Nordlichtzone nur recht dünn besiedelte Gebiete wie Island, Nordnorwegen, die nördlichsten Teile Schwedens und Finnlands, die Südhälfte Spitzbergens, Nowaja Semlja, die nördlichsten Teile Sibiriens, Nordalaska, weite Teile Nord- und Mittelkanadas sowie Südgrönland. In der Südhemisphäre erleuchtet das Südlicht den dunklen Himmel nahezu gänzlich unbemerkt, zumal es die meiste Zeit ausschließlich über Teilen Antarktikas und den ausgedehnten einsamen Südmeeren beobachtet werden kann. Von den bewohnten Regionen liegen lediglich Tasmanien sowie die südlichsten Teile Neuseelands zumindest in der Nähe der Südlichtzone.

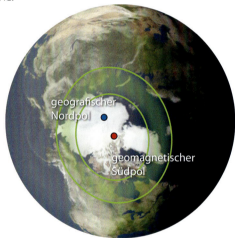

Zwischen 65° und 75° geomagnetischer Breite besteht die größte Wahrscheinlichkeit, Polarlichter anzutreffen, ein klarer und dunkler Himmel vorausgesetzt. Die Ovalform der geomagnetischen gegenüber den geografischen Koordinaten ist gut zu erkennen.

SEITE 85:

In der Nordlichtzone treten auch abseits geomagnetischer Stürme ansehnliche Polarlichter auf und im Gegensatz zu südlicheren Regionen verblasst die Aurora auch in den Pausen zwischen Substürmen nie völlig. In der Nacht vor 10./11. September 2003 sorgte eine schwache bis mäßig geomagnetische Störung für grüne Polarlichtstrukturen über dem Porttipahta-Stausee in Lappland.

MITTLERE UND NIEDRIGE BREITEN

Während geomagnetisch aktiver Phasen, wie sie sich zum Beispiel nach dem Auswurf massiver erdgerichteter Koronale Massenauswürfe (➔ Kapitel Sonnenaktivität) oder unter der Einwirkung effektiver CHs (»Coronal Holes«, dt. »Koronale Löcher«) oder generell bei günstigen Sonnenwindparametern wie bei einem südwärts gerichteten Interplanetaren Magnetfeld einstellen, ist die Aurora nicht nur in hohen geomagnetischen Breiten, sondern auch mehr oder weniger weit äquatorwärts der Polarlichtzonen sichtbar. Das ist in den genannten Situationen fast immer auf das verstärkte Einfließen von Sonnenwindplasma in die Magnetosphäre sowie auf eine intensivierte Beschleunigung der auroralen Elektronen an deren Nachtseite zurückzuführen. Zeitweise wird überdies der gesamte Magnetosphärenschweif unter Einwirkung des solaren Plasmastroms so gravierend bewegt, manchmal sogar regelrecht eingeschnürt, dass Teilchen der Plasmaschicht quasi herausgequetscht und zum Teil in geringere Höhen verfrachtet werden. All diese Effekte führen jedenfalls dazu, dass solare Elektronen noch im

SEITE 86/87:
Der Ivalojoki (Ivalo-Fluss) verläuft im finnischen Teil Lapplands vom Grenzgebiet zu Norwegen durch den Lemmenjoki-Nationalpark, dann vorbei an Kuttura und Ivalo bis zu seiner Mündung im Inarijärvi (Inari-See). Er befindet sich am Südrand der nördlichen Polarlichtzone. Die beiden Fotos wurden während der Nacht vom 15./16. September 2003 aufgenommen.

SEITE 88:
Im September, wenn die Nächte wieder dunkler werden, beginnt die Nordlichtsaison in Lappland. Der Beobachter befand sich in der Nacht vom 16./17. September 2003 am Porttipahta-Stausee im Gemeindegebiet von Sodankylä.

Am 29. Oktober 2003 überdeckte die Aurora kurz vor Mitternacht den gesamten Nord- und Ostseeraum. In dieser und der darauf folgenden Nacht konnten in weiten Teilen Europas wunderschöne Polarlichter beobachtet werden (Aufnahme des NOAA DMSP-Satelliten F15).

Hermann Fritz entwarf um 1873 eine Karte, auf der er nach statistischer Auswertung umfangreichen Beobachtungsmaterials, Isochasmen, Linien gleicher Nordlichthäufigkeit, einzeichnete.

Zentrum des lang gestreckten Magnetosphärenschweifs näher als sonst an die Erdoberfläche herangedrückt werden, wo nun auch Feldlinien mittlerer, bisweilen sogar niedriger Breiten die Partikel erfassen und diese in einer ausgedehnteren Zone als im Normalfall in die Ionosphäre leiten. Während besonders heftiger geomagnetischer Stürme kann sich der Außenrand der Polarlichtovale sonnenabgewandt mehr als 5000km vom zugehörigen Magnetpol entfernen, wodurch in diesen seltenen Fällen die Aurora vorübergehend zu einem weit verbreiteten, wenn auch dann in den meisten Gegenden äußerst ungewöhnlichen Himmelsspektakel wird.

Betrachtet man die Häufigkeiten von Polarlichtbeobachtungen unterschiedlicher Regionen in Europa, so sticht, bei Vernachlässigung der klimatischen Randbedingungen, sofort die erwartet gute Korrelation mit der geomagnetischen Breite der Beobachtungsorte ins Auge. Die größte Wahrscheinlichkeit, die Aurora Borealis zu sehen, besteht demnach in der Nordlichtzone, die, wie bereits erwähnt, die nördlichsten Gebiete unseres Kontinents umfasst. Richtung Süden nimmt die Anzahl der Polarlichter rasch ab und macht zum Beispiel im Norden Irlands, in Schottland, Südskandinavien und Südfinnland nur noch 15 bis 40 Ereignisse pro Jahr aus, dunkler und klarer Himmel natürlich vorausgesetzt. Mit etwa 4 bis 7 sichtbaren Nordlichtern jährlich kann man im Mittel entlang einer Linie von Cornwall über die Beneluxstaaten, Ostfriesland bis nach Lettland rechnen, im Alpenraum reduziert sich diese Zahl weiter auf durchschnittlich 0,5 bis 2 Ereignisse pro Jahr.

Obwohl also Nordlichter zumindest gelegentlich über mittleren Breiten erscheinen, werden diese aufgrund der fortgeschrittenen Lichtverschmutzung und naturfernen Lebensweise ihrer Bewohner kaum wahrgenommen. So ist vielen Mitteleuropäern gar nicht bewusst, welches faszinierende Schauspiel sich in manch seltener Nacht unmittelbar vor ihrer Haustür ereignet, wenn plötzlich geheimnisvolle Schleier den dunklen Sternhimmel in rotes Licht tauchen, violette oder rosa Farbtöne sich dazumischen und wieder verblassen und dabei der nördliche Horizont stundenlang in zartem gelbgrünen Licht schimmert. Die Aurora zeigt sich zwar in mittleren Breiten strukturärmer als im Umkreis der Polarlichtzonen, sie ist aber dennoch auch bei uns ein durchaus sehenswertes und beeindruckendes Erlebnis.

Es sei in diesem Zusammenhang nochmals hervorgehoben, dass die statistische Auftretenswahrscheinlichkeit von Polarlichtern von der geomagnetischen und nicht von der geografischen Breite des Beobachtungsortes abhängig ist. Die geomagnetische Breite nimmt in Europa, mit Ausnahme von Island, durchwegs etwas niedrigere Werte ein als die geografische, im deutschsprachigen Raum um 4° bis 6°. Ähnlich sind die Verhältnisse in Nordafrika und Asien. In Nordamerika hingegen ist die geomagnetische Breite, bis auf die Westhälfte Alaskas, höher als die geografische, im Osten der USA und Kanadas sogar um bis zu 10°. Die Aurora Borealis kann hier somit vergleichsweise weiter nach Süden vordringen als in Europa. Auf der Südhalbkugel sind Neuseeland, Australien und Südafrika bevorzugt, während in Südamerika und vor allem auf der Antarktischen Halbinsel, wo die geomagnetische Breite gleich um 15° geringer ausfällt als die geografische, das Südlicht markant weniger oft auftritt als von der geografischen Breite her zu erwarten wäre.

POLNAHE GEBIETE

Hält man sich polwärts einer der beiden Zonen maximaler Polarlichttätigkeit auf, so wird die Aurora mit zunehmender Annäherung an den geomagnetischen Nord- oder Südpol allmählich seltener, wenn auch ihre Häufigkeit weniger rasch abnimmt als äquatorwärts der Polarlichtovale. Das gilt im arktischen Raum sowohl für die beiden Inselgruppen Spitzbergen und Franz-Joseph-Land als auch für die unzähligen Eisinseln in der kanadischen Arktis sowie in Mittel- und Nordgrönland. In der Südhemisphäre befinden sich Teile Antarktikas zwischen der Südlichtzone und dem zugehörigen geomagnetischen Nordpol.

Die polnahe Aurora ist selten spektakulär, zumal sie sich nachts eher bei geringer magnetischer Aktivität zeigt, wenn die auroralen Ovale manchmal dichter an ihre Magnetpole heranrücken. Dafür besteht andererseits in den Polargebieten die Chance, während recht ungewöhnlicher Tageszeiten ein Nord- oder Südlicht zu bestaunen. An der Tagseite des Erdmagnetfeldes verlaufen nämlich die Ovale, wie bereits erwähnt, generell

über höheren geomagnetischen Breiten. Dazu kommt, dass es in Polnähe zumindest während des Spätherbstes und Winters bis in den späten Vormittag bzw. bereits wieder ab dem frühen Nachmittag auch ausreichend dunkel sein kann.

Ausgelöst werden Tagespolarlichter überwiegend von Protonen, die aus dem Sonnenwind über die beiden sonnenzugewandten neutralen Zonen direkt in die polnahe Magnetosphäre gelangen. Die meisten dieser Partikel sind beim Auftreffen auf die hohe Atmosphäre, zumal sie ja nicht wie die Teilchen des Magnetosphärenschweifs beschleunigt werden, nur mit bescheidenen Energiebeträgen von weniger als 1keV ausgestattet und erreichen damit eine vergleichsweise geringe Eindringtiefe in unsere Lufthülle. Daraus resultiert dann eine typischerweise hoch liegende, vorwiegend strukturlose Aurora aus blassem roten Licht, welches von neutralem atomaren Wasserstoff beim Rückfall vom zweiten in den ersten angeregten Zustand hervorgerufen wird.

SEITE 90/91:

In Mitteleuropa zeigt sich die Aurora strukturärmer als in Skandinavien. Es dominieren meist ausgedehnte, überwiegend rote, teils aber auch violette und gelbgrüne Farbflächen. Vorübergehend waren an diesem Abend auch feine Strahlen zu erkennen (oben Mitte). Die Bilder stammen vom 20. November 2003 und wurden in Hochrotherd/Wienerwald aufgenommen.

SEITE 92/93:

2003 war das geomagnetisch aktivste Jahr des vergangenen Sonnenfleckenzyklus. In der Nacht vom 14./15. Oktober dieses Jahres zeigten sich während eines starken geomagnetischen Sturmes faszinierende gelbgrüne Bänder am Himmel über Valkeakoski. »Die Bewegungen waren unglaublich schnell. Wir hatten fast noch Vollmond, doch das Polarlicht war wirklich hell«, erinnert sich Fotograf Tom Eklund.

SEITE 94:

In der Nacht vom 20./21. Oktober 2003 beeindruckte ein seltsam geformtes gelbes Band mit grünem Ober- und rotem Unterrand die Beobachter in Valkeakoski. »Zunächst waren die Polarlichter ganz normal. Plötzlich erschien dieses monströse Band mit der hellen roten Unterkante. In wenigen Sekunden fuhr es wie ein Zug von rechts nach links ... und weg war es. Es war atemberaubend«, erzählt Fotograf Tom Eklund.

ZEITLICHE VERTEILUNG DER POLARLICHTER

Die Aurora erscheint speziell abseits der Polarlichtzonen zeitlich sehr unregelmäßig. In manchen Jahren tritt sie gehäuft auf, in anderen wiederum markant seltener. Eine Neigung zu Wiederholungen kann besonders in mittelhohen geomagnetischen Breiten gut beobachtet werden. Während sich hier in aktiven Phasen nicht selten gleich mehrere Nächte hintereinander Polarlichter ereignen, sind sie danach ebenso oft tagelang nicht auffindbar.

GÜNSTIGE JAHRE

Nach massiven erdgerichteten Koronalen Massenauswürfen oder unter der Einwirkung effektiver Koronaler Löcher nehmen nicht nur Formenreichtum, Helligkeit und Aktivität der Aurora zu, sondern auch, wie schon detailliert beschrieben wurde, die Ausdehnung der beiden Polarlichtovale, vor allem in Richtung niedrigerer Breiten. Am zahlreichsten kommt es ungefähr 1,5 Jahre vor bis etwa 5 Jahre nach einem Sonnenfleckenmaximum zu einer auffälligen Häufung dieser solaren Aktivitätsereignisse (➔ Kapitel Sonnenaktivität). Dadurch können während dieser Zeit am ehesten auch in mittleren und eventuell niedrigen geomagnetischen Breiten sichtbare Auroras erwartet werden. Innerhalb des solaren Aktivitätsminimums ist hingegen die Zahl an Polarlichtern fast überall merklich reduziert.

Aus diesen Erkenntnissen heraus ist es nicht überraschend, dass die Aufsehen erregendsten Erscheinungen der vergangenen Jahrhunderte stets nahe dem Sonnenfleckenmaximum oder wenige Jahre danach passierten. Erwähnenswert sind in diesem Zusammenhang vor allem die eindrucksvollen Polarlichter vom 17. März 1716, mit dem das Maunder-Minimum spektakulär beendet wurde, die gewaltige beinahe weltumspannende Aurora vom 1./2. September 1859 sowie die bislang letzte am Äquator erfolgte Polarlichtsichtung vom 25. September 1909. Weitere bemerkenswerte Auroraereignisse wurden unter anderem am 14./15. Mai 1921, am 25./26. Januar 1938, am 10./11. Februar 1958, am 13./14. März 1989 und nicht zuletzt am 20. November 2003 registriert.

GÜNSTIGE JAHRESZEITEN

Langjährige Aufzeichnungen zeigen, dass die Intensität der Aurora nicht nur mit dem Sonnenfleckenzyklus gut korreliert, sondern interessanterweise auch einen beachtlichen Jahresgang mit jeweils zwei signifikanten Maxima und Minima aufweist. Die besten Bedingungen findet man zu den Tag- und Nachtgleichen vor, im März/April sowie im September/Oktober, wobei zu beachten ist, dass in den hohen nördlichen Breiten im April die Nächte allmählich nicht mehr ganz dunkel werden. Die geringste Chance, bei klarem dunklem Himmel eine Aurora zu sehen, besteht zu den Zeiten der Sonnenwenden.

Die deutliche Ausprägung dieses Jahresverlaufs entbehrt zunächst einmal einer gewissen Logik, zumal zwischen den Jahreszeiten unseres Planeten und der Sonnenaktivität auf den ersten Blick kein direkter Zusammenhang erkennbar ist. Bezieht man jedoch den Sonnenwind in die Überlegungen mit ein und berücksichtigt man, dass dieser wegen der Neigung des Sonnenäquators gegen die Ekliptik Anfang März und Anfang September mit den im Mittel höchsten Geschwindigkeiten über die Erde streicht, so ergibt sich daraus eine zumindest teilweise einleuchtende Erklärung für dieses Phänomen. Des Weiteren dürften geometrische Merkmale hinsichtlich der Ausrichtung des Erdmagnetfeldes in Bezug auf das interplanetare Magnetfeld eine Rolle spielen. Die magnetische Achse unseres Planeten ist nämlich ebenfalls im Frühling und Herbst, exakt im April und Oktober, am günstigsten mit den durchschnittlich kleinsten Winkeln zwischen Erd- und solarem Magnetfeld ausgerichtet, wodurch effektive südwärts gerichtete interplanetare Magnetfelder mit vergleichsweise hohen Beträgen möglich sind. Fasst man die beiden Aspekte zusammen, so können diese allerdings die tatsächliche statistische Signifikanz des beobachteten Jahresganges von Auroraereignissen nur zu einem Teil begründen. Eine umfassende Erklärung des Phänomens steht damit bislang noch aus.

GÜNSTIGE TAGESZEITEN

Obwohl Polarlichter grundsätzlich zu jeder Nachtzeit möglich sind, zeigen sie sich äquatorwärts der Polarlichtzonen statistisch gesehen am häufigsten und spektakulärsten in den Stunden um Mitternacht, exakt um die so genannte »lokale magnetische Mitternacht«, wenn die auroralen Ovale durchschnittlich ihre größte Breite einnehmen. Die lokale magnetische Mitternacht bezeichnet den Zeitpunkt, zu dem sich die Sonne, der relevante magnetische Pol des Erdmagnetfeldes und der auf der Nachtseite befindliche Beobachter in einer Linie befinden.

So kann zum Beispiel im finnischen Teil Lapplands um 20:30 Uhr osteuropäischer Zeit (OEZ) das Nordlicht nur mit einer Wahrscheinlichkeit von 39% erwartet werden, während diese bis zur lokalen magnetischen Mitternacht, die hier um etwa 23:30 OEZ stattfindet, auf den beachtlichen Wert von immerhin 66% ansteigt.

Für die systematische Beobachtung von Auroraereignissen sind so genannte All-Sky-Aurora-Kameras im Einsatz. Das sind halbkugelförmige Spiegel, welche den gesamten Himmel auf eine darüber positionierte Filmkamera reflektieren, oder Digitalkameras mit extremen Weitwinkelobjektiven (»fish-eye«). Als Beispiel seien die technischen Daten der Alaska Aurora-Kamera nahe Fairbanks (Poker Flat Research Range) angeführt: Brennweite 15mm, Blendenzahl 2,8, Belichtungszeit 15s, ISO 1600.

Vergleicht man die Intensität der beobachteten Polarlichter in den Abend- und Morgenstunden miteinander, so ist die formenreichere und aktivere Aurora erfahrungsgemäß eher während der ersten Nachthälfte in der Phase mit normalerweise zunehmender Aktivität zu erwarten.

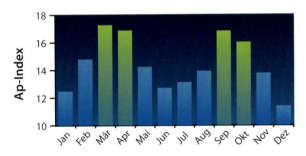

Der Jahresgang der geomagnetischen Aktivität (planetarer Aktivitätsindex »Ap«) zeigt relativ hohe Werte im März/April sowie im September/Oktober (Mittelwert 1933–2008).

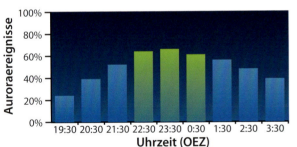

Die mittleren relativen Häufigkeiten von Auroraereignissen in Lappland zu verschiedenen Uhrzeiten (nach einer Auswertung von Beobachtungen des »Finnish Meteorological Institute« 1973–93).

SEITE 97:

Helles Mondlicht bringt die Schneeoberfläche in Toijala zum Glitzern, darüber leuchtet ein gelbgrünes Polarlichtband. Das Bild wurde während der Nacht vom 9./10. März 2004, zwei Nächte nach Vollmond, aufgenommen.

SEITE 98/99:

Liegt das Sonnenfleckenmaximum mehr als fünf Jahre zurück, dann werden Polarlichter abseits der Polarlichtzone eine zunehmend seltenere Erscheinung. So zeigte sich im Herbst 2005 auch in Valkeakoski das Nordlicht nur noch gelegentlich. Immerhin, wenigstens Anfang September konnten drei sehenswerte Aurora-Nächte verzeichnet werden (linkes Bild vom Abend des 10. September, rechtes Bild vom Abend des 2. September).

SEITE 100/101:

Obwohl die Herbstsaison frühzeitig und vielversprechend begann, blieb auch im Jahr 2006 die Aurora Borealis eher eine Rarität. Die wunderbare Spätsommernacht des 19./20. August, in der sich das Nordlicht im See spiegelte, bot für längere Zeit das letzte sehenswerte Polarlichtereignis in Valkeakoski.

SEITE 102:

Helles Mondlicht beleuchtet die schneebedeckte, mit flachen Nebelschwaden durchzogene Landschaft um Kylmäkoski. Trotz des aufgehellten Himmels ist das Nordlicht gut zu sehen (Aufnahme vom 9./10. März 2004).

SEITE 103:

Ein Polarlichtband im Dämmerlicht spiegelte sich am 2. September 2005 in einem See nahe Valkeakoski. »Es war nur kurze Zeit zu sehen«, erinnert sich Fotograf Tom Eklund.

SEITE 104:

Zu den Tag- und Nachtgleichen kann das Nordlicht statistisch gesehen häufiger beobachtet werden als im tiefsten Winter. Die linke Aufnahme stammt vom 24./25. September 2003, die rechte Aufnahme von der Nacht des 30. September auf den 1. Oktober 2001 (beide Bilder aus Valkeakoski).

SONNENAKTIVITÄT

Die Sonne nimmt innerhalb unseres Sonnensystems eine überragende Stellung ein. Sowohl ihre gewaltige Gravitation als auch die enorme Strahlungsleistung wirken bis in Entfernungen von mehreren Milliarden Kilometern. Dadurch gelingt es der Sonne, acht große Planeten mit ihren mehr als 170 Monden, ein Dutzend Zwergplaneten sowie unzählige Asteroiden und Kometen in elliptische oder hyperbolische Umlaufbahnen zu zwingen, sie zu beleuchten und ihre Oberflächen und Atmosphären zu erwärmen.

Astrophysikalische und Astronomische Daten der Sonne

astrophysikalische/ astronomische Eigenschaft	Wert
Alter	4,57 Milliarden Jahre
Durchmesser der »sichtbaren Sonnenscheibe«	1.391.500 km
Volumen	$1,411 \cdot 10^{18} \text{km}^3$
Masse	$1,987 \cdot 10^{30} \text{kg}$
mittlere Dichte	1409kg/m^3
Temperatur im Sonnenzentrum	15,7 Millionen °C
mittlere Temperatur an der »Sonnenoberfläche«	5500 °C
Strahlungsleistung	$3,847 \cdot 10^{26}$ W
Neigung des Sonnenäquators gegen die Ekliptik	7° 31'
mittlere Rotationsdauer bei 16° heliografischer Breite	25,38 d (siderisch) 27,2752 d (synodisch)
mittlere Entfernung Erde – Sonne	149,6 Millionen km
minimale Entfernung Erde – Sonne	147,1 Millionen km
maximale Entfernung Erde – Sonne	152,1 Millionen km

Eine genaue Angabe des gesamten Sonnendurchmessers vom innersten Kern bis zur äußersten Hülle ist aufgrund des fließenden Übergangs zum interplanetaren Raum eigentlich nicht möglich. Daher wird dieser aus praktischen Überlegungen auf den sichtbaren Bereich begrenzt. Sichtbar ist lediglich die Photosphäre, die Grenze zwischen dem Sonneninneren und der Sonnenatmosphäre. Trotz ihrer nichtfesten oder flüssigen Struktur wird die Photosphäre häufig auch als »Sonnenoberfläche« bezeichnet.

Die Erde benötigt 365d 6h 9min 10s, um die Sonne einmal auf einer elliptischen Bahn zu umrunden. Dabei erreicht sie jeweils um den 3. Januar den sonnennächsten (Perihel) und um den 4. Juli den sonnenfernsten (Aphel) Punkt auf ihrer Umlaufbahn. Da der Sonnenäquator um 7° 31' gegen die Ekliptik (Ebene der Erdbahn um die Sonne) geneigt ist, blicken wir im Laufe eines Jahres nicht immer auf dieselben heliografischen Breiten. Um den 5. März erreicht die Erde eine Position, an der uns die Sonne den besten Blick auf ihren Südpol gewährt, am 5. September zeigt sie uns den größten Ausschnitt ihrer Nordpolregion.

Im Unterschied zu festen Körpern weist die gasförmige Sonne eine differentielle Rotation auf, wobei die Rotationsdauer mit zunehmender Breite ansteigt. So dreht sie sich am Äquator bereits innerhalb etwa 25d einmal um ihre Achse (siderisch), in Polnähe benötigt sie dafür mehr als 30d.

AUFBAU DER SONNE

Die Sonne besteht aus mehreren Schichten mit stark voneinander abweichenden Eigenschaften und Vorgängen. Von innen nach außen reihen sich folgende Zonen aneinander: Sonneninneres (mit Kernfusionszone, Strahlungszone und Konvektionszone), Sonnenoberfläche (Photosphäre) und Sonnenatmosphäre (mit Chromosphäre und Sonnenkorona).

Hauptbestandteile der Sonne sind Wasserstoff (Massenanteil in der Photosphäre 73%) und Helium (Massenanteil in der Photosphäre 25%). Weitere Elemente sind nur in Spuren vorhanden, so zum Beispiel Sauerstoff, Deuterium, Kohlenstoff, Eisen, Neon, Stickstoff, Silizium, Magnesium, Schwefel, Nickel, Argon, Titan und Kalium.

SONNENINNERES

Die innerste Schicht der Sonne ist die Kernfusionszone mit einem Radius von etwa 175.000km. Bei extremen Temperaturen bis zu 15,7 Millionen °C und unermesslichen Druckverhältnissen werden in kontinuierlich ablaufenden Fusionsprozessen jeweils vier Wasserstoffkerne in einen Heliumkern umgewandelt und dabei gewaltige Energiemengen von insgesamt $3,847 \cdot 10^{26}$ J/s freigesetzt.

An die Kernfusionszone schließt in einem Abstand von ungefähr 175.000km bis 485.000km vom Sonnenzentrum die Strahlungszone an. In dieser Region, in welcher keine Kernfu-

Aufgrund der Neigung der Sonnenrotationsachse gegen die Ekliptik verläuft der Sonnenäquator von der Erde aus betrachtet die meiste Zeit nicht exakt durch den Mittelpunkt der sichtbaren Sonnenscheibe, sondern im Winter und Frühling knapp oberhalb, im Sommer und Herbst etwas unterhalb davon.

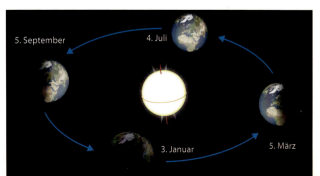

sion mehr stattfindet, wird die im Sonneninneren produzierte Energie in Form von elektromagnetischer Strahlung nach außen geleitet.

Als nächste Schicht folgt in einem Abstand von etwa 485.000km bis 696.000km vom Sonnenzentrum die Konvektionszone. Die Art des Energietransports erfolgt hier nicht mehr vorrangig in Form von Strahlung, sondern mittels zahlreicher Konvektionszellen, die sowohl nebeneinander als auch übereinander angeordnet sind. In den Zentren dieser turbulenten Zellen steigt laufend heißes Sonnenplasma mit einer Geschwindigkeit von etwa 1km/s bis 7km/s nach oben, während an den seitlichen Rändern kühlere Materie wieder nach unten strömt. Komplettiert werden die Zirkulationskreisläufe durch horizontale Flüsse an deren Ober- und Unterrändern.

Schematischer Aufbau des Sonneninneren und einiger Strukturen der Photosphäre und Atmosphäre. Die Abstrahlung der im Sonneninneren erzeugten Energie erfolgt an der Sonnenoberfläche hauptsächlich in Form von sichtbarem Licht, ultravioletter und infraroter Strahlung. Röntgenstrahlen und Radiowellen stammen überwiegend aus der Sonnenatmosphäre.

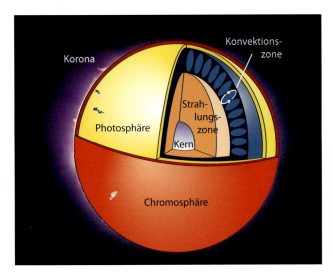

Mit den Konvektionszellen gelangt die im Sonneninneren erzeugte Energie letztendlich an die Sonnenoberfläche, von wo sie annähernd isotrop, d.h. nahezu gleichförmig in alle Richtungen in den interplanetaren Raum ausgesendet wird. Die Strahlungsleistung der Sonne beträgt enorme $3{,}847 \cdot 10^{26}$W. Da die Abstrahlung auf einer Kugeloberfläche erfolgt, nimmt die Bestrahlungsstärke mit dem Quadrat der Entfernung allerdings rasch ab und beträgt auf Höhe der Erdbahn nur noch 1415W/m^2 im Perihel bzw. 1323W/m^2 im Aphel. Der Mittelwert von etwa 1368W/m^2 wird auch als Solarkonstante bezeichnet. Damit ist die Bestrahlungsstärke an der Obergrenze der Erdatmosphäre, bezogen auf eine Einheitsfläche, die senkrecht zur einfallenden Strahlung steht, gemeint.

SONNENOBERFLÄCHE

Unter dem Begriff »Sonnenoberfläche« oder Photosphäre versteht man eine nur etwa 300km dicke Schicht in einer Entfernung von 696.000km vom Sonnenzentrum, die den mit dem menschlichen Auge sichtbaren Teil der Sonne markiert. Die Temperatur beträgt an der Grenze zur Konvektionszone noch 7200°C, am Übergang zur nächsten Schicht, der Chromosphäre, nur noch 3900°C. Daraus ergibt sich ein Mittelwert von 5500°C, dies entspricht der effektiven Strahlungstemperatur der Sonne. Da sich sowohl unterhalb als auch oberhalb der Photosphäre Temperatur und Dichte markant ändern und weder aus dem extrem dichten Sonneninneren noch aus der sehr dünnen Sonnenatmosphäre nennenswert sichtbare Strahlung ausgesendet wird, erscheint uns die im sichtbaren Licht strahlend helle Photosphäre optisch scharf begrenzt.

SONNENATMOSPHÄRE

Oberhalb der Sonnenoberfläche befindet sich eine ausgedehnte Gashülle, die »Atmosphäre« der Sonne. Die innerste Schicht davon, die Chromosphäre, ist relativ dünn und reicht bis in eine Höhe von ungefähr 10.000km bis 15.000km über der Oberfläche. In dieser Region steigt die Temperatur von 3900°C auf etwa 20.000°C an. Charakteristische Bestandteile der Chromosphäre sind neutraler Wasserstoff, der im sichtbaren Licht rot erscheint und einfach ionisiertes Calcium in violetter Farbe.

Am Oberrand der Chromosphäre kommt es zu einem enormen, nahezu sprunghaften Temperaturanstieg, dessen Ursache bislang unbekannt ist. Die Temperatur steigt von 20.000°C innerhalb weniger Kilometer auf etwa 1.000.000°C an, wodurch einige Elemente aufgrund der hohen kinetischen Energie des aufgeheizten Sonnengases ihre Elektronen nicht mehr halten können und in einen teils mehrfach ionisierten Zustand übergehen. So existieren in diesem schmalen Bereich zum Beispiel ionisierter Wasserstoff, dreifach ionisierter Kohlenstoff, dreifach ionisierter Sauerstoff, dreifach ionisiertes Silizium und fünffach ionisierter Schwefel. Diese Zone stellt den Übergang zur ausgedehnten äußeren Sonnenatmosphäre, der so genannten Sonnenkorona, dar.

MAGNETFELD DER SONNE

Eine Struktur, die für zahlreiche Vorgänge auf der Sonnenoberfläche und -atmosphäre sowie im gesamten Sonnensystem von Bedeutung ist und dessen Ursprung sich im Sonneninneren befindet, ist das Magnetfeld der Sonne.

Ähnlich dem Erdmagnetfeld handelt es sich dabei um ein annähernd globales Dipolfeld mit zwei gegenüberliegenden Polen, wie man es vereinfacht auch bei einem Stabmagneten vorfindet. Vom magnetischen Nord- zum magnetischen Südpol verlaufen Feldlinien, die in sich geschlossen sind. In Polnähe entspringen hingegen offene Magnetfeldlinien, die in den interplanetaren Raum hinausreichen. Derzeit (voraussichtlich noch bis etwa 2013) befindet sich der magnetische Nordpol der Sonne in der Nähe des heliografischen Südpols; im Mittel alle 11 Jahre erfolgt eine Umpolung. Die magnetische Flussdichte des solaren Dipolfeldes beträgt an der Sonnenoberfläche 100.000nT bis 200.000nT; das Dipolfeld der Sonne ist somit dreimal so stark wie das der Erde.

Als Quelle für das solare Dipolfeld wird eine Vielzahl von Strömen elektrisch leitfähiger Materie (Plasma) sowohl innerhalb der turbulenten Konvektionszone als auch im Bereich der etwa 35.000km dünnen Grenzschicht zwischen der Konvektions- und Strahlungszone, der so genannten Tachokline, angesehen. Darüber hinaus vermutet man innerhalb der Konvektionszone auch meridional verlaufende Strömungen, welche ebenfalls zum Magnetfeld beitragen. An der Tachokline wiederum findet man großflächig voneinander abweichende Plasmabewegungen in relativ geringem Abstand zueinander vor. Einerseits rotiert die Strahlungszone wie ein fester Körper, während sich in der Konvektionszone die Rotationsgeschwindigkeit mit der heliografischen Breite ändert. Zum anderen konnte festgestellt werden, dass die beiden Schichten im Gesamten unterschiedlich rasch rotieren, wobei in einem Rhythmus von 1 bis 1,3 Jahren abwechselnd einmal unterhalb dann wieder oberhalb der Tachokline die höheren Strömungsgeschwindigkeiten auftreten. Die abrupten Geschwindigkeitsänderungen sind jedenfalls beste Voraussetzungen für einen ausgeprägten magnetohydrodynamischen Dynamoeffekt.

Speziell während Phasen hoher Sonnenaktivität existieren zusätzlich zum globalen Dipolfeld noch starke Magnetpole auf der Sonnenoberfläche, welche unregelmäßig verteilt sind und als Sonnenflecken sichtbar werden. In diesen Aktivitätszentren erreicht die magnetische Flussdichte Beträge, die jene des Dipolfeldes um ein Vielfaches übersteigen. Die Werte liegen in der Größenordnung von 150 Millionen nT und erreichen teilweise sogar bis zu 500 Millionen nT. Man kann sich leicht vorstellen, dass ein aus dem globalen Dipolfeld und den starken Aktivitätszentren resultierendes Gesamtmagnetfeld der Sonne sehr komplex aufgebaut und vor allem an der Oberfläche teils hochgradig verdrillt ist.

PHÄNOMENE DER SONNE

Betrachtet man die Sonnenoberfläche und Sonnenatmosphäre genauer, so findet man keine glatte homogene Kugel vor sondern erkennt verschiedene interessante Strukturen, von denen einige einen engen Zusammenhang zum solaren Aktivitätszyklus zeigen. Um die Positionen dieser Phänomene eindeutig bestimmen zu können, wurde auf der Sonne ein sphärisches Koordinatensystem eingeführt und als Koordinaten die heliografische Breite und heliografische Länge analog zu den geografischen Koordinaten auf der Erde festgelegt.

Die heliografische Breite entspricht dem Abstand vom Sonnenäquator, die heliografische Länge dem Abstand vom

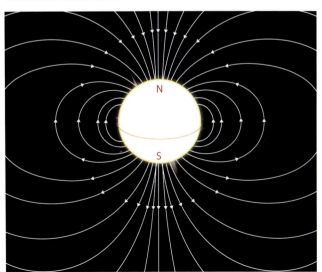

So würde das solare Dipolfeld ohne Sonnenaktivität vereinfacht aussehen.

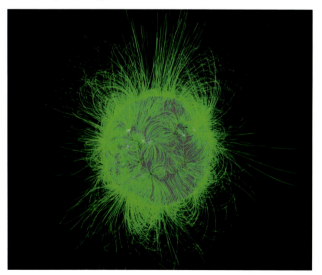

Tatsächlich ist das Gesamtmagnetfeld der Sonne vielfach sehr komplex aufgebaut.

Nullmeridian, der hier als diejenige Verbindung zwischen Sonnennord- und Sonnensüdpol definiert ist, welche durch den Mittelpunkt der sichtbaren Sonnenscheibe geht. Da sich aber streng genommen die »heliografische Länge« in Analogie zur »geografischen Länge« auf einen fixen mit der Sonne mitrotierenden Nullmeridian beziehen müsste, ist statt »heliografische Länge« häufig auch der Begriff Abstand vom Zentralmeridian, in Verwendung.

SONNENFLECKEN

Sonnenflecken sind die auffälligste Erscheinung der Photosphäre. Dabei handelt es sich um kühlere Regionen auf der Sonnenoberfläche, die aufgrund der niedrigeren Temperaturen weniger Strahlung insgesamt, vor allem aber signifikant weniger sichtbares Licht abgeben als die Umgebung (Plancksches Strahlungsgesetz). So erscheinen große Sonnenflecken, die im allgemeinen aus einem dunklen Kern (Umbra) und einer helleren strahlenförmig strukturierten Randzone (Penumbra) bestehen, im Bereich der Umbra um 70–80% dunkler als die ungestörte Photosphäre; im Bereich der Penumbra ist die Intensität im sichtbaren Licht um ungefähr 10–30% herabgesetzt. Daraus ergibt sich für die Kernregionen eine Temperatur von 3300°C bis 4000°C und für die Randzone ein Wert von etwa 5000°C. Der Durchmesser der Umbra liegt typischerweise bei 5000km bis 20.000km, die Penumbra kann bis zu 200.000km groß werden.

Sonnenflecken treten nur teilweise einzeln, überwiegend jedoch in Gruppen in Erscheinung. Diese sind meist bipolar (Flecken häufen sich in zwei Zentren), zeitweise aber auch unipolar (nur ein Fleckenzentrum erkennbar) oder multipolar (mehrere Fleckenzentren, komplexe Gruppe) angeordnet. Besonders bei hoher Sonnenaktivität werden ausgeprägte Sonnenfleckengruppen beobachtet. Ab einer Ausdehnung von etwa 1,5 Milliarden km^2 sind Fleckengruppen von der Erde aus bereits freisichtig, also ohne Vergrößerung, identifizierbar. Eine besonders eindrucksvolle Gruppe konnte am 3. April 1947, wenige Wochen vor einem solaren Aktivitätsmaximum, beobachtet werden. Sie erstreckte sich über eine Fläche von 18,664 Milliarden km^2.

Die Lebensdauer einzelner Sonnenflecken ist meist kürzer als die von Sonnenfleckengruppen. Tatsächlich lösen sich 95% aller Einzelflecken innerhalb von 11 Tagen wieder auf; speziell kleine Sonnenflecken existieren oft nur wenige Tage. Fleckengruppen können hingegen durchaus ein paar Wochen bestehen; in seltenen Fällen sogar bis zu zwei Monate oder sogar noch länger wie zum Beispiel im Jahr 1943, als eine bemerkenswert beständige Sonnenfleckengruppe von Juni bis Dezember auf der Sonnenoberfläche erhalten blieb.

Fleckengruppen gehen stets mit starken konzentrierten Magnetfeldern einher, deren stärkste Ausprägung im Bereich der Umbra zu finden ist. Zurückzuführen sind diese Felder auf signifikante Verzerrungen und Verdrehungen der im Sonneninneren nur knapp unterhalb der Photosphäre befindlichen Kraftlinien des solaren Magnetfeldes. Diese werden nämlich, »eingefroren« im heißen Sonnenplasma, aufgrund der rascheren Umdrehung der äquatornäher liegenden Regionen allmählich aufgewickelt und immer stärker zusammengedrängt, bis sie letztendlich nicht mehr in Nord-Süd-Rich-

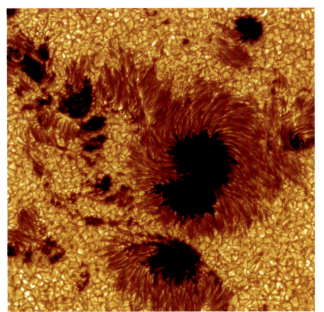

Dieses extrem hoch auflösende Foto einer Sonnenfleckengruppe wurde am 15. Juli 2002 mit dem Swedish Solar Telescope auf La Palma, Kanarische Inseln, erzeugt.

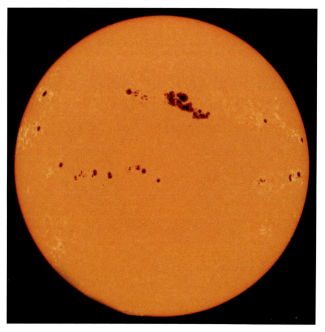

In Phasen hoher Sonnenaktivität sind oft zahlreiche Flecken und Fleckengruppen auf der Sonnenoberfläche erkennbar (28. März 2001).

tung, sondern nahezu breitenkreisparallel in magnetischen Flussröhren verlaufen. Bereits diese Verzerrung verursacht eine sukzessive Erhöhung der magnetischen Flussdichte. Eine bedeutende weitere Verstärkung des Magnetfeldes bewirken die magnetischen Auftriebsgebiete entlang der Flussröhren, in welchen die eng gebündelten Feldlinien schlaufenförmig nach oben gedrückt werden. Dabei durchstoßen sie die Photosphäre und treten aus dem Sonneninneren aus, wobei sie innerhalb der Schlaufen geneigt, durch die Sonnenrotation in sich verdreht und damit noch enger aneinander gedrängt werden.

Klassifizierung von Sonnenfleckengruppen nach ihrer magnetischen Konfiguration (»Mount Wilson Sunspot Magnetic Classification«), NOAA/SWPC

Klasse	Beschreibung
α	Sonnenfleckengruppe, unipolar
β	Sonnenfleckengruppe, bipolar; mit einer einfachen und deutlichen Trennung zwischen den entgegengesetzten Magnetpolen
βγ	Sonnenfleckengruppe, bipolar; zwischen den beiden Hauptflecken mit entgegengesetzten Magnetpolen kann keine durchgehende Linie gezogen werden
γ	Sonnenfleckengruppe, multipolar; Magnetpole irregulär verteilt, komplexe magnetische Konfiguration
βδ	Sonnenfleckengruppe, bipolar; mit einer einfachen und deutlichen Trennung zwischen den entgegengesetzten Magnetpolen, wobei einzelne Umbren, welche innerhalb einer Penumbra weniger als 2° voneinander getrennt sind, bereits eine entgegengesetzte Polarität aufweisen
βγδ	Sonnenfleckengruppe, bipolar; zwischen den beiden Hauptflecken mit entgegengesetzten Magnetpolen kann keine durchgehende Linie gezogen werden, wobei einzelne Umbren, welche innerhalb einer Penumbra weniger als 2° voneinander getrennt sind, eine entgegengesetzte Polarität aufweisen
γδ	Sonnenfleckengruppe, multipolar; Magnetpole irregulär verteilt, komplexe magnetische Konfiguration; Umbren, welche innerhalb einer Penumbra weniger als 2° voneinander getrennt sind, weisen eine entgegengesetzte Polarität auf

Die Sonnenfackeln sind hier als weiße Regionen erkennbar. Der Kontrast wurde etwas verstärkt, um die Fackeln deutlicher hervorzuheben. Die Aufnahme stammt vom 28. März 2001, einer Phase mit hoher Sonnenaktivität.

Da an den Durchstoßstellen der sich über der Sonnenoberfläche erhebenden Magnetfeldschlaufen aufsteigendes heißes Sonnenplasma aus der Konvektionszone nicht mehr ungehindert in die Photosphäre gelangen kann, kommt es an den Schlaufenanfangs- und -endpunkten zu einem signifikanten Temperatur- und folglich auch Helligkeitsrückgang. Diese Stellen markieren die Positionen der dunklen Sonnenflecken.

SONNENFACKELN

Sonnenfackeln sind helle, dünne faserartige Gebiete auf der Sonnenoberfläche, welche sich bevorzugt im Umkreis der Flecken zeigen. Sie sind mehrere 100°C heißer und erscheinen mehr als 10% heller als die ungestörte Photosphäre. Ihr Durchmesser beträgt im Einzelfall bis zu 50.000km.

Das Auftreten von Sonnenfackeln hängt eng mit der Bildung von Sonnenflecken zusammen. Während sich die dunklen Flecken dort befinden, wo aus dem Sonneninneren aufsteigendes Plasma zu einem erheblichen Teil abgeblockt wird, markieren die hellen Fackelgebiete die Ausweichstellen, an die die solare Materie umgeleitet wird. Auf diese Weise quillt das Plasma konzentrierter und somit auch heißer aus der Konvektionszone an die Sonnenoberfläche, als es ohne die blockierende Wirkung durch die Sonnenflecken passieren würde.

In Phasen hoher Sonnenaktivität, in denen sich Flecken und Fackeln häufig bilden, erscheint die Photosphäre insgesamt heller als zu Zeiten des Aktivitätsminimums. Grund

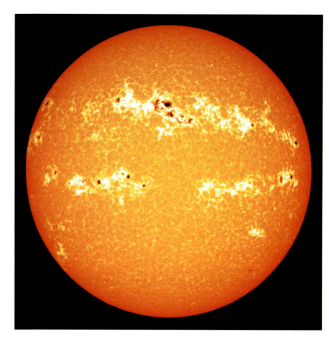

dafür ist, dass die zahlreich vorhandenen Sonnenfackeln die Sonne stärker aufhellen, als die Sonnenflecken sie verdunkeln.

FLARES (SONNENERUPTIONEN)

Als »Flares« oder Sonneneruptionen werden die zweifellos gewaltigsten Ereignisse an der Sonnenoberfläche bezeichnet. Sie finden, ausgehend von der Photosphäre, meist im Bereich größerer komplexer Sonnenfleckengruppen mit bereits stark verdrehten, ja sogar verwirbelten magnetischen Kraftlinien statt. In diesem extremen Zustand können Magnetfeldlinien einander durchkreuzen und kurzschließen. Bei der folgenden Wiedervereinigung kommt es dann zu einer plötzlichen ungemein heftigen Explosion, bei der diejenige Energiemenge frei wird, die zuvor im magnetischen Feld der beteiligten Sonnenflecken enthalten war; das sind bis zu einigen 10^{25} J. Als Folge der enormen

men Energiefreisetzung wird die umgebende Materie innerhalb nur weniger Minuten auf eine kaum vorstellbare Temperatur von mehreren 1.000.000°C aufgeheizt und lebensfeindliche Röntgen- sowie Gammastrahlung ausgesendet. Nicht immer, aber relativ häufig, ist mit einem Flare auch ein sehr beachtlicher Materieausstoß verbunden (Koronaler Massenauswurf); dieser kann mehrere 10^{12}kg umfassen.

Sonneneruptionen geben nicht nur extrem kurzwellige Strahlung ab, sie strahlen im gesamten elektromagnetischen Spektrum. Von der Erde aus werden besonders deutliche Signale im Radiowellenbereich und im sichtbaren Licht registriert. Dabei leuchten die betroffenen Regionen auf der Sonnenoberfläche speziell in der Emissionslinie des neutralen atomaren Wasserstoffs (656,3nm) einige Minuten bis wenige Stunden lang gleißend hell auf.

Die Klassifizierung von Flares erfolgt auf zwei verschiedene Arten, zum einen werden sie nach ihrer Flächenausdehnung, zum anderen nach ihrer Strahlungsleistung eingestuft.

Die extraterrestrische Bestrahlungsstärke im Wellenlängenbereich 0,1–0,8nm wird außerhalb der Erdatmosphäre von den geostationären Satelliten der GOES-Serie (»Geostationary Operational Environmental Satellites«) gemessen. Flares können nur dann registriert werden, wenn sie die von der Sonne kontinuierlich ausgehende Röntgenhintergrundstrahlung übertreffen. Diese liegt während des Sonnenfleckenminimums im Bereich der Klasse A, in Zeiten hoher Sonnenaktivität hingegen häufig innerhalb der Flare-Klasse C, vereinzelt erreicht sie sogar M-Klasse-Niveau.

Die Prognose von Flare-Ereignissen steckt derzeit noch in den Kinderschuhen. Zwar wird die Entwicklung von Sonnenfleckengruppen und ihrer Magnetfeldkonfigurationen recht sorgfältig beobachtet und mitverfolgt. Dennoch ist es bislang nicht möglich, Zeitpunkt und Intensität einer bevorstehenden Sonneneruption vorherzusagen.

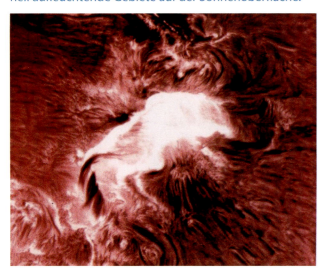

Im sichtbaren Licht zeigen sich Flares als kurzzeitig sehr hell aufleuchtende Gebiete auf der Sonnenoberfläche.

Klassifizierung von Flares nach der Flächenausdehnung während maximaler Intensität bei 656,3nm (Emissionslinie des neutralen atomaren Wasserstoffs, »Hα-Linie«), NOAA

Bezeichnung	Klasse	Flächenausdehnung		
SUBFLARE	0	30.000.000km²	bis	300.000.000km²
FLARE	1	300.000.000km²	bis	750.000.000km²
	2	750.000.000km²	bis	1.800.000.000km²
	3	1.800.000.000km²	bis	3.600.000.000km²
	4	>3.600.000.000km²		

Unterklasse	qualitative Beurteilung der Helligkeit
F	Faint (schwach, blass)
N	Normal (durchschnittlich)
B	Brilliant (strahlend hell)

Klassifizierung von Flares nach der maximalen Strahlungsleistung der Röntgenstrahlung im Wellenlängenbereich 0,1–0,8nm, NOAA

Bezeichnung	Klasse	maximale extraterrestrische Bestrahlungsstärke am Oberrand der Erdatmosphäre		
–	A	<10^{-7}W/m²		
FLARE	B	10^{-7}W/m²	bis	10^{-6}W/m²
	C	10^{-6}W/m²	bis	10^{-5}W/m²
	M	10^{-5}W/m²	bis	10^{-4}W/m²
	X	>10^{-4}W/m²		
	X10	>10^{-3}W/m²		

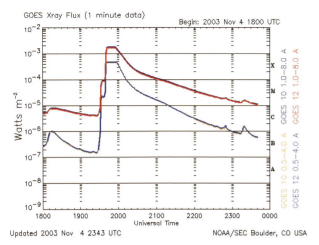 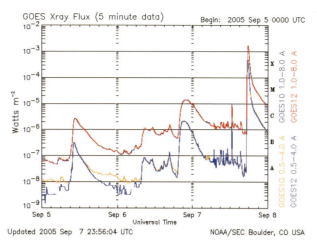 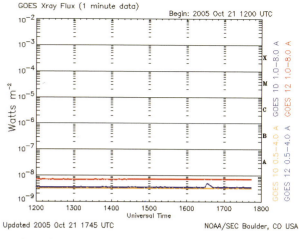

Die violette und rote Kurve zeigen die extraterrestrische Bestrahlungsstärke im Wellenlängenbereich 0,1–0,8nm, wie sie von den Satelliten GOES 10 und 12 am 4. November 2003 gemessen wurde. Kurz vor 20 UTC registrierten die Messgeräte die bislang stärkste Sonneneruption seit Beginn der Aufzeichnungen im Jahre 1976. Die von ihr ausgehende Röntgenstrahlung war so intensiv, dass sie von den Detektoren gar nicht vollständig erfasst werden konnte. Sie wurde erst später mittels Extrapolation als X28-Flare eingestuft.

Anfang September 2005 konnten mehrere Sonneneruptionen registriert werden. Markant erkennbar sind ein C-Klasse-Flare am 5. September, mehrere C-Klasse-Flares und ein Flare der M-Klasse am 6. September und speziell die massive Eruption am 7. September, welche als X17-Flare eingestuft wurde. Der Anstieg der Strahlungsleistung erfolgt stets rascher als der nachfolgende Abfall.

Während sehr schwacher Sonnenaktivität sinkt die Röntgenhintergrundstrahlung zeitweise sogar unter das A-Klasse-Niveau.

PROTUBERANZEN

Protuberanzen sind Materiewolken, welche oberhalb der Sonnenoberfläche von Magnetfeldschlaufen in Schwebe gehalten werden. Obwohl sie sich nicht selten bis in große Höhen erstrecken und dann weit in die innere Sonnenkorona hineinreichen, werden sie aufgrund ihrer chemischen Zusammensetzung und Temperatur der Chromosphäre zugeordnet. Bei Eintritt in die heiße Sonnenkorona sind die Protuberanzen markant kühler als die Umgebung und erscheinen daher, speziell in der Emissionslinie des neutralen atomaren Wasserstoffs, als dunkle Fäden, die als Filament bezeichnet werden.

Protuberanzen, die über dem Rand der sichtbaren Sonnenscheibe schweben, sind vor dem dunklen Himmelshintergrund besonders schön zu sehen. Aufgrund von Elektronenübergängen zwischen Elektronenschalen innerhalb des neutralen Wasserstoff-Atoms emittieren Protuberanzen farbenprächtiges rotes Licht (656,3nm) und erscheinen uns als riesige Flammen, die oft eine Länge von 200.000km erreichen und dabei 50.000km über die Sonnenoberfläche hinausragen. In seltenen Extremfällen können Protuberanzen sogar bis zu 2.000.000km lang werden und weit über die Chromosphäre in die enorm heiße äußere Sonnenatmosphäre hineinreichen.

Protuberanzen zeigen sich in verschiedenen Formen, je nach Veränderlichkeit unterscheidet man zwischen »ruhender Protuberanz« und »aktiver eruptiver Protuberanz«. Ruhende Protuberanzen existieren oft mehrere Wochen bis Monate und verbleiben nahezu unverändert, bevor sie sich wieder auflösen. Aktive Protuberanzen sind hingegen raschen Änderungen unterworfen und weisen eine geringere Lebensdauer von nur wenigen Minuten bis einigen Tagen auf.

Für die Formenvielfalt gibt es verschiedene Begriffe. Als »Wellenprotuberanzen« bezeichnet man veränderliche Materiewol-

Eine Protuberanz am oberen Sonnenrand. Das Foto stammt vom 10. April 2006 und wurde mit dem Coronado PST Sonnen-Teleskop aufgenommen.

ken, die sich nur vorübergehend aus der Chromosphäre erheben ehe sie wieder dorthin zurückkehren. »Sprayprotuberanzen« sind spektakuläre Erscheinungen, wobei Materie ähnlich einem Springbrunnen in große Höhen aufsteigt. Die beeindruckendste Form stellen jedoch die »Bogenprotuberanzen« dar, mächtige Bögen, deren Anfangs- und Endpunkte auf der Sonnenoberfläche meist mit aktiven Sonnenfleckengruppen zusammenfallen. Die Bögen werden von Magnetfeldschlaufen geformt, indem die ionisierten, also elektrisch geladenen Bestandteile des chromosphärischen Gases in ihrer Bewegung den magnetischen Kraftlinien folgen. Die magnetische Flussdichte weist dabei beachtliche Werte um 1 Million nT bis 20 Millionen nT auf.

Spektakuläre Protuberanzen sind oft mit Flares verknüpft. Demgemäß zeigen sie deutliche Schwankungen in der Häufigkeit ihres Auftretens, die dem Sonnenfleckenzyklus folgen.

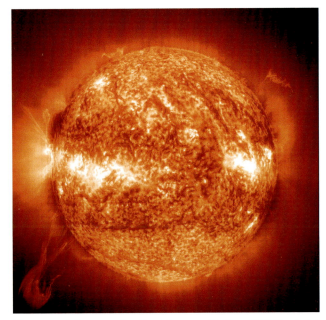

Eine gewaltige eruptive Protuberanz (Anfang 2000) erhebt sich links unten aus der Sonnenatmosphäre. Die seltene Form erinnert an einen überdimensionalen Kranhaken.

SONNENKORONA

Die äußere Schicht der Sonnenatmosphäre erhielt aufgrund ihrer kranzförmigen Gestalt den Namen Korona (lat. »corona« = Kranz, Krone). Sie erstreckt sich mehr als 1 Million Kilometer über die Sonnenoberfläche und kann sich bei hoher Sonnenaktivität auf bis zu 10 Sonnendurchmesser ausweiten. Trotz ihres gewaltigen Ausmaßes ist sie unter normalen Umständen mit freiem Auge nicht erkennbar. Grund ist ihre äußerst geringe Dichte, die selbst in der inneren Sonnenkorona nur $1{,}5 \cdot 10^{-12}$ kg/m^3 beträgt und nach außen hin weiter abnimmt. Dadurch wird von ihr signifikant weniger sichtbares Licht abgegeben als von der millionen- bis milliardenfach dichteren gleißend hellen Photosphäre. Darüber hinaus ist auch das durch die Erdatmosphäre gestreute Sonnenlicht in der Umgebung der sichtbaren Sonnenscheibe deutlich intensiver als das Koronalicht, wodurch selbst ein künstliches Abdecken der Sonnenscheibe von der Erdoberfläche aus keinen Erfolg bringt. Lediglich im Hochgebirge bei sehr trockener Luft und tiefblauem Himmel kann zumindest die innerste Korona das reduzierte atmosphärische Streulicht geringfügig überstrahlen.

Die einzige Gelegenheit, die Sonnenkorona von der Erde aus gut zu sehen, bietet eine totale Sonnenfinsternis. In dem Augenblick, in dem sich der Mond komplett vor die sichtbare Sonnenscheibe schiebt, erstrahlt die äußere Sonnenatmosphäre prachtvoll am verdunkelten Himmel, meist weiß, manchmal leicht grünlich, zuweilen auch mit rötlichem Ton. Das dominierende weiße Licht ist überwiegend Streulicht aus der Photosphäre, das an freien Elektronen innerhalb der Sonnenkorona gestreut wird. Die grünliche Farbe, für die es lange Zeit keine Erklärung gab, wird vom dreizehnfach ionisierten Eisen bei 530,3 nm emittiert, die rötliche Farbe ist vorwiegend Emissionslicht von neunfach ionisiertem Eisen bei 637,4 nm.

Hauptbestandteile der Sonnenkorona sind neben freien Elektronen vollständig ionisierter Wasserstoff und vollständig ionisiertes Helium. Zudem existieren hier Kohlenstoff, Stickstoff und Sauerstoff in vollständig ionisierter Form. Weitere charakteristische Bestandteile mit Emissionslinien im sichtbaren Bereich des elektromagnetischen Spektrums sind das erwähnte dreizehnfach ionisierte und das neunfach ionisierte Eisen sowie vierzehnfach ionisiertes Kalzium und vierzehnfach ionisierter Nickel.

Die Ursache für den »Plasmazustand« der äußeren Sonnenatmosphäre war lange Zeit rätselhaft und kann nur mit einer exorbitant hohen Temperatur erklärt werden, welche demnach unfassbare 1.000.000°C bis 2.000.000°C, manchmal sogar bis zu 4.000.000°C betragen muss. Nachdem die Temperatur ja nichts anderes als ein Maß für die mittlere kinetische Energie von Teilchen darstellt, kann man die gewaltige Hitze des Koronagases einer außerordentlich hohen Bewegungsenergie ihrer Atome gleichsetzen. Dies äußert sich in ungemein schnellen ungeordneten Zickzackkursen, welche zwangsläufig zu einer raschen Abfolge von zahlreichen heftigen Zusammenstößen der Atome untereinander führen müssen. Dabei können Elektronen eine Bindung an ihre Atomkerne vielfach nicht mehr aufrechterhalten. Die Folge sind freie Elektronen und teils mehrfach positiv geladene Ionen.

Eine weitere Konsequenz einer derart hohen Temperatur ist eine lebensfeindliche Ausstrahlung, indem die Wellenlänge der intensivsten Strahlung in den extrem kurzwelligen Bereich des elektromagnetischen Spektrums verschoben wird. Im Falle der Sonnenkorona handelt es sich dabei um weiche bis mittlere Röntgenstrahlung, deren Strahlungsintensität innerhalb des Sonnensystems nur noch von den zeitweiligen Sonneneruptionen übertroffen wird. In diesem Zusammenhang ist erwähnenswert, dass auch die von der Sonne ausgehenden Radiowellen überwiegend koronalen Ursprungs sind.

Die Energiequelle, welche die äußere Sonnenatmosphäre so enorm aufheizt, konnte bislang noch nicht zweifelsfrei identifiziert werden. Möglicherweise sorgen »kleinere« Explosionen in der Photosphäre, so genannte Mikroflares für die permanent hohen Temperaturen innerhalb der Sonnenkorona. Ähnlich den großen Eruptionen, den Flares, sollten auch Mikroflares durch magnetische Kurzschlüsse verursacht werden. Während allerdings Flares aus komplex verdrehten magnetischen Kraftlinien, wie man sie im Bereich größerer Sonnenfleckengruppen findet, hervorgehen, genügen für Mikroflares aus heutiger Sicht bereits stark turbulente Strömungen innerhalb der Photosphäre. Da Mikroflares mit bis zu zehnfachem Auftreten pro Stunde zwar relativ häufige, aber im wesentlichen nur kurzzeitige, räumlich begrenzte Ereignisse darstellen, müsste die von ihnen verursachte Aufheizung der Sonnenatmosphäre ungleichmäßig erfolgen. Messungen zeigen tatsächlich eine zeitlich und räumlich sehr variable Temperaturverteilung innerhalb der Sonnenkorona und bestätigen damit diese Annahme.

Die Form der Sonnenkorona variiert mit der Sonnenaktivität. So erscheint sie bei hoher Aktivität nahezu kugelförmig, bei geringerer Aktivität ist sie über den Polen weniger ausge-

Die Erscheinungsform der Korona variiert zeitlich: links nahe dem Aktivitätsminimum (2006) und rechts im Aktivitätsmaximum (2001).

dehnt als über den niedrigen und mittleren Breiten. An den Rändern zeigen sich Strahlen und Spitzen; hier wird heißes Koronagas infolge des Strahlungsdrucks der inneren Korona weit nach außen getrieben. Auch innerhalb der Sonnenkorona sind Strukturen erkennbar. So zeigt sich das hochatmosphärische Sonnenplasma oberhalb von aktiven Sonnenfleckengruppen und Protuberanzen, die sozusagen als kalte Kondensationskerne in die äußere Sonnenatmosphäre eintauchen, oft merklich verdichtet und aufgrund ihrer elektrischen Ladung entlang von Magnetfeldschlaufen konzentriert.

KORONALE MASSENAUSWÜRFE

Koronale Massenauswürfe sind kurzzeitige, intensive Aktivitätsereignisse der Sonnenatmosphäre, bei denen enorme Mengen solarer Materie, bis zu 10^{13} kg, explosionsartig aus der Sonnenkorona weggeschleudert werden. Die Folge sind relativ dichte Plasmawolken mit »eingefrorenen« Magnetfeldern, welche mit hoher Geschwindigkeit durch den interplanetaren Raum treiben. Der vorherrschende Sonnenwind erfährt dadurch neben einer signifikanten Beschleunigung vorübergehend eine Vervielfachung der Teilchendichte, zudem wird die magnetischen Flussdichte des interplanetaren Magnetfeldes deutlich erhöht. Erfolgen zwei Koronale Massenauswürfe relativ knapp hintereinander, so wird die zweite Plasmawolke, sofern sie eine größere Geschwindigkeit aufweist, die erste einholen und mit ihr konstruktiv oder destruktiv interferieren (»CME-Kannibalismus«). In einem solchen Fall können sich die Parameter des Sonnenwindes nochmals dramatisch verändern.

Wodurch Koronale Massenauswürfe entfacht werden, ist derzeit noch nicht ausreichend verstanden. Einerseits sollten riesige oder länger andauernde Sonneneruptionen, so genannte Long Duration Events (LDE, dt. »Ereignisse mit langer Dauer«), geradezu prädestiniert sein, mittels gewaltiger Schockwellen solare Materie aus der Sonnenkorona zu katapultieren. Auch zusammenfallende Filamente und eruptierende Protuberanzen können enorme schockartige Explosionen auslösen. Andererseits werden auch immer wieder Koronale Massenauswürfe registriert, welche nicht durch diese Aktivitätsereignisse verursacht werden. Aus dieser Unsicherheit heraus erscheint es logisch, dass an eine zufrieden stellende Prognose von Koronalen Massenauswürfen vorerst noch nicht zu denken ist.

KORONALE LÖCHER

Eine andere Erscheinung, durch die der Sonnenwind eine oft nennenswerte Modifizierung erfährt, sind die so genannten Koronalen Löcher. Darunter sind die am wenigsten heißen Regionen der Sonnenkorona mit Temperaturen »nur« um 1.000.000°C zu verstehen. Die etwas niedrigere Temperatur hat zur Folge, dass sich die Wellenlänge der intensivsten Strahlung in den weniger kurzwelligen Bereich des elektromagnetischen Spektrums verschiebt und daher auch die Intensität der von den Koronalen Löchern ausgesendeten Röntgenstrahlung im Vergleich zur umgebenden Sonnenkorona herabgesetzt ist.

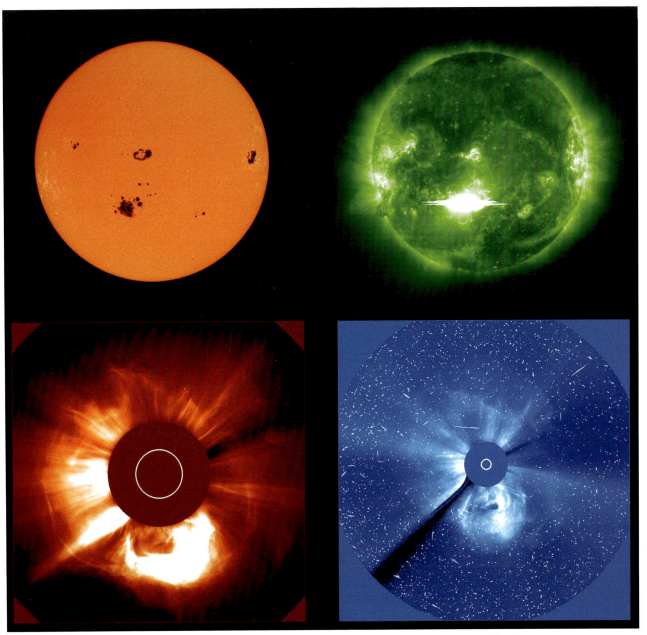

Am 28.Oktober 2003 produzierte die aktive Region 10486 (links oben als markante Sonnenfleckengruppe erkennbar, Aufnahme mit dem »Michelson Doppler Imager« auf SOHO) eine massive Sonneneruption, die als X17/4B-Flare eingestuft wurde (rechts oben im »Extreme Ultraviolet Imaging Telescope« mit einer Wellenlänge von 19,5nm aufgenommen). Der unmittelbar darauf folgende Koronale Massenauswurf ist auf den Bildern der SOHO-Koronagraphen LASCO C2 (unten links) und LASCO C3 (unten rechts) gut zu sehen.

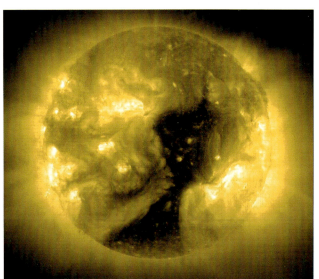

Die Aufnahme im extremen ultravioletten Bereich des elektromagnetischen Spektrums an der Grenze zur Röntgenstrahlung (SOHO EIT, 19,5nm) zeigt einen großflächigen Bereich mit einer deutlich herabgesetzten Strahlungsintensität, quasi ein »Loch« in der Sonnenkorona.

Ein charakteristisches Merkmal von Koronalen Löchern ist ihr vergleichsweise schwächeres, unipolares Magnetfeld mit offenen Feldlinien, welche zunächst sehr weit in den interplanetaren Raum hinausreichen bevor sie, wenn überhaupt, zur Sonne zurückkehren. Nun ist ja die Geschwindigkeit des Sonnenwindes wesentlich vom Überschuss an kinetischer Energiedichte des koronalen Plasmas gegenüber der magnetischen Energiedichte und der Energiedichte des Gravitationsfeldes der Sonne abhängig. Eine lokal verringerte magnetische Energiedichte führt zu einem schnelleren Sonnenwind, der von den Koronalen Löchern ausgehend entlang der offenen Feldlinien typischerweise mit geringer Teilchendichte abströmt. Beobachtet man Messdaten der Sonde ACE, so zeigt sich allerdings, dass die Beschleunigung des vorherrschenden Sonnenwindes nicht immer reibungslos abläuft. Vielmehr kommt es manchmal zur Bildung einer Stoßfront, an der zunächst nicht die Geschwindigkeit, sondern die Teilchendichte und magnetische Flussdichte des interplanetaren Magnetfeldes aufgrund des Abbremsens des Hochgeschwindigkeits-Sonnenwindes vorübergehend merklich ansteigt, während die Geschwindigkeitszunahme vorerst nur gedämpft erfolgt. Erst mit Verzögerung kommen die eigentlichen Wesenszüge des Koronalen Lochs, signifikante Beschleunigung bei Rückgang der Teilchendichte, zur Geltung.

Koronale Löcher werden häufig an den beiden Sonnenpolen registriert, wo bereits das solare Dipolfeld offene Magnetfeldlinien aufweist. In den übrigen Regionen sind sie unregelmäßig vorhanden, wobei ein statistischer Zusammenhang mit dem Aktivitätszyklus der Sonne feststellbar ist. Demnach treten sie zu Beginn des Sonnenfleckenzyklus eher selten abseits der Sonnenpole auf; die polaren Koronale Löcher zeigen dafür eine relativ große Ausdehnung. In den darauf folgenden Jahren schrumpfen die polaren Koronalen Löcher, lokale kleinere Koronale Löcher bilden sich zunächst bevorzugt in Polnähe, tauchen aber zunehmend in niedrigeren heliografischen Breiten auf. Wenige Jahre nach dem Sonnenfleckenmaximum werden Koronale Löcher am zahlreichsten in Äquatornähe registriert. Im weiteren Verlauf des Aktivitätszyklus verlagern sie sich zunehmend wieder in hohe Breiten und werden seltener, ehe zum Ende des Zyklus erneut die beiden polaren Koronalen Löcher dominieren.

Koronale Löcher sind vergleichsweise langlebige Erscheinungen. Sie existieren einige Monate, an den Polen mitunter sogar wenige Jahre lang und können daher über mehrere Sonnenrotationen wiederkehrend beobachtet werden.

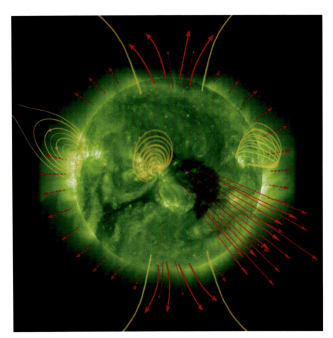

Der Sonnenwind strömt über Gebieten mit offenen Magnetfeldlinien (Sonnenpole und Koronale Löcher) rascher ab (lange rote Pfeile) als über Regionen, wo geschlossene Magnetfelder (gelbe Linien) eine stärkere Kraftwirkung auf geladene Partikel ausüben (kurze strichlierte rote Pfeile).

SOLARER AKTIVITÄTSZYKLUS

Die Sonne ist fortwährend einem mehr oder weniger periodischen Wandel unterworfen, einem Wechselspiel zwischen den beiden konträren Phasen »aktive Sonne« und »ruhige Sonne«.

Für die objektive qualitative Bewertung der Sonnenaktivität werden Flare-Ereignisse herangezogen. Anhand ihrer Anzahl und Strahlungsleistung kann für jeden Tag ein »Solar-Activity-Level« bestimmt werden.

Die Strahlungsleistung von Flares wird erst seit wenigen Jahrzehnten extraterrestrisch von den geostationären Satelliten der GOES-Serie gemessen. Damit ist dieser Zeitraum noch zu kurz, um gesicherte statistische Detailaussagen über den Ablauf eines solaren Aktivitätszyklus treffen zu können. Einige Grundaspekte lassen sich aber bei Durchsicht der Daten bereits erkennen. So sind zum Beispiel die stärksten Sonneneruptionen ab der Klasse X10 nicht gleich verteilt über den gesamten Zeitraum zu finden, sondern konzentrierten sich jeweils auf bestimmte Phasen. Zu einer auffälligen Häufung sehr starker Sonneneruptionen kam es in den Jahren 1982–1984 (5 Flares ≥X10), 1989–1991 (10 Flares ≥X10) und 2001–2005 (6 Flares ≥X10). Jahre, in denen sehr starke Sonneneruptionen nahezu komplett ausblieben, waren hingegen 1976–1981 (1 Flare ≥X10), 1985–1988 (keine Flares ≥X10), 1992–2000 (0 Flares ≥X10) und die Zeit seit 2006 (bislang keine Flares ≥X10).

Nimmt man den unmittelbar vergangenen solaren Aktivitätszyklus, er dauerte von Mai 1996 bis Dezember 2008, genauer unter die Lupe, so zeigt dieser einen zumindest in Grundzügen möglicherweise typischen Ablauf der Sonnenaktivität mit einem zunächst steilen Anstieg der monatlichen Anzahl von

Sonneneruptionen, die danach für einige wenige Jahre mit beachtlichen Fluktuationen auf hohem Niveau bleibt, ehe sie dann über einen längeren Zeitraum allmählich wieder bis zur Ruhephase abflacht.

Die meisten Flares der Klasse X wurden im vergangenen Zyklus allerdings erst unerwartet spät im September 2005 registriert; in diesem Monat ereigneten sich 10 dieser ungemein heftigen Eruptionen. Flares, welche zumindest M-Niveau erreichten, traten bereits viel früher, im Juli 2000, am zahlreichsten auf; damals konnten 54 solcher Ereignisse (51 Klasse M + 3 Klasse X) aufgezeichnet werden. Bezieht man auch Sonneneruptionen der Klasse C in die Statistik mit ein, dann erscheint der März 2000 als der aktivste Monat mit insgesamt 344 Flare-Ereignissen (304 Klasse C + 37 Klasse M + 3 Klasse X).

Vergleich zwischen den Phasen »aktive Sonne« und »ruhige Sonne«		
Phänomen	Aktivitätsmaximum (»aktive Sonne«)	Aktivitätsminimum (»ruhige Sonne«)
elektromagnetische Strahlung	abgestrahlte Gesamtleistung höher; höhere Intensität v.a. im kurzwelligen Bereich (Gamma, Röntgen 100fach, EUV 4fach, UVC +10%, jeweils gegenüber Aktivitätsminimum)	abgestrahlte Gesamtleistung niedriger; weniger hohe Intensität im kurzwelligen Bereich (Gamma, Röntgen, UV)
Solarkonstante	im Mittel geringfügig höher (+0,1%)	im Mittel geringfügig niedriger (−0,1%)
Photosphäre	geringfügig höhere Intensität im sichtbaren Licht (+0,1% gegenüber Aktivitätsminimum)	geringfügig niedrigere Intensität im sichtbaren Licht
Magnetfeld der Sonne	sehr komplex, globales Dipolfeld von starken Aktivitätszentren überlagert	annähernd globales Dipolfeld
Sonnenflecken	zahlreiche Flecken und Fleckengruppen, teils ausgedehnt, langlebig und magnetisch sehr komplex	wenige Sonnenflecken, meist klein und kurzlebig
Sonnenfackeln	zahlreich vorhanden, bevorzugt im Umkreis der Sonnenflecken	relativ wenige vorhanden, auch abseits der Sonnenflecken in hohen Breiten
Flares	häufiger	seltener
Protuberanzen	häufiger und aktiver	seltener
Sonnenkorona	nahezu kugelförmig und stark ausgedehnt	über den Polen weniger ausgedehnt als über niedrigen und mittleren Breiten
Koronaler Massenauswurf	~2–3 pro Tag	~1 pro Woche
Koronale Löcher	wenige Jahre nach dem Aktivitätsmaximum am zahlreichsten in Äquatornähe	seltener, über beiden Sonnenpolen große Ausdehnung
Sonnenwind	höhere Geschwindigkeit, höhere Teilchendichte, höhere magnetische Flussdichte	geringere Geschwindigkeit, geringere Teilchendichte, geringere magnetische Flussdichte
Heliosphäre	ausgedehnter, kräftiger entwickelt	schwächer entwickelt
nachtleuchtende Wolken	werden seltener beobachtet	werden häufiger beobachtet

Klassifizierung von »Solar-Activity-Levels«, NOAA/SWPC			
Level	Anzahl der Flare-Ereignisse pro Tag (zwischen 00 UTC und 24 UTC)		
	Klasse C1.0 – C9.9	Klasse M1.0 – M4.9	Klasse M5.0 – X
very low (sehr niedrig)	0	0	0
low (niedrig)	≥1	0	0
moderate (mittel)		1–4	0
high (hoch)		≥5	0
			1–4
very high (sehr hoch)			≥5

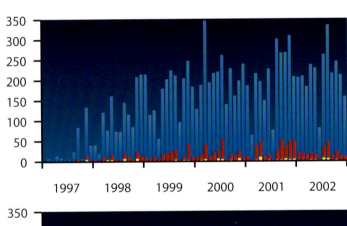
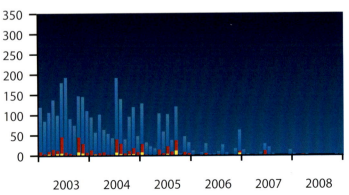

Monatliche Anzahl der X-Flares (gelb), M-Flares (rot) und C-Flares (blau) im Aktivitätszyklus 1997–2008.

SONNENFLECKENZYKLUS

In früheren Zeiten, als es noch keine Möglichkeit gab, die Strahlungsleistung von Flares mit Weltraumsatelliten zu messen, konnte man die Sonnenaktivität nur aus der Anzahl und Größe der Sonnenflecken herleiten, welche seit dem 17. Jh. beobachtet und seit dem 18. Jh. systematisch aufgezeichnet werden.

Als objektive Maßzahl für Beginn und Ende eines Sonnenfleckenzyklus wird die Sonnenfleckenrelativzahl R herangezogen, die nach einer Definition des Schweizer Astronomen und Mathematiker Johann Rudolf Wolf mit folgender Formbel $R = k \cdot (10g + f)$ bestimmt wird. Dabei bedeutet g die Anzahl der Fleckengruppen auf der sichtbaren Sonnenscheibe und f die Zahl der Einzelflecken einschließlich der in den Gruppen enthaltenen. Der Faktor k dient zur Reduktion der Beobachtungsdaten verschiedener Instrumente auf ein Standardinstrument. Aus täglichen Fleckenzahlen werden Monatsmittel gebildet. Fleckenmaximum und Fleckenminimum erhält man aus den maximalen und minimalen 13-monatig-übergreifenden (erster und letzter Monat mit dem Gewicht 0,5 versehen) Monatsmittelwerten.

Zu Beginn eines Zyklus sind stets nur wenige Sonnenflecken vorhanden, sie sind meist klein, kurzlebig und erscheinen häufig zwischen 30° und 40° heliografischer Breite. In den darauffolgenden Jahren verlagern sich Flecken und Fleckengruppen zunehmend äquatorwärts, werden zahlreicher, größer, langlebiger und magnetisch immer komplexer. Durchschnittlich nach 4,2 Jahren wird das Fleckenmaximum erreicht, ihre mittlere Lage liegt dann bei 16° heliografisch Nord und Süd. In den anschließenden 6,8 Jahren bis zum Fleckenminimum nimmt die Anzahl der Sonnenflecken wieder ab, allerdings nicht stetig, zeitweise kommt es auch in dieser Phase noch zu einem vorübergehenden Anstieg der Fleckenzahl. Gegen Ende des Zyklus sind Sonnenflecken nur noch spärlich und bevorzugt zwischen 8° und 4° heliografischer Breite anzutreffen. Zwischendurch zeigt sich die Sonne nicht selten bereits komplett fleckenlos. Der Wechsel in einen neuen Zyklus erfolgt danach nicht abrupt, sondern mit einer Übergangsphase, innerhalb derer Sonnenflecken gleichzeitig in vier verschiedenen Regionen auftreten können. In den niedrigen Breiten beiderseits des Äquators findet man noch die letzten Flecken des alten Zyklus, während in den mittleren Breiten Nord und Süd bereits die ersten Flecken des neuen Zyklus auftauchen.

HALE-ZYKLUS

Die magnetische Polarität der Sonnenflecken unterliegt ebenfalls einem Zyklus, der nach seinem Entdecker, dem US-amerikanischen Astronomen George Ellery Hale (1868–1938) Hale-Zyklus genannt wird. Ein Zyklus umspannt exakt zwei Sonnenfleckenzyklen, also im Mittel einen Zeitraum von 22 Jahren.

In seinem »Polaritätsgesetz« beschreibt Hale das Verhalten der beiden Hauptflecken innerhalb einer bipolaren Sonnenfleckengruppe hinsichtlich ihrer magnetischen Ausrichtung: Die Polarität der führenden Flecke in einer Hemissphäre ist entgegengesetzt zu denen der anderen Hemissphäre. Die Polaritäten wechseln mit jedem neuen Sonnenfleckenzyklus.

Demnach weist innerhalb eines Sonnenfleckenzyklus der mit der Sonnenrotation vorausziehende Hauptfleck einer Fleckengruppe auf der Nordhalbkugel stets die gleiche Polarität auf, dasselbe gilt auch für den nachziehenden Hauptfleck mit entgegengesetzter Polung. Auf der Südhalbkugel gilt dieselbe Gesetzmäßigkeit, allerdings mit verkehrtem Vorzeichen. Während des nächsten Sonnenfleckenzyklus ist die Polarität der Hauptflecken auf beiden Hemisphären genau umgekehrt, im darauf folgenden wird der ursprüngliche Zustand wieder hergestellt. Damit können hinsichtlich des magnetischen Verhaltens der Sonnenflecken zwei Sonnenfleckenzyklen zu einem Hale-Zyklus zusammengefasst werden.

Die Ursache für den Polaritätswechsel von einem Sonnenfleckenzyklus zum nächsten ist in der Umpolung des globalen Magnetfeldes der Sonne begründet. Diese Umpolung erfolgt etwa alle 11 Jahre in einem komplizierten Prozess, der im De-

Die 23 Sonnenfleckenzyklen von 1755 bis 2008. Der kürzeste Zyklus dauerte 9,1 Jahre, der längste 13,6 Jahre. Der langjährige Mittelwert liegt bei 11,0 Jahren, die Standardabweichung bei 1,2 Jahren.

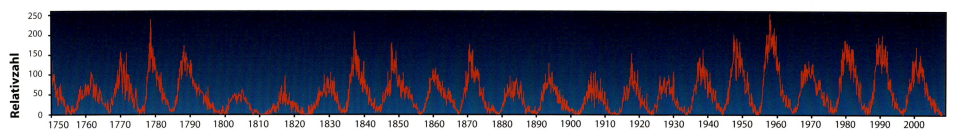

tail noch nicht ausreichend verstanden ist. Messungen zeigen jedenfalls, dass die Umpolung jeweils zum Sonnenfleckenmaximum nahezu gleichzeitig an Nord- und Südpol beginnt und sich danach allmählich äquatorwärts fortpflanzt. Dabei dürften meridionale polwärts gerichtete Strömungen, welche knapp unter der Sonnenoberfläche verlaufen und bis in eine Tiefe von etwa 24.000km ins Sonneninnere hineinreichen, eine bedeutende Rolle spielen. Diese Flüsse transportieren laufend heißes Sonnenplasma mit einer Geschwindigkeit von etwa 70km/h von den Sonnenflecken zu den Polargebieten. In den Jahren vor dem Fleckenmaximum sind die in den Plasmaströmen »eingefrorenen« Magnetfelder dem Dipolfeld entgegengesetzt gepolt. Dadurch beginnt sich das globale Magnetfeld advektiv abzubauen, bis es knapp nach dem Fleckenmaximum plötzlich umpolt. Ab diesem Zeitpunkt werden von den magnetisch immer noch unverändert ausgerichteten Sonnenflecken gleichgepolte Magnetfelder zu den Polargebieten transportiert, wodurch sich das neue, zunächst noch schwache Dipolfeld wieder gut entwickeln kann.

Auf das Sonnensystem hat der vorübergehende Zusammenbruch des globalen Magnetfeldes keinen Einfluss, da die speziell zur Zeit der Umpolung zahlreich vorhandenen starken Magnetpole in Form der Sonnenflecken das fehlende Dipolfeld mehr als nur kompensieren.

HISTORISCHE DATEN

Möchte man die Sonnenaktivität noch weiter zurückverfolgen, so lässt sich diese aus Konzentrationsänderungen von ^{14}C in Baumringen abschätzen. Da ^{14}C eine lange Aufenthaltsdauer in der Atmosphäre aufweist, lassen sich damit allerdings nur langfristige Tendenzen der solaren Aktivität zurückverfolgen.

Extrem weit zurückliegende Zeitabschnitte lassen sich nur noch aus Eisbohrkernen, die in Grönland und der Antarktis gewonnen werden, rekonstruieren. Als aussagekräftig hat sich dabei das radioaktive schwere Beryllium-Isotop $^{10}_{4}Be$ herausgestellt, welches bei Niederschlägen gemeinsam mit anderen Spurenstoffen aus der Atmosphäre ausgewaschen (»wash-out«) und in kalten Regionen im ewigen Eis eingebunden wird. Aufgrund seiner langen Halbwertszeit von 1,6 Millionen Jahren bleibt die Konzentration von $^{10}_{4}Be$ innerhalb des Eises über viele Jahrtausende im Wesentlichen unverändert und eignet sich daher gut für eine Rekonstruktion.

Der Bezug zur Sonnenaktivität lässt sich nachvollziehen, wenn man den chemischen Aufbau dieses speziellen Beryllium-Isotops genauer unter die Lupe nimmt. Dabei zeigt sich nämlich, dass für die Bildung von $^{10}_{4}Be$ (vier Protonen, sechs Neutronen) gegenüber dem Normalzustand $^{9}_{4}Be$ (vier Protonen, fünf Neutronen) eine erhöhte Anzahl an freien Neutronen erforderlich ist. Und diese findet man in der Erdatmosphäre gerade dann häufig vor, wenn Stickstoff- und Sauerstoffatomkerne in Phasen intensivierter extrem hochenergetischer extrasolarer Korpuskularstrahlung verstärkt zertrümmert werden. Die Träger dieser Strahlung sind äußerst energiereiche Partikel aus dem interstellaren Raum, hauptsächlich Protonen, die sich vor allem in Zeiten verringerter Sonnenaktivität zahlreicher innerhalb der Heliosphäre etablieren, was einen Zusammenhang zwischen solarem Aktivitätsverlauf und der Konzentration von $^{10}_{4}Be$ in irdischen Eisbohrkernen plausibel erscheinen lässt.

Detaillierte Auswertungen zeigen, dass in der Vergangenheit immer wieder länger andauernde Phasen bemerkenswert schwacher Sonnenaktivität eingetreten sind. So kam zum Beispiel in den Jahren um 1280–1360 (Wolf-Minimum), 1450–1550 (Spörer-Minimum) und 1645–1715 (Maunder-Minimum) der Aktivitätszyklus sogar komplett zum Erliegen. Jahrzehntelang dürfte die Photosphäre kaum Flecken aufgewiesen haben, Berichten zufolge war auch die Sonnenkorona während damaliger Sonnenfinsternisse von ungewöhnlich kleinem Ausmaß. Zudem gibt es nur wenige Erzählungen über spektakuläre Polarlichter in jener Zeit.

In den letzten 70 Jahren hingegen zeichnete sich die Sonne durch eine ungewöhnlich hohe Aktivität aus, die in einem permanenten Überschreiten des 12-monatig-übergreifenden Monatsmittelwertes der Sonnenfleckenrelativzahl von 100 während jedes Fleckenmaximums manifestiert ist. Damit dürfte die Sonne gegenwärtig aktiver sein als zu irgendeinem vergleichbaren Zeitraum innerhalb der vergangenen 1000 Jahre, vermutlich sogar innerhalb der letzten 9000 Jahre.

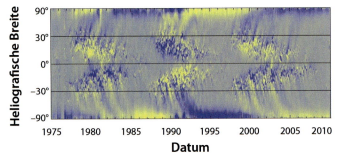

Signifikante Magnetfelder auf der Sonnenoberfläche (gemittelt) im Verlauf der vergangenen drei Aktivitätszyklen. Magnetische Nordpole sind gelb eingezeichnet, magnetische Südpole blau. Bei 90° N und 90° S ist die jeweilige Ausrichtung des Dipolfeldes erkennbar, sie ändert sich durchschnittlich alle 11 Jahre. In den mittleren und niedrigen Breiten dominiert das markante Schmetterlingsmuster der Sonnenflecken.

Recht kontrovers wird in Fachkreisen die Verknüpfung zwischen Sonnenaktivität und Erdklima gesehen. Obwohl die Rolle der Sonne als »Motor des Klimas« unbestritten ist, gibt es eine Vielzahl weiterer Einflussgrößen, denen aufgrund ihrer teils hohen Schwankungsbreite meist größere Bedeutung für unser Klima beigemessen wird, zum Beispiel die Zusammensetzung der Atmosphäre, Vulkanausbrüche, große Meteoriteneinschläge, die Verteilung der Kontinente und Meere oder die Variation der Erdbahnparameter. Nichtsdestotrotz gibt es bemerkenswerte Übereinstimmungen zwischen Sonnenaktivität und Klimaschwankungen. So fällt das Maunder-Minimum mit der Hauptphase der »Kleinen Eiszeit« zusammen, die insgesamt von etwa 1540 bis 1850 mit einer markanten Häufung von kalten Wintern und kühlen Sommern sowie weltweiten Gletschervorstößen andauerte. Möglicherweise können auch einige kurzzeitige klimatische Ereignisse auf den elfjährigen Sonnenfleckenzyklus zurückgeführt werden. Es erscheint jedenfalls kaum vorstellbar, dass sich Veränderungen der Sonne nicht auf unser Klima auswirken, wenn auch die Art und Weise, wie dies passiert, noch viele Fragen aufwirft.

Sonnenstürme werden entweder durch eine intensivierte elektromagnetische Strahlung (gelb), durch hochenergetische solare Protonen (blau) oder von Hochgeschwindigkeits-Elektronen (grün) ausgelöst. Während die elektromagnetische Strahlung auf kürzestem Wege direkt in die Erdatmosphäre eindringt, werden die geladenen Partikel vom Erdmagnetfeld abgelenkt und gelangen erst über die drei neutralen Zonen in das Innere der Magnetosphäre.

SONNENSTÜRME

Polarlichter in mittleren oder sogar niedrigen geomagnetischen Breiten sind seltene Ereignisse, welche außergewöhnliche Zustände bestimmter Sonnenwindparameter, vor allem aber intensive Vorgänge innerhalb der Magnetosphäre voraussetzen. Man spricht in solchen Fällen von »Sonnenstürmen«, oder spezieller, von »geomagnetischen Stürmen«. Sonnenstürme können sich auf die gesamte obere, bisweilen auch mittlere Atmosphäre, in Extremfällen sogar auf die Troposphäre markant auswirken. Neben stark verbreiterten Polarlichtovalen gibt es dabei eine Vielzahl bedeutender Reaktionen, die uns speziell in einer zunehmend technisierten Welt immer gravierender betreffen.

PHASEN EINES SONNENSTURMS

Die stärksten Sonnenstürme werden durch kapitale Sonneneruptionen mit massiven erdgerichteten Koronalen Massenauswürfen verursacht.

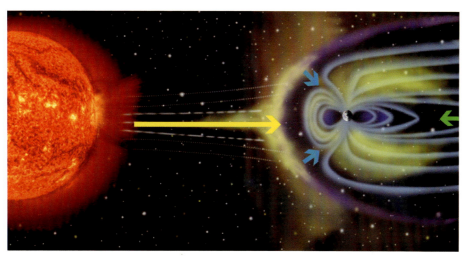

INTENSIVE ELEKTROMAGNETISCHE STRAHLUNG

Flares oder Sonneneruptionen sind die gewaltigsten Naturerscheinungen in der gegenwärtigen Phase unseres Sonnensystems. In ungemein heftigen Explosionen werden enorme Energiemengen sowie intensivste elektromagnetische Strahlung, darunter eine signifikant hohe Dosis an extrem kurzen Wellenlängen, an der Sonnenoberfläche freigesetzt und in den interplanetaren Raum verbreitet. Bereits 8min 10s bis 8min 28s nach einem Flare erreicht die Strahlung unsere Lufthülle und vermag die in der oberen und mittleren Atmosphäre ablaufenden Ionisationsprozesse (Umwandlung von neutralen Molekülen und Atomen zu positiven Ionen und freien Elektronen) vor allem auf der Tagseite teils dramatisch zu vervielfachen.

Die Folge sind nicht selten erhebliche Beeinträchtigungen der Kommunikation und Navigation, welche manchmal stundenlang andauern können und in Extremfällen sogar ein weltweites Ausmaß erreichen.

Die massivste Sonneneruption seit Beginn der Messungen im Jahre 1976 wurde am 4. November 2003 registriert und als X28-Flare eingestuft (entspricht einer maximalen extraterrestrischen Bestrahlungsstärke am Oberrand der Erdatmosphäre von $2{,}8 \cdot 10^{-3}$ W/m² im Wellenlängenbereich 0,1nm–0,8nm). Insgesamt konnten bisher 22 Flares mit einer extraterrestrischen Bestrahlungsstärke von zumindest 10^{-3} W/m² beobachtet werden, davon entfallen 6 in den Sonnenfleckenzyklus 21, 10 in den Fleckenzyklus 22 und 6 Flares in den Sonnenfleckenzyklus 23.

EXTREM HOCHENERGETISCHE PARTIKEL

Starke Sonneneruptionen senden nicht nur elektromagnetische Wellen, sondern darüber hinaus auch zeitweise hochenergetische Korpuskularstrahlung aus. Diese wird überwiegend in Form von Protonen mit gewaltigen Energiebeträgen von 1MeV bis 1000MeV und demnach rasend schnell durch das Sonnensystem transportiert. Sie erreicht bei besonders energiereichen Flares schon nach etwa 15min bis 60min die Magnetosphäre der Erde, in welche sie über die beiden polnahen neutralen Zonen eindringen kann. Wie nah danach die geladenen Teilchen an die Erdoberfläche herankommen, hängt wesentlich von ihrer inneren Energie ab. Während ein Betrag von mehr als 1MeV immerhin ausreicht, um wenigstens bis in die Mesosphäre zu gelangen, gelingt Protonen mit mehr als 10MeV bereits ein Vorstoß in die Stratosphäre. Die energiereichsten Partikel können mitunter sogar noch etwas tiefer in der oberen Troposphäre angetroffen werden.

Hochenergetische solare Protonen verursachen vor allem markante Kommunikations- und Navigationsprobleme in hohen geomagnetischen Breiten sowie eine beachtenswerte Strahlenbelastung für Crew und Passagiere bei Langstreckenflügen über polnahe Regionen. In, noch mehr jedoch außerhalb der Magnetosphäre ist speziell die Bordelektronik von Satelliten sowie die Gesundheit von Astro- und Kosmonauten durch das intensive Protonenbombardement signifikant gefährdet.

Die stärksten Sonneneruptionen, 1976–2008, NOAA

Sonnen-flecken-zyklus	Datum (Strahlungs-maximum)	Zeit relativ zum Flecken-maximum	Flare-Klasse
21	11. Jul. 1978	−1,4a	X15/1B
	6. Jun. 1982	+2,5a	X12/3B
	15. Dez. 1982	+3,0a	X12/2B
	17. Dez. 1982	+3,0a	X10/3B
	25. Apr. 1984	+4,4a	X13/3B
	20. Mai. 1984	+4,4a	X10/2B
22	6. Mär. 1989	−0,4a	X15/3B
	16. Aug. 1989	+0,1a	X20/2N
	19. Okt. 1989	+0,3a	X13/4B
	25. Jan. 1991	+1,5a	X10/SF
	1. Jun. 1991	+1,9a	X12/1F
	4. Jun. 1991	+1,9a	X12/3B
	6. Jun. 1991	+1,9a	X12/4B
	9. Jun. 1991	+1,9a	X10/3B
	11. Jun. 1991	+1,9a	X12/3B
	15. Jun. 1991	+1,9a	X12/3B
23	2. Apr. 2001	+1,0a	X20/?
	15. Apr. 2001	+1,0a	X14/2B
	28. Okt. 2003	+3,5a	X17/4B
	29. Okt. 2003	+3,5a	X10/2B
	4. Nov. 2003	+3,6a	X28/3B
	7. Sep. 2005	+5,4a	X17/3B

Die stärksten solaren Protonen-Ereignisse >10MeV, 1976–2008, NASA, NOAA

Sonnen-flecken-zyklus	Datum (Durchfluss-maximum)	Zeit relativ zum Fle-ckenmaxi-mum	Raumdurch-flussstärke Pro-tonen >10MeV
21	13. Jul. 1982	+2,6a	2900p/srcm^{2}s
	26. Apr. 1984	+4,4a	2500p/srcm^{2}s
22	13. Mär. 1989	−0,3a	3500p/srcm^{2}s
	13. Aug. 1989	+0,1a	9200p/srcm^{2}s
	30. Sep. 1989	+0,2a	4500p/srcm^{2}s
	20. Okt. 1989	+0,3a	40.000p/srcm^{2}s
	1. Dez. 1989	+0,4a	7300p/srcm^{2}s
	24. Mär. 1991	+1,7a	43.000p/srcm^{2}s
	11. Jun. 1991	+1,9a	3000p/srcm^{2}s
	9. Mai. 1992	+2,8a	4600p/srcm^{2}s
	31. Okt. 1992	+3,3a	2700p/srcm^{2}s
	21. Feb. 1994	+4,6a	10.000p/srcm^{2}s
23	15. Jul. 2000	+0,2a	24.000p/srcm^{2}s
	9. Nov. 2000	+0,6a	14.800p/srcm^{2}s
	25. Sep. 2001	+1,4a	12.900p/srcm^{2}s
	6. Nov. 2001	+1,6a	31.700p/srcm^{2}s
	24. Nov. 2001	+1,6a	18.900p/srcm^{2}s
	21. Apr. 2002	+2,0a	2520p/srcm^{2}s
	29. Okt. 2003	+3,5a	29.500p/srcm^{2}s
	17. Jan. 2005	+4,8a	5040p/srcm^{2}s
	15. Mai. 2005	+5,1a	3140p/srcm^{2}s

Das ausgeprägteste Protonen-Ereignis seit Beginn der Messungen im Jahre 1976 wurde am 24. März 1991 registriert. An diesem Tag lag die maximale extraterrestrische Raumdurchflussstärke energiereicher Protonen mit mehr als 10MeV am Oberrand der Erdatmosphäre bei 43.000p/srcm^{2}s. Insgesamt konnten bisher 21 solcher Ereignisse mit einer extraterrestrischen Raumdurchflussstärke von zumindest 2500p/srcm^{2}s beobachtet werden, davon entfallen 2 in den Sonnenfleckenzyklus 21, 10 in den Fleckenzyklus 22 und 9 Protonen-Ereignisse in den Sonnenfleckenzyklus 23.

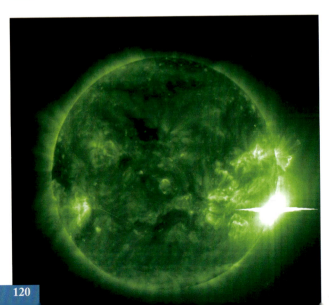

Die massive Sonneneruption vom 4. November 2003, aufgenommen vom Extreme Ultraviolet Imaging Telescope EIT auf SOHO in einer Wellenlänge von 19,5nm. Die Eruption fand am Rande der sichtbaren Sonnenscheibe statt, wodurch die Auswirkungen auf die Erde deutlich abgemildert wurden.

STÜRMISCHER SONNENWIND

Dauert ein Flare länger an und zeigt er sich dabei großflächig oder besonders strahlungsreich, so kann mit hoher Wahrscheinlichkeit auch mit einem massereichen Koronalen Massenauswurf gerechnet werden, welcher in Form einer relativ dichten Plasmawolke zügig durch den interplanetaren Raum treibt. Massenauswürfe erfolgen stets anisotrop, also nur in bestimmte Richtungen, und können daher unseren Planeten verfehlen. Handelt es sich jedoch um ein Hochgeschwindigkeits-Ereignis mit ausgeprägter erdgerichteter Komponente, so wird er bei seiner Ankunft eine weitere imposante Sonnensturmphase, den so genannten »geomagnetischen Sturm«, einleiten. Erdgerichtete Koronale Massenauswürfe werden auch als so genannte »full halo events« bezeichnet. Dieser Begriff beschreibt in Anlehnung an die kreisförmige Gestalt eines atmosphärischen Halos die ähnlich aussehende Form eines Koronalen Massenauswurfs, die sich einem Beobachter bietet, wenn die solare Materie aus seiner Perspektive in alle Richtungen nahezu gleichmäßig weggeschleudert wird. Die Erde befindet sich in einem solchen Fall in annähernd zentraler Auswurfrichtung des Koronalen Massenauswurfs.

Die in den Sonnenwind eingebettete verdichtete Plasmawolke benötigt typischerweise 28h bis 48h, manchmal bis zu 60h, bei extrem außergewöhnlichen Ereignissen, wie sie sich zum Beispiel am 28. und 29. Oktober 2003 ereigneten, kaum mehr als 19h, um den langen Weg von der Sonnenkorona bis zur Erde zurückzulegen. Ihr Transit durch das innere Sonnensystem erfolgt zunächst nahezu unbemerkt. Über ihre speziellen Eigenschaften, wie zum Beispiel magnetische Flussdichte, Teilchendichte oder kinetische Energiedichte sind kaum Informationen

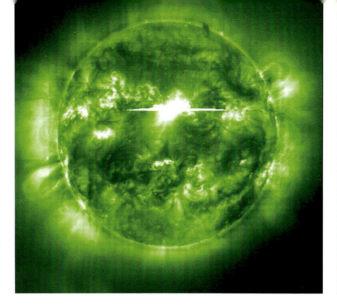
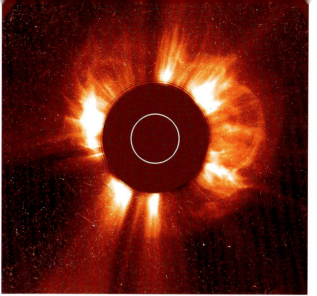
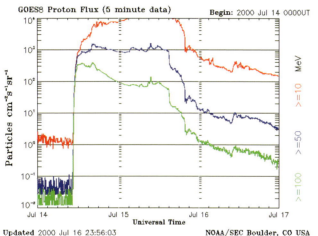
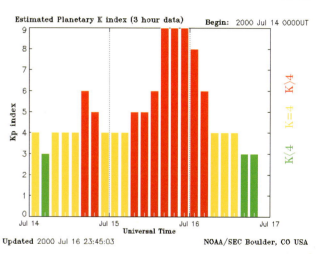

Ein Musterbeispiel eines mehrphasigen Sonnensturms: Am 14. Juli 2000 setzte um 10:03 UTC im Bereich der Sonnenfleckengruppe AR 9077 auf einer heliografischen Breite von 22° N und einer heliografischen Länge von 7° W eine massive Sonneneruption ein; das Flare-Maximum mit der Klasse X5.7/3B wurde um 10:24 UTC beobachtet (links oben). Etwa 30 Minuten später, um 10:54 UTC, registrierte der Large Angle and Spectrometric Coronagraph LASCO C2 auf SOHO einen »full-halo-CME« (rechts oben); als Auswurfgeschwindigkeit konnte ein Wert von 1775km/s ermittelt werden. Bereits knapp davor, um 10:45 UTC, nur 42 Minuten nach Beginn der Sonneneruption, haben die Instrumente des geostationären Erdumlaufsatelliten GOES 8 schon eine ungewöhnlich starke Zunahme hochenergetischer solarer Protonen festgestellt (links unten). Am folgenden Tag, dem 15. Juli um 12:30 UTC, erreichte ihre Raumdurchflussstärke mit 24.000p/srcm²s den höchsten Wert seit mehr als neun Jahren. Der geomagnetische Sturm setzte letztendlich am 15. Juli um 14:38 UTC, etwa 28,6 Stunden nach Flare-Beginn, ein (rechts unten, Kp-Wert steigt von 6 auf 9). Damit hatte die Plasmawolke ihren Weg von der Sonne zur Erde mit einer durchschnittlichen Geschwindigkeit von 1475km/s zurückgelegt.

bar. Die exakte Reisegeschwindigkeit und somit der Eintreffzeitpunkt des Sturmplasmas ist vorerst ebenfalls hochspekulativ, gelegentlich kann es durch Interferenzen zwischen zwei unmittelbar hintereinander ausgeworfenen Koronalen Massenauswürfen noch zu bedeutenden unvorhergesehenen Änderungen der Sonnenwindparameter kommen. Erste genauere Informationen über die Beschaffenheit der Plasmawolke erhalten wir schließlich bei Passage des am Librationspunkt L1 stationierten ACE (»Advanced Composition Explorer«). Allerdings vergehen danach nur noch etwa 15min bis 35min, bis das Sturmplasma am subsolaren Punkt mit dem Außenrand des Erdmagnetfeldes kollidiert und einen so genannten Plötzlichen Sturmbeginn (Sudden Storm Commencement, SSC) auslöst. In diesem Zusammenhang sei erwähnt, dass nicht alle geomagnetischen Stürme durch einen plötzlichen Impuls in Gang gesetzt werden. Speziell Stürme, welche sich aus dem »Hochgeschwindigkeits-Sonnenwind« eines Koronalen Lochs entwickeln, zeigen fallweise auch das Muster eines so genannten Allmählichen Beginns (Gradual Commencement, GC).

Ablauf und Intensität eines geomagnetischen Sturms können anhand des so genannten DST-Index (»Disturbance Storm Time«, also die Sturmzeit der geomagnetischen Störung) gut dokumentiert werden. Diese Kennzahl repräsentiert die zu jedem Zeitpunkt festgestellte, weltweit gemittelte Abweichung der horizontalen Komponente der magnetischen Flussdichte des Erdmagnetfeldes von ihrem Normalwert in niedrigen und knapp mittleren geomagnetischen Breiten, wobei die Daten mittels Magnetometer vom Erdboden aus erhoben werden.

In der Initialphase des Sturms kommt zunächst der auf die sonnenzugewandte Seite der Magnetosphäre ausgeübte dynamische Druck des Sonnenwindes zur Geltung. Dieser erfährt bei Eintreffen des Sturmplasmas aufgrund der markant erhöhten Geschwindigkeit und Teilchendichte eine plötzliche Verstärkung, welche sofort eine mehr oder weniger ausgeprägte Verschiebung der Magnetopause näher an die Erde heran bewirkt. Bei besonders massiven Kompressionen kann es sogar vorkommen, dass künstliche Satelliten in der geostationären Erdumlaufbahn Magnetopausendurchgänge erleiden und für einige Stunden dem gefährlichen Sonnenwind schutzlos ausgesetzt werden. Der DST-Index zeigt in dieser Phase typischerweise einen sprunghaften Anstieg, welcher mit einem als Disturbed Corpuscular Flux (DCF, dt. Gestörter Teilchenfluss) bezeichneten Effekt infolge der Verschiebung der Magnetopause in Zusammenhang gebracht wird.

Der weitere Verlauf eines geomagnetischen Sturms ist essentiell von der magnetischen Ausrichtung des in die Plasmawolke eingebetteten Magnetfeldes abhängig. Ein nordwärts gerichtetes interplanetares Magnetfeld dämpft die Reaktionen innerhalb unserer Magnetosphäre und Atmosphäre, da unter anderem das Einfließen von Sonnenwindplasma reduziert ist und auch die Beschleunigung der auroralen Elektronen im Magnetosphärenschweif weniger intensiv ausfällt. Zeigt das interplanetare Magnetfeld hingegen nach Süden, dann erhöht sich das Gefahrenpotential signifikant. Bei entsprechender Geschwindigkeit und Teilchendichte des solaren Plasmastroms muss jetzt mit der Entfaltung eines schweren geomagnetischen Sturms gerechnet werden.

Die Hauptphase eines solchen Sturms ist durch einen radikalen Rückgang des DST-Index gekennzeichnet, welcher manchmal einige, in Extremfällen sogar mehrere 100nT ausmacht. Diese Entwicklung ist überwiegend auf Veränderungen des Ringstroms zurückzuführen, welcher gemeinsam mit der sonnenzugewandten Seite der Magnetopause näher an die Erde heranrückt. Seine Entfernung zur Erdoberfläche kann dabei durchaus einen Wert von 20.000km unterschreiten, womit er den äußeren Van-Allen-Gürtel erreicht. Die Modifikationen des Ringstroms umfassen allerdings nicht nur seine Position, sondern betreffen vor allem seine Partikel. Denn sobald der Sonnenwind Sturmstärke erreicht, erfahren aufgrund von Impulsübertragungen ins Innere der Magnetosphäre auch die geladenen Ringstromteilchen kräftige Beschleunigungen und Energieerhöhungen. Den Ladungsträgern, die sich demzufolge mit gesteigerter kinetischer Energie und aufgrund des südwärts orientierten interplanetaren Magnetfeld noch dazu in größerer Anzahl im Magnetfeld bewegen, gelingt es nun, vermehrt elektrischen Strom zu induzieren, welcher wiederum ein gegenüber dem Normalzustand deutlich verstärktes magnetisches Wirbelfeld zur Folge hat. Die magnetische Flussdichte dieses dem Erdmagnetfeld entgegengerichteten Ringstromfeldes kann dabei einige 100nT betragen und wird als Schwächung des Gesamtmagnetfeldes von Magnetometern wiedergegeben.

Klassifizierung von geomagnetischen Stürmen, Instituto Nazionale di Geofisica e Vulcanologia, Rom

Niveau	DST-Index		
schwacher Sturm	−50nT	bis	−30nT
mäßiger Sturm	−100nT	bis	−50nT
intensiver Sturm	−200nT	bis	−100nT
Supersturm		<−200nT	

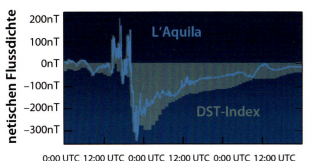

Der geomagnetische Sturm am 15./16. Juli 2000. Die grünen Balken zeigen den DST-Index (Mittelwert der Magnetometerwerte von Honolulu (Hawaii), San Juan (Puerto Rico), Hermanus (Südafrika) und Kakioka (Japan)), die blaue Kurve die entsprechenden Magnetometerdaten des L'Aquila Magnetic Observatory in Italien. Der Beginn des geomagnetischen Sturms erfolgte am 15. Juli um 14:38 UTC. Die Hauptphase, die allgemein den Zeitabschnitt umfasst, in welchem der DST-Index nach einem kurzen Anstieg bis zu seinem Minimum abfällt, dauerte bis zum 16. Juli gegen 1 UTC an. Mit Erreichen des Minimums beginnt dann definitionsgemäß die Erholungsphase des geomagnetischen Sturms.

Die Nach- oder Erholungsphase eines geomagnetischen Sturms ist von einem sich allmählich wieder erholenden Erddipolfeld und folglich ansteigendem DST-Index gekennzeichnet.

Von 1957 bis 2003 wurden insgesamt 22 geomagnetische Stürme mit einem DST-Index von weniger als −300nT registriert. Der stärkste dieser Stürme mit einem extrem niedrigen Wert von −589nT ereignete sich vom 13. auf den 14. März 1989 und ging aufgrund seiner katastrophalen Auswirkungen auf die Stromversorgung in Quebec (Kanada) in die Geschichte ein.

Sonnen-flecken-zyklus	Datum (Sturm-höhepunkt)	Zeit relativ zum Fle-ckenmaxi-mum	DST-Index (Tagesmin aus Stunden-werten)
19	5. Sep. 1957	−0,5a	−324nT
	13. Sep. 1957	−0,5a	−427nT
	23. Sep. 1957	−0,5a	−303nT
	11. Feb. 1958	−0,1a	−426nT
	8. Jul. 1958	+0,3a	−330nT
	4. Sep. 1958	+0,5a	−302nT
	15. Jul. 1959	+1,3a	−429nT
	1. Apr. 1960	+2,0a	−327nT
	30. Apr. 1960	+2,1a	−325nT
	13. Nov. 1960	+2,7a	−339nT
20	26. Mai. 1967	−1,5a	−387nT
21	13. Apr. 1981	+1,3a	−311nT
	14. Jul. 1982	+2,6a	−325nT
	9. Feb. 1986	+6,2a	−307nT
22	14. Mär. 1989	−0,3a	−589nT
	9. Nov. 1991	+2,3a	−354nT
23	16. Jul. 2000	+0,3a	−301nT
	31. Mär. 2001	+1,0a	−387nT
	29. Okt. 2003	+3,5a	−353nT
	30. Okt. 2003	+3,5a	−383nT
	20. Nov. 2003	+3,6a	−422nT
	8. Nov. 2004	+4,6a	−373nT

Anmerkung: Wert vom 8. Nov. 2004 ist noch nicht endgültig.

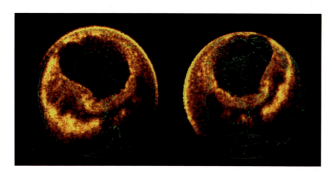

Der schwere geomagnetische Sturm am 13./14. März 1989 hatte auch positive Auswirkungen. Während der Nachtstunden konnte in beiden Hemisphären eine ungewöhnlich ausgedehnte Auroratätigkeit beobachtet werden.

VERÄNDERUNGEN DER IONOSPHÄRE

Geomagnetische Stürme dauern meist mehrere Stunden, manchmal sogar einige Tage lang nahezu ohne Unterbrechungen an. Während dieser Zeit kommt es nicht nur im Bereich des Ringstromes, sondern auch in der oberen und mittleren Atmosphäre zu markanten Veränderungen.

Wenn der Sonnenwind, dessen Durchflussstärke während der Passage eines verdichteten Sturmplasmas auf Höhe der Erdbahn mehr als 2 Milliarden $p/cm^2 s$ betragen kann, mit südwärts ausgerichtetem interplanetarem Magnetfeld auf die Magnetosphäre trifft, verbinden sich seine magnetischen Feldlinien mit den Feldlinien des Erdmagnetfeldes und »verschleppen« diese in die Nachtseite, was mit einer regelrechten Erosion vergleichbar ist, bei der die Magnetosphäre an ihrem Außenrand buchstäblich abgetragen wird. Sonnenwindplasma kann dadurch an den neutralen Zonen vermehrt einfließen. Darüber hinaus werden die im Magnetosphärenschweif befindlichen auroralen Elektronen durch Feldlinienwiedervereinigungen und induzierte elektrische Felder deutlich stärker als im Normalfall Richtung Ionosphäre beschleunigt.

Die Folge ist ein wahres Bombardement geladener Teilchen, welche auf die obere und mittlere Atmosphäre niederprasseln und mit Bestandteilen unserer Lufthülle hart kollidieren, wodurch noch zahlreiche weitere Elektronen freigesetzt werden. Damit steigt die Elektronendichte in allen ionosphärischen Regionen beträchtlich an, wobei es in der E-Region zur Ausbildung temporärer Es-Schichten über hohen und mittelhohen geomagnetischen Breiten, insbesondere im Bereich der Polarlichtovale, kommt. In Verbindung mit der für die Dynamosphäre symptomatischen Ladungstrennung zwischen positiven Ionen und freien Elektronen führt die erhebliche Elektronenkonzentration zur Entstehung gewaltiger elektrischer Felder und die erhöhte elektrische Leitfähigkeit zum Fließen außerordentlich starken elektrischen Stroms. Es entstehen speziell in einer Höhe von 100km bis 120km über der Erdoberfläche intensive Zonen maximaler elektrischer Stromdichte, die allgemein als Polare Elektrojets (PEJs) bezeichnet werden und während der Nacht meist stärker gebündelt sind als tagsüber. Ihre Stromrichtung, also die Bewegung positiver Ladungsträger, zeigt dabei überwiegend nach Westen. Obwohl die Stromstärke mit 30.000A bis 1.000.000A enorm ist, erreicht die Stromdichte der Polare Elektrojets aufgrund des ausgedehnten Leiterquerschnittes von typischerweise 9000km² nur vergleichsweise geringe Werte, die zum Beispiel weit unter jenen einer Hochspannungsleitung liegen.

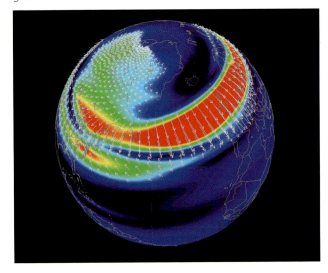

Im Bereich der Polarlichtovale bilden sich speziell während geomagnetischer Stürme besonders stark ausgeprägte polare Elektrojets aus. In der Nacht vom 13./14. März 1989 erstreckte sich ein extremes Band vom Baltikum über Südskandinavien, die Britischen Inseln bis nach Nordamerika.

Sind starke Elektrojets vorhanden, so erhöhen diese auch die magnetische Flussdichte des permanenten ionosphärischen Magnetfeldes in der E-Region, welches so wie das Ringstromfeld am Erdboden dem inneren Erdmagnetfeld entgegengerichtet ist und damit jenes ebenfalls schwächt. Dies kann aus der »Rechten-Faust-Regel« abgeleitet werden, wonach die Wickelung des Magnetfeldes um einen stromdurchflossenen Leiter in Stromrichtung betrachtet mit dem Uhrzeigersinn erfolgt. Erkennbar ist diese Störung anhand einer zusätzlichen Reduzierung des DST-Index in Magnetogrammen mittlerer geomagnetischer Breiten.

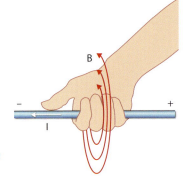

Mit der »Rechten-Faust-Regel« lassen sich die Vektorrichtungen von Strom und Magnetfeld in die richtige Beziehung setzen. Formt man mit der rechten Hand eine Faust um einen stromdurchflossenen Leiter, so zeigt der Daumen stets in Stromrichtung I und die Finger in die Richtung des Magnetfeldes B.

Eine besonders interessante Folgewirkung geomagnetischer Stürme manifestiert sich in den hochreichenden Zirkulationszellen der Thermosphäre. Die erhöhte Anzahl elektrisch geladener Teilchen, welche sich infolge ihrer gesteigerten Energiebeträge zudem mit größeren Geschwindigkeiten als normalerweise bewegen, führt nämlich reibungsbedingt (Neutralgasteilchen agieren als elektrischer Widerstand für die Polare Elektrojets) zu einem beachtlichen Temperaturanstieg der oberen Atmosphäre, speziell über polaren geomagnetischen Breiten. Die Konsequenz ist ein großflächiges Aufsteigen thermosphärischer Luftpartikel über polnahen Regionen, was einerseits einen Massenzuwachs innerhalb der mittleren und oberen Thermosphäre, also ein Ausdehnen der Lufthülle bewirkt, andererseits die vorhandenen einstrahlungsbedingten Konvektionszellen empfindlich stört. Während jedoch bei schwächeren geomagnetischen Stürmen lediglich über hohen Breiten und nur in großen Höhen markante Veränderungen der Strömungsverhältnisse feststellbar sind, kann inmitten außerordentlich starker Stürme die »Sturmzirkulation« beinahe die gesamte Thermosphäre erfassen und unter Umständen das gewohnte Zirkulationsmuster komplett umkehren. Die Luftpartikel steigen dann über den beiden Polgegenden organisiert auf, strömen an der Thermopause äquatorwärts und sinken in niedrigen geografischen Breiten bis zu einer Höhe von knapp 200km über der Erdoberfläche ab. Das polwärtige Zurückfließen erfolgt am Oberrand der thermisch induzierten Konvektionszellen, welche während starker Stürme nur noch in der unteren Thermosphäre über niedrigen und mittleren Breiten vorhanden sind. Diese Zirkulationsanomalie kann sich allerdings stets nur vorübergehend etablieren, da der thermosphärische Massenzuwachs auch die Reaktionsrate für Stoßrekombinationen (Umwandlung von positiven Ionen und freien Elektronen bei Vorhandensein von Stoßpartnern zu neutralen Atomen und Molekülen) steigert und damit allmählich wieder einen Abbau elektrisch geladener Teilchen einleitet.

AUSWIRKUNGEN DER SONNENSTÜRME

Obwohl die Auswirkungen von Sonnenstürmen überwiegend »nur« die Magnetosphäre sowie die obere und mittlere Atmosphäre betreffen, sind ihre Effekte in unserer zunehmend

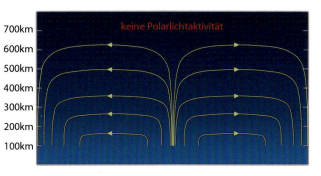
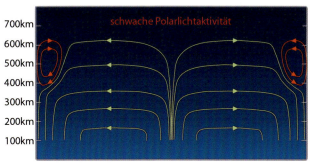
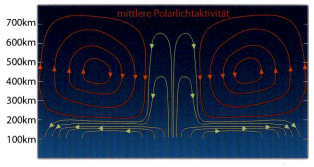
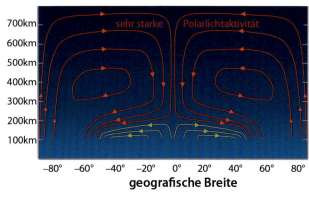

Die Zirkulationszellen der Thermosphäre werden im Normalfall hauptsächlich von den Einstrahlungsverhältnissen geprägt. Zur Tag- und Nachtgleiche, wenn die Sonne maximal auf den Äquator scheint, steigen aufgeheizte Luftpartikel in den niedrigen Breiten auf und strömen auf beiden Erdhalbkugeln polwärts, um in den kühleren subpolaren und polaren Regionen wieder abzusinken und damit Gegensätze auszugleichen (oben). Geomagnetische Stürme verändern das gewohnte Temperaturmuster. Je nach Intensität bilden sich auch in hohen Breiten kleinere oder ausgedehntere Regionen mit enorm hohen Temperaturen, welche das Zirkulationsmuster im Extremfall komplett umkehren können (unten).

technisierten Zivilisation auch an der Erdoberfläche weitreichend spürbar.

BOMBARDEMENT EXTREM HOCHENERGETISCHER PARTIKEL

Hochenergetische solare Partikel mit Energiebeträgen von 1 bis 1000 MeV gefährden die immer zahlreicher auf verschiedenartigen Umlaufbahnen um die Erde kreisenden Satelliten, speziell über hohen geomagnetischen Breiten sowie außerhalb der schützenden Magnetosphäre. So lösen sie zum Beispiel in den Star-Trackern (das sind äußerst lichtempfindliche Präzisionssensoren, welche relative Änderungen von Sternpositionen registrieren, woraus sich die aktuelle Ausrichtung der Sonde ermitteln lässt) der künstlichen Raumflugkörper störende Lichtblitze aus, welche zu signifikanten Missorientierungen führen können. Die Folge davon sind falsch ausgerichtete Antennen, welche einen Abbruch des Funkkontaktes mit der Bodenstation hervorrufen oder von der Sonne weggedrehte Solarzellen, wodurch die notwendige Energiezufuhr unterbunden wird. Besonders energiereichen Protonen gelingt es sogar, mittels eines regelrechten Partikelbombardements die Schutzschilde der Satelliten zu durchdringen und bis zur Bordelektronik vorzudringen, welche dabei massiv beeinträchtigt, manchmal auch zerstört wird.

Künstliche Erdsatelliten sind heute in vielfältiger Form im Einsatz, als Beispiele seien die ISS (International Space Station), das HST (Hubble Space Telescope), Erderkundungs- und Forschungssatelliten sowie das Kommunikationssystem Iridium, welche sich alle im niedrigen Erdorbit befinden, weiter die hochauflösenden meteorologischen Satelliten der NOAA und METOP (METeorological OPerational Satellite), beide im sonnensynchronen Orbit, dann das Navigationssystem GPS im mittleren Erdorbit sowie die zahlreichen TV-Satelliten, zum Beispiel Astra oder EUTELSAT (EUropean TELecommunications SATellite), die sich ebenso wie die Wettersatelliten der METEOSAT- (METEOrological SATellite) und GOES-Serie (Geostationary Operational Environmental Satellites) im geostationären Erdorbit aufhalten, zu nennen. Anhand dieser Aufstellung kann man gut nachempfinden, dass der Totalausfall eines oder mehrerer Satelliten durchaus von unserer Zivilisation »wahrgenommen« wird.

Gelangen die hochenergetischen Protonen in tiefere Atmosphärenschichten, dann kommt es zu weiteren bemerkenswerten Reaktionen, bei denen mitunter sogar Bestandteile unserer Lufthülle zertrümmert werden. Darüber hinaus bilden sich vermehrt aggressive Chemikalien, welche unter anderem einen vorübergehend starken Ozonabbau in der polaren Mesosphäre bewirken können.

129

SEITE 126:

Am 4. November 2001 zwischen 16 und 17 UTC registrierten die Messgeräte auf GOES eine heftige Eruption der Klasse X1.0/3B auf der Sonnenoberfläche (Maximum um 16:20 UTC), von der nicht nur intensive elektromagnetische Strahlung ausging, sondern auch eine extrem hohe Menge energiereicher Protonen (die ersten trafen bereits um 17:05 UTC auf die Erde; das Maximum mit 31.700 p/srcm²s wurde am 6. November 2:15 UTC detektiert). Darüber hinaus wurde ein »full-halo-CME« emittiert, der in der Nacht vom 5./6. November einen schweren geomagnetischen Sturm entfachte, welcher am 6. November am frühen Vormittag finnischer Zeit in einem DST-Index von –292nT gipfelte. Der Kp-Index nahm in der zweiten Nachthälfte, in den Zeitintervallen 00–03 UTC und 03–06 UTC einen Wert von 9–, das ist die zweithöchste Stufe einer 28-teiligen Skala, ein. (Fotos aus Valkeakoski, 5./6. November 2001)

SEITE 127:

Der »große rote Sturm« vom 5./6. November 2001 begann in Valkeakoski bereits einige Stunden bevor der Koronale Massenauswurf die 1,5 Millionen km von der Erde entfernte Raumsonde ACE passierte (das war gegen 1:30 UTC). Das diffuse rote Licht erreichte in dieser Nacht eine zeitweise erstaunlich starke Leuchtkraft, der Himmel schien zu »brennen«.

SEITE 128/129:

»Es war beeindruckend, den Waldweg entlang zu gehen und zu sehen, wie sich die Bäume gleichsam wie Silhouetten gegen den roten Himmel abhoben. Das Rot war überall, es war bedrohlich. Und es gab kaum Bewegungen zu sehen, kaum Details, nur dieses diffuse rote Etwas.« erzählt Fotograf Tom Eklund. Die Aufnahmen entstanden knapp fünf Tage nach Vollmond. In dieser Phase steht Anfang November der Mond nach Mitternacht besonders hoch am Himmel.

ERHÖHTE STRAHLUNGSBELASTUNG

Für Lebewesen birgt der Kontakt mit extrem energiereichen Partikeln ein erhebliches gesundheitliches Risiko. So dürfen Astro- und Kosmonauten, sofern sie lediglich durch einen Weltraumanzug geschützt sind, einer hohen Dosis, wie sie oft nach starken Sonneneruptionen registriert wird, keinesfalls ausgesetzt werden. Gefährlich hochenergetische Protonen entstammen aber nicht nur solarem Ursprung, sondern gelangen auch aus dem interstellaren Raum zur Erde, speziell in Jahren reduzierter Sonnenaktivität. Die Durchflussstärke extrasolarer Teilchen ist zwar freilich um ein Vielfaches geringer, ihre Partikelenergien mit weit mehr als 1 GeV jedoch exorbitant höher als die solare Korpuskularstrahlung.

Da die energiereichsten Protonen bis in die untere Atmosphäre vordringen, muss auch für Besatzungsmitglieder und Passagiere in Flugzeugen von einer erhöhten Strahlungsgefährdung ausgegangen werden. Dies betrifft vor allem Langstreckenflüge über polare geomagnetische Breiten, eventuell auch über den westlichen Südatlantik im Einflussbereich der Südatlantik-Anomalie.

ERHÖHTER IONISATIONSGRAD DER IONOSPHÄRE

Eine besondere Bedeutung für die weltweite Kommunikation und Navigation kommt der Ionosphäre zu. Aufgrund ihrer Fähigkeit, elektromagnetische Wellen eines bestimmten Frequenzbereiches, welcher stark von der Elektronendichte abhängig ist, zu reflektieren, können Radiowellen über größere Distanzen verbreitet werden, als es infolge der Krümmung der Erdoberfläche auf direktem Wege möglich wäre. Das gilt normalerweise vor allem für Kurzwelle, sowie zumindest nachts, wenn der schwächende Effekt der D-Region wegfällt, auch für Mittelwelle.

Erhöht sich nach einem intensiven Flare die Elektronendichte in der oberen und mittleren Atmosphäre, so ändern sich auch die Reflexions- und Absorptionseigenschaften der ionosphärischen Regionen. Kürzere Radiowellen im UKW-Bereich werden jetzt ebenfalls total reflektiert und erlangen vorübergehend unerwartete Überreichweiten. Andererseits erfolgen die Spiegelungen von Kurzwellen dann häufig schon in geringeren Höhen als im Normalfall, wodurch sich die Reichweitenqualität dieses Frequenzbereiches verschlechtert. Dafür sorgen im Übrigen auch die deutlichen Radiowellenemissionen der Flares, welche

Nimmt die Elektronenkonzentration in der Ionosphäre markant zu, so werden auch die kürzeren Rundfunkwellen des UKW-Bereiches reflektiert und über unerwartet große Distanzen weitergeleitet.

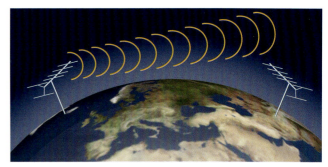

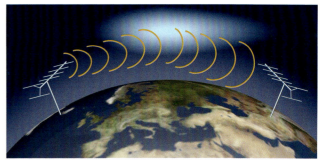

an der Erdoberfläche zeitweilig ein erhebliches Empfängerrauschen produzieren. Besonders nachteilig kommen Es-Schichten zum Tragen, welche zum Beispiel während geomagnetischer Stürme auftreten. Die dichten inhomogenen Elektronenwolken leiten nämlich die auftreffenden Radiowellen nicht geordnet, sondern vielmehr in zufällige Richtungen weiter.

Nach extremen Sonneneruptionen sind selbst völlige Ausfälle der KW- und MW-Übertragungen keinesfalls ungewöhnlich. Verursacht werden diese durch eine signifikant verstärkte Ionisation und folglich Ausbreitungsdämpfung innerhalb der D-Region, welche entweder auf die plötzlich intensivierte kurzwellige elektromagnetische Strahlung an der Tagseite oder auf das Eindringen energiereicher Protonen in polaren geomagnetischen Breiten zurückzuführen sind. Diese beiden Effekte werden gemeinhin als »Sudden Ionospheric Disturbance« (SID, dt. Plötzliche Ionosphärische Störung) bzw. Polar Cap Absorption (PCA, dt. »Polarkappen Absorption«) bezeichnet.

Neben der Kommunikation ist auch die Navigation von Veränderungen des Ionisationsgrades unserer Lufthülle erheblich betroffen. So werden die im Mikrowellenbereich abgestrahlten GPS-Signale beim Durchdringen einer vermehrt mit Elektronen angereicherten Ionosphäre vor allem während geomagnetischer Stürme spürbar verlangsamt. Die Folge sind fehlerhafte Signallaufzeiten, die ohne geeignete Korrekturdaten ungenaue Positionsbestimmungen hervorrufen. Als Reaktion vergrößern Flugsicherungen in solchen Situationen fallweise die Mindestabstände zwischen Flugzeugen, um die Sicherheit des Flugverkehrs weiterhin in ausreichendem Maße zu gewährleisten.

Durchqueren künstliche Satelliten stärker ionisierte Regionen, so kommt es auch dabei zu unerwünschten Effekten. Einerseits werden sie an ihren Außenflächen elektrostatisch aufgeladen, zum anderen vermögen einzelne höherenergetische Teilchen die Schutzschilde zu überwinden und ins Satelliteninnere vorzudringen. Die daraus resultierenden elektrischen Entladungen können Bordelektronik und Solarzellen beschädigen, fehlerhafte Sensordaten produzieren, bisweilen wird auch der Hitzeschutz markant geschwächt. In Extremfällen führen diese Effekte zu einer drastischen Reduzierung der Lebensdauer eines Satelliten.

Als das zweifellos positivste Resultat eines erhöhten Ionisationsgrades der Ionosphäre sind die spektakulären Polarlicht-Substürme zu nennen, in welchen die Aurora vorübergehend eine ansehnliche vertikale Erstreckung mit beeindruckender Dynamik, brillanter Helligkeit und Farbenreichtum entfaltet und zudem nicht selten eine beträchtliche horizontale Ausdehnung bis in mittlere oder selbst niedrige Breiten erreicht. Obwohl eine hohe Elektronendichte in der oberen Atmosphäre gleichermaßen Polarlichterscheinungen verstärkt wie sie das Erdmagnetfeld schwächt, ist die Korrelation zwischen Aurora-Stürmen und geomagnetischen Stürmen keine einfache. So kann es durchaus passieren, dass manch starker geomagnetischer Sturm zur Überraschung gespannt wartender Beobachter nur mäßig intensive Polarlichter hervorbringt. Tatsächlich ist das Zusammenspiel der zahlreichen Vorgänge innerhalb der Magnetosphäre und Ionosphäre überaus diffizil und im Detail noch nicht ausreichend begriffen. Zum grundlegenden Verständnis dieser Komplexität sei jedenfalls noch angemerkt, dass von der vom Sonnenwind in die Magnetosphäre übertragenen Energiemenge nur ein kleiner Bruchteil für die Anregung der sichtbaren Aurora verwendet wird.

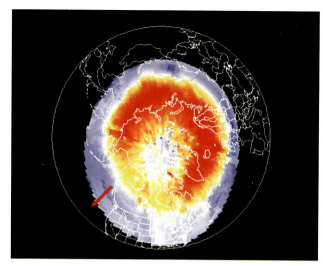

Am 15. Juli 2000 verbreitete sich das nördliche Polarlichtoval während des geomagnetischen Sturmes Richtung mittlere Breiten. Gegen 21 UTC lag sein Südrand etwa über der Nord- und Ostsee. Der rote Pfeil links unten zeigt die Position der lokalen Mittagssonne an.

SEITE 132:

Ein schwerer geomagnetischer Sturm der Klasse G4 (Kp 9– im Zeitintervall 18–21 UTC) färbte den Abend des 9. November 2004 über Toijala rot und gelbgrün. Zurückzuführen war der Sturm vermutlich auf einen X2.0-Flare, der am 7. November um etwa 17 UTC einen erdgerichteten Koronalen Massenauswurf abfeuerte (Position auf der Sonne 9°N/17°W). Dieser traf am 9. November gegen 18:45 UTC mit erhöhter Geschwindigkeit und Teilchendichte, eingebettet in den Sonnenwind, auf die Magnetosphäre der Erde und löste den Sturm aus.

SEITE 133:

Verzweifelt suchte Fotograf Tom Eklund Lücken in der Wolkendecke, um die Auswirkungen des geomagnetischen Sturms vom 9. November 2004 beobachten zu können. Nach einer mühevollen Fahrt, die ihn von Valkeakoski rund um Tampere bis in das knapp 100km entfernte Ikaalinen und wieder zurück führte, fand er sie schließlich in Toijala, nur 2km von zuhause entfernt. »Das violette Band pulsierte und es war unglaublich hell. Einfach fantastisch!«, erzählt er begeistert.

SEITE 134/135:

Sehr variantenreich zeigte sich die Aurora Borealis am 14./15. Dezember 2006 über Valkeakoski. In dieser Nacht trat ein schwerer geomagnetischer Sturm der Klasse G4 auf, zurückzuführen auf eine X3.4/4B-Sonneneruption, die am 13. Dezember gegen 2:45 UTC einen teilweise erdgerichteten Koronalen Massenauswurf auswarf. Die in den Sonnenwind eingebettete verdichtete Plasmawolke passierte nach etwa 35 Stunden Reisezeit am 14. Dezember kurz vor 14 UTC die Raumsonde ACE.

TEMPERATURANSTIEG DER THERMOSPHÄRE

Nicht nur während geomagnetischer Stürme, sondern bereits nach heftigeren Sonneneruptionen kann aufgrund intensiver kurzwelliger elektromagnetischer Strahlung eine signifikante Aufheizung der Thermosphäre beobachtet werden. Die Folge ist eine ausgedehntere und dichtere obere Lufthülle, welche die in niedrigen Erdumlaufbahnen befindlichen Satelliten abbremst und den einen oder anderen sogar aus seinem Orbit befördert. Um einen eventuell gefährlichen Eintritt in tiefere Atmosphärenschichten zu verhindern, sind dann kostspielige Manöver notwendig, in denen der Raumflugkörper wieder auf seine angestammte Umlaufbahn gehoben wird.

Ein nicht zu unterschätzendes Gefahrenpotential stellt in diesem Zusammenhang auch die zunehmende Menge an Weltraummüll dar, welcher ebenfalls aufgrund eines temporären hochatmosphärischen Massenzuwachses in tiefere Regionen absinken und dabei auf Kollisionskurs mit Weltraumstationen und anderen künstlichen Satelliten geraten könnte.

VARIIERENDE MAGNETFELDER

An der Erdoberfläche direkt zum Tragen kommen die Variationen des ionosphärischen Magnetfeldes im Umkreis ausgeprägter polarer Elektrojets.

So werden entsprechend dem Maxwellschen Induktionsgesetz, wonach zeitabhängige magnetische Felder ein elektrisches Wirbelfeld hervorrufen, in langen elektrischen Leitern, wie zum Beispiel Hochspannungsleitungen oder Tiefseekabeln, Ströme induziert, welche in extremeren Fällen Überspannungsspitzen und überhitzte Transformatoren verursachen. Ohne die Verwendung spezieller Sicherungen oder rechtzeitiger Sicherheitsabschaltungen kann dies zum Zusammenbrechen ganzer Überlandstromnetze vorwiegend in hohen und mittelhohen geomagnetischen Breiten führen. Gefährdete Regionen sind demnach vor allem Skandinavien, Russland, Alaska und nicht zuletzt Kanada, wo sich am 13. März 1989 während eines außerordentlich schweren geomagnetischen Sturms ein Aufsehen erregender großflächiger Stromausfall ereignete, der neun Stunden lang andauerte.

Die langen Rohre der Öl- und Gaspipelines stellen ebenfalls gute Leiter dar, in denen unterhalb starker Polarer Elektrojets elektrischer Strom induziert wird. Die Folge sind frühzeitig korrodierende Verbindungsteile, was nur durch die Verwendung nichtleitender Übergangsstücke einigermaßen verhindert werden kann.

Auch Lebewesen sind von den variierenden ionosphärischen Magnetfeldern betroffen. So kommen Tiere, welche sich den Erdmagnetismus für die Orientierung zu Nutze machen, während geomagnetischer Stürme gelegentlich von ihrem Weg ab. Das betrifft vor allem Zugvögel, Brieftauben, Delfine und Wale.

Für uns Menschen werden die Störungen des Erdmagnetfeldes anhand empfindlicher Kompassnadeln, welche besonders in höheren Breiten zitternde Bewegungen ausführen, sichtbar. Manchmal sind auch knackende oder knisternde Geräusche zu hören, die allgemein auf statische Entladungen, zum Beispiel zwischen Kiefer- oder Fichtennadelspitzen, zurückgeführt werden.

SEITE 137:

Eine Serie von Koronalen Massenauswürfen und Koronalen Löchern sorgte Anfang Oktober 2002 für geomagnetisch stürmische Bedingungen. Beide waren zwar im Einzelnen nicht extrem ausgeprägt, wirkten sich aber in der Summe überaus effektvoll aus. So erreichte der »Geomagnetic-Activity-Level« am 1., 2. und 4. Oktober »major storm«-Niveau und entsprach auch am 3. Oktober zumindest einem »minor storm«. Der DST-Index sank am 1. Oktober 12 UTC unter einen Wert von −100nT und konnte erst am Abend des 2. Oktober vorübergehend wieder knapp über diese Schwelle klettern. Der Kp-Index nahm vom 1. Oktober 12 UTC bis 2. Oktober 6 UTC bis auf eine Ausnahme (18–21 UTC) in allen dreistündigen Zeitabschnitten einen hohen Wert zwischen 7− und 7+ ein. Gegen Mitternacht am 1./2. Oktober 2002 öffnete sich über Valkeakoski diese beeindruckende Polarlichtkorona.

SEITE 138:

»Nach vier bis fünf Stunden Aufwärmphase mit mäßiger Polarlichtaktivität setzte kurz nach Mitternacht eine wirklich außergewöhnliche Show ein. Wunderschöne, fein strukturierte Bänder und Vorhänge; fast der ganze Himmel war voll davon. Selbst zwischen den Substürmen verblasste das Polarlicht nie völlig. Ich kam mir vor wie in Lappland.« erzählt Fotograf Tom Eklund.

SEITE 139:

Die Serie spektakulärer Polarlichterscheinungen fand in der Nacht des 3./4. Oktober 2002 einen würdigen Abschluss. Noch einmal zeigten sich helle Bänder mit feinen Strahlen am Himmel von Valkeakoski.

ÜBERWACHUNG UND VORHERSAGE VON SONNENSTÜRMEN

Künstliche Raumflugkörper spielen in einer Zeit ungemein raschen technischen Fortschritts eine immer bedeutendere Rolle. Sie versorgen unsere Zivilisation mit Satellitentelefon, Satellitenfernsehen und einer laufend präziser werdenden Wettervorhersage. Unsere hohen Mobilitätsansprüche, sowohl beruflich als auch privat, erfordern genaueste Positionsbestimmungen, welchen nur modernste Satellitennavigationssysteme gerecht werden können. So gesehen ist es nicht überraschend, dass von einer zunehmenden Anzahl an Weltraumnationen ständig neue Flugkörper in die Magnetosphäre geschossen werden und ihre Gesamtmenge jährlich ansteigt. Mittlerweile erlangen auch wirtschaftliche Aspekte einen wachsenden Einfluss. Um die Herstellungs- und Betriebskosten auf einem möglichst niedrigen Niveau zu beschränken, wird versucht, viele Geräte auf einen Satelliten zu vereinen, diesen aber trotzdem so klein und leicht zu bauen, dass sein Transport in den geplanten Orbit mit wenig Aufwand gelingt. Das bedeutet zum Teil ein Verzicht auf Redundanzen und eine Reduzierung der Schutzschilde, was wiederum das Gefährdungspotential bei Sonnenstürmen erhöht.

Wenn unser Heimatstern bereits in wenigen Jahren erneut sein Aktivitätsmaximum erreicht, werden wir in dieser Phase mit einer bislang nie dagewesenen Abhängigkeit von sonnensturmempfindlichen Systemen konfrontiert sein. Die Vorhersage von so genannten »Space-Weather«-Ereignissen, vor allem die Ausgabe von Warnungen wird dann ein äußerst wichtiges Unterfangen sein, um rechtzeitig Präventivmaßnahmen ergreifen zu können.

Das Space Weather Prediction Center der NOAA (»National Oceanic and Atmospheric Administration«) hat sich als Weltwarnzentrum auf die Analyse und Prognose des »Weltraum-Wetters« spezialisiert. Zunächst werden die aktiven Regionen der Sonne sowie der aktuelle Status des interplanetaren Raumes und der irdischen Magnetosphäre und Atmosphäre genauestens erhoben. Basierend auf dieser Analyse können dann anhand von Rekonstruktionen vergleichbarer Ereignisse, aber auch mittels der Anwendung numerischer Modelle Vorhersagen unterschiedlicher Genauigkeit für die nächsten Stunden bis Wochen getroffen werden. Um über bevorstehende gefährliche Sonnenstürme und seine Begleiterscheinungen zu informieren, wurden Warnstufen für die drei verschiedenen Sturmphasen eingeführt.

Die Kategorisierung intensiver elektromagnetischer Strahlung bezeichnet die Intensität der Störungen der Ionosphäre als Folge von Sonneneruptionen. Die Einstufung basiert auf der Flare-Klasse, welche aus der maximalen Strahlungsleistung der Röntgenstrahlung im Wellenlängenbereich 0,1nm–0,8nm abgeleitet wird. Die Messung erfolgt außerhalb der Erdatmosphäre von den geostationären Satelliten der GOES-Serie.

Die Kategorisierung extrem hochenergetischer Partikel bezeichnet die Intensität der erhöhten Strahlungsbelastung als Folge einer gesteigerten Anzahl hochenergetischer Partikel. Die Einstufung basiert auf der Raumdurchflussstärke von Protonen mit Energiebeträgen >10MeV, welche außerhalb der Erdatmosphäre von den geostationären Satelliten der GOES-Serie ge-

Warnung vor intensiver elektromagnetischer Strahlung
»NOAA Space Weather Scale for Radio Blackouts«, NOAA

Kat.	Bezeichnung	Auswirkungen	Wert	mittlere Häufigkeit
R1	minor (gering)	KW-Empfang: leicht geschwächt auf der Tagseite. Loran-C-Signale: kurzzeitig geschwächt	≥M1	~950 Tage/ Aktivitätszyklus
R2	moderate (mäßig)	KW-Empfang: minutenlang kleinräumig unterbrochen auf der Tagseite. Loran-C-Signale: minutenlang geschwächt	≥M5	~300 Tage/ Aktivitätszyklus
R3	strong (stark)	KW-Empfang: für eine Stunde großflächig unterbrochen auf der Tagseite. Loran-C-Signale: für eine Stunde geschwächt	≥X1	~140 Tage/ Aktivitätszyklus
R4	severe (schwer)	KW-Empfang: einige Stunden nahezu weltweit unterbrochen auf der Tagseite. Loran-C-Signale: Ausfall einige Stunden. GPS: zeitweise gestört auf der Tagseite	≥X10	~7 Tage/Aktivitätszyklus
R5	extreme (extrem)	KW-Empfang: stundenlang weltweit unterbrochen auf der Tagseite. Loran-C-Signale: Ausfall stundenlang. GPS: Positionsfehler stundenlang auf der Tagseite, teils auf die Nachtseite übergreifend	≥X20	~1 Tag/Aktivitätszyklus

Anmerkung: Loran-C ist ein Funknavigationssystem in der See- und Luftfahrt.

Warnung vor extrem hochenergetischen Partikeln
»NOAA Space Weather Scale for Solar Radiation Storms«, NOAA

Kat.	Bezeichnung	Auswirkungen	Wert	mittlere Häufigkeit
S1	minor (gering)	KW-Empfang: leicht beeinträchtigt in polaren Regionen	≥10p/srcm²s	~75 Ereignisse/ Aktivitätszyklus
S2	moderate (mäßig)	eventuell erhöhte Strahlungsbelastung für Crew und Passagiere in hohen geomagnetischen Breiten und hohen Flight-Levels (ein genaueres Maß wären hier Protonen >100MeV) KW-Empfang: leicht geschwächt in polaren Regionen Navigation: möglicherweise fehlerhaft in Polnähe Satelliten: Bordelektronik möglicherweise beeinträchtigt	≥100p/srcm²s	~33 Ereignisse/ Aktivitätszyklus
S3	strong (stark)	eventuell erhöhte Strahlungsbelastung für Crew und Passagiere in hohen geomagnetischen Breiten und hohen Flight-Levels (ein genaueres Maß wären hier Protonen >100MeV) KW-Empfang: geschwächt in polaren Regionen Navigation: Positionsfehler in Polnähe Satelliten: Bordelektronik beeinträchtigt Satelliten: Solarzellen leichter Spannungsverlust	≥1000p/srcm²s	~12 Ereignisse/ Aktivitätszyklus
S4	severe (schwer)	eventuell erhöhte Strahlungsbelastung für Crew und Passagiere in hohen geomagnetischen Breiten und hohen Flight-Levels (ein genaueres Maß wären hier Protonen >100MeV) KW-Empfang: unterbrochen in polaren Regionen Navigation: Positionsfehler tagelang in Polnähe Satelliten: Bordelektronik Totalausfall möglich Satelliten: Solarzellen starker Spannungsverlust Satelliten: Missorientierung (Lichtblitze in Star-Trackern)	≥10.000p/srcm²s	~3 Ereignisse/ Aktivitätszyklus
S5	extreme (extrem)	eventuell erhöhte Strahlungsbelastung für Crew und Passagiere in hohen geomagnetischen Breiten und hohen Flight-Levels (ein genaueres Maß wären hier Protonen >100MeV) KW-Empfang: Totalausfall in polaren Regionen möglich Navigationssysteme: kaum mehr zu gebrauchen in Polnähe Satelliten: Bordelektronik Totalausfall möglich Satelliten: Solarzellen Totalzerstörung möglich Satelliten: totaler Orientierungsverlust möglich	≥100.000p/srcm²s	<1 Ereignis/ Aktivitätszyklus

messen wird und in so genannten »particle flux units« (p.f.u.) oder in [p/srcm²s] angegeben wird. Dabei gilt: $1 p.f.u = 1 p/srcm^2s$.

Die Kategorisierung geomagnetischer Stürme bezieht sich auf die Intensität der Störungen des Erdgesamtmagnetfeldes. Die Einstufung basiert auf dem so genannten »Kp-Index« (→ Kapitel Indizes der geomagnetischen Aktivität), welcher anhand von Magnetometermessungen vom Erdboden aus ermittelt wird.

MAGNETOMETERMESSUNGEN

Als Magnetometer bezeichnet man ein Messgerät, mit welchem die drei räumlichen Komponenten der magnetischen Flussdichte des Erdmagnetfeldes sowie deren Abweichungen von ihren Normalwerten im Umkreis des Gerätestandortes gemessen werden können. Für das zugrunde liegende Koordinatensystem gelten dabei folgende Konventionen: die X-Koordinate erstreckt sich entlang eines geografischen Längenmeridians von Süd nach Nord, die Y-Koordinate ist entlang eines geografischen Breitenkreises von West nach Ost ausgerichtet, die Z-Koordinate reicht vom lokalen Zenit Richtung Erdmittelpunkt.

In Europa ist die X-Komponente der magnetischen Flussdichte (B_x) des vom magnetischen Nordpol in der Antarktis zum magnetischen Südpol in Kanada verlaufenden Erdmagnetfeldes durchwegs positiv und nimmt von Südspanien, Sizilien und Kreta mit 27.000nT bis 28.000nT Richtung Norden fortwährend ab. In den Alpen liegt der Wert bei 21.000nT bis 22.000nT, an der Nord- und Ostseeküste um 18.000nT und in Nordskandinavien und Nordfinnland nur noch bei 10.000nT bis 12.000nT. Die Y-Komponente (B_y) weist in Europa eher geringe Beträge auf, die sowohl Richtung Westen mit negativem Vorzeichen, als auch nach Osten mit positivem Vorzeichen allmählich ansteigen. So werden die höchsten negativen Werte mit −2500nT bis knapp −4000nT in Island, die höchsten positiven Beträge mit +4000nT entlang des Urals gemessen. Die Nulllinie verläuft etwa entlang der Regionen Südnorwegen – Benelux – Frankreich – Algerien. Die dominanteste Komponente der magnetischen Flussdichte in Europa ist die Z-Komponente (B_z), welche auf unserem Kontinent so wie die X-Komponente durchwegs positive Beträge einnimmt, jedoch konträr zu dieser von Süden nach Norden ansteigt. So liegen die Werte in Südspanien um 33.000nT, in den Alpen bei 41.000nT bis 43.500nT, an der Nord- und Ostseeküste um 45.500nT bis 47.000nT und erreichen in Nordskandinavien und Nordfinnland Maxima um 52.000nT bis 53.000nT.

Zur Bestimmung des geomagnetischen Sturmniveaus sind aber weniger die Absolutbeträge der magnetischen Flussdichtekomponenten, sondern vielmehr ihre Abweichungen von den Normalwerten ausschlaggebend. Negative Änderungen der B_x- und B_z-Werte an Magnetometerstandorten äquatorwärts des Polarlichtovals können zum Beispiel eine Verstärkung

Warnung vor geomagnetischen Stürmen
»NOAA Space Weather Scale for Geomagnetic Storms«, NOAA

Kat.	Bezeichnung	Auswirkungen	Wert	mittlere Häufigkeit
G1	minor (gering)	Elektrizitätswerke: leichte Stromschwankungen möglich Zugvögel, Brieftauben, Delfine, Wale zeigen Orientierungsprobleme Satelliten: Betrieb eventuell leicht beeinträchtigt	Kp ≥5−	~950 Tage/Aktivitätszyklus
G2	moderate (mäßig)	Elektrizitätswerke: Transformatorschäden möglich Zugvögel, Brieftauben, Delfine, Wale zeigen Orientierungsprobleme KW-Empfang: eventuell geschwächt in höheren Breiten Satelliten: Abbremsen und Absinken möglich	Kp ≥6−	~390 Tage/Aktivitätszyklus
G3	strong (stark)	Elektrizitätswerke: eventuell Spannungskorrekturen erforderlich Zugvögel, Brieftauben, Delfine, Wale zeigen Orientierungsprobleme KW-Empfang: eventuell lückenhaft Navigationssysteme (GPS, Loran-C): Positionsfehler möglich Satelliten: verstärkte Gefahr des Abbremsens und Absinkens Satelliten: elektrostatische Aufladungen möglich	Kp ≥7−	~140 Tage/Aktivitätszyklus
G4	severe (schwer)	Polarlicht bis zu den Alpen möglich Elektrizitätswerke: möglicherweise großflächig problematische Spannungskorrekturen Öl- und Gaspipelines: Strominduktion Zugvögel, Brieftauben, Delfine, Wale zeigen Orientierungsprobleme KW-Empfang: unregelmäßig GPS-Empfang: geschwächt stundenlang Loran-C-Signale: reißen ab Satelliten: verstärkte Gefahr des Abbremsens und Absinkens Satelliten: elektrostatische Aufladungen möglich Satelliten: Missorientierungen möglich	Kp ≥8−	~50 Tage/Aktivitätszyklus
G5	extreme (extrem)	Polarlicht bis zu den Alpen wahrscheinlich Elektrizitätswerke: großflächig problematische Spannungskorrekturen Elektrizitätswerke: Transformatoren können zerstört werden Überlandstromnetze können zusammenbrechen Öl- und Gaspipelines: Starkstrominduktion Zugvögel, Brieftauben, Delfine, Wale zeigen Orientierungsprobleme KW-Empfang: großflächig unterbrochen GPS-Empfang: geschwächt eventuell tagelang Loran-C-Signale: Totalausfall stundenlang Satelliten: verstärkte Gefahr des Abbremsens und Absinkens Satelliten: beträchtliche elektrostatische Aufladungen möglich Satelliten: Missorientierungen	Kp = 9o	~3 Tage/Aktivitätszyklus

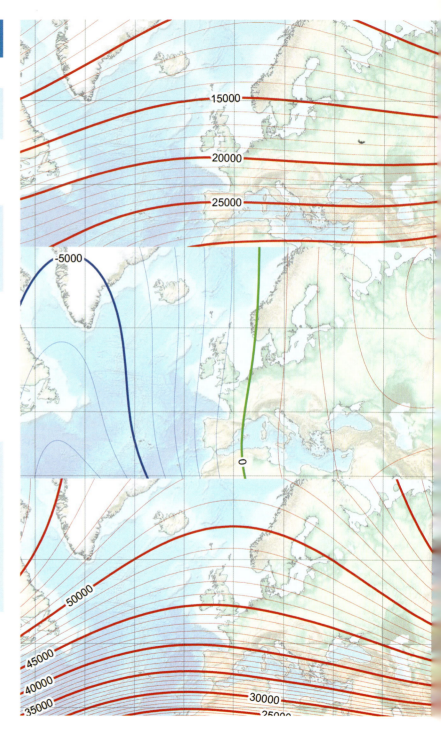

Die magnetische Flussdichte des Erdmagnetfeldes, aufgespalten in die drei Komponenten X (oben), Y (mitte) und Z (unten) nach dem US/UK World Magnetic Model Epoch 2010.0. Linienabstand 1000nT, rote Linien zeigen positive Werte, blaue Linien negative Werte an.

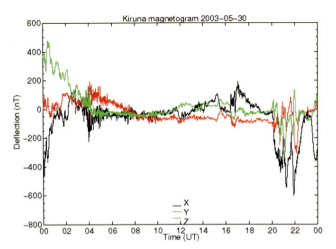

Das Magnetogramm des Observatoriums Kiruna in Schweden vom 30. Mai 2003. Die drei Kurven (X-Komponente in schwarz, Y-Komponente in rot, Z-Komponente in grün) zeigen einen zittrigen Verlauf mit zahlreichen kürzestfristigen Variationen. Größere Ausschläge, wie hier zu Tagesbeginn (abflauender G4-Sturm) sowie in den späten Abendstunden (G2-Sturm) weisen auf geomagnetische Stürme hin.

Beispiele für die Zuordnung von Schwankungsdifferenzen [nT] zu K-Werten

	K0	K1	K2	K3	K4	K5	K6	K7	K8	K9
mittlere Breiten	≥0	≥5	≥10	≥20	≥40	≥70	≥120	≥200	≥330	≥500
hohe Breiten	≥0	≥15	≥30	≥60	≥120	≥210	≥360	≥600	≥990	≥1500

oder Annäherung eines polaren Elektrojets andeuten. Die Horizontalkomponente dessen Magnetfeldes verläuft ja im Normalfall, wenn der Elektrojet westwärts ausgerichtet ist, an der Erdoberfläche von Nord nach Süd, also mit einem negativen B_x. Die Vertikalkomponente B_z weist dabei an der äquatorwärtigen Seite nach oben (somit ebenfalls negativ), an der polwärtigen Seite jedoch nach unten (positiv). Betrachtet man die Entwicklung der magnetischen Flussdichtekomponenten in Magnetogrammen genauer, so sind neben den kurzzeitigen Tendenzen noch eine recht hohe Anzahl kürzestfristiger Variationen mit einer Zeitskala von nur einigen Sekunden bis wenigen Minuten erkennbar. Die Interpretation dieser Schwankungen ist natürlich im Einzelnen sehr schwierig bis unmöglich, speziell ihre Amplitude liefert aber einen guten Hinweis auf den Grad der Störung des Erdmagnetfeldes und somit auf das Ereignen eines eventuellen geomagnetischen Sturms.

INDIZES DER GEOMAGNETISCHEN AKTIVITÄT

Zur objektiven Erfassung geomagnetischer Störungen wurde der so genannte »lokale K-Index« eingeführt. Darunter ist eine quasilogarithmische ganzzahlige Kennziffer zwischen 0 (Minimum) und 9 (Maximum) zu verstehen, welche aus der Differenz zwischen dem höchsten und niedrigsten Wert der magnetischen Flussdichte der stärker variierenden Horizontalkomponente innerhalb eines 3-Stunden-Zeitintervalls (00–03 UTC, 03–06 UTC, 06–09 UTC, 09–12 UTC, 12–15 UTC, 15–18 UTC, 18–21 UTC, 21–24 UTC) abgeleitet wird. Dabei dürfen allerdings ausschließlich Schwankungen, welche auf geomagnetische Störungen zurückzuführen sind, berücksichtigt werden, wodurch es erforderlich ist, alle übrigen regulären und irregulären Variationen des Erdmagnetfeldes standardmäßig zu eliminieren. So muss zum Beispiel das typische Magnetogrammuster eines geomagnetisch ruhigen Tages stets abgezogen werden. Die Zuordnung der Schwankungsdifferenzen zu K-Werten erfolgt weltweit nicht einheitlich, sondern in Abhängigkeit von der geomagnetischen Position des Magnetometerstandortes. Damit soll gewährleistet werden, dass die lokal gemessenen geomagnetischen Störungen in Relation zu den jeweiligen durchschnittlichen Gegebenheiten bewertet werden.

Um genauere statistische Untersuchungen vornehmen zu können, war es notwendig geworden, einen weiteren Index zu etablieren, den »lokalen Ks-Index« (»standardized K-Index«). Diese Kennzahl zeichnet sich durch eine Eliminierung der ausgeprägten Tagesgangeffekte aus, wobei diese je nach Jahreszeit (Nordwinter: November, Dezember, Januar, Februar; Nordsommer: Mai, Juni, Juli, August; Frühling/Herbst: März, April, September, Oktober) sowie geomagnetischer Länge und Breite des Beobachtungsortes mit verschiedenen Umrechnungstabellen vorgenommen wird. Der Ks-Index ist mit insgesamt 28 Stufen feiner unterteilt als der K-Index und kann folgende Werte einnehmen: 0o, 0+, 1−, 1o, 1+, 2−, 2o, 2+, 3−, 3o, 3+, 4−, 4o, 4+, 5−, 5o, 5+, 6−, 6o, 6+, 7−, 7o, 7+, 8−, 8o, 8+, 9− und 9o.

Das Mittel aus Ks-Werten von insgesamt 13 weltweit ausgewählten Magnetometerstandorten führt zum so genannten »Kp-Index« (»planetary K-Index«), der seit 1997 vom Observatorium für Erdmagnetismus in Niemegk (Deutschland) laufend berechnet wird.

Magnetometerstandorte, welche aktuell zum Kp-Wert beitragen, Helmholtz-Zentrum Potsdam (GFZ)

Magnetometerstandort	Schwankungsdifferenz für K9
Meanook (Kanada)	≥1500nT
Lerwick (Großbritannien); Sitka (Alaska)	≥1000nT
Eskdalemuir (Großbritannien); Ottawa (Kanada)	≥750nT
Uppsala (Schweden); Brorfelde (Dänemark)	≥600nT
Hartland (Großbritannien); Wingst (Deutschland); Niemegk (Deutschland); Eyrewell (Neuseeland); Fredericksburg (USA)	≥500nT
Canberra (Australien)	≥450nT

Da K-Index, Ks-Index und Kp-Index die geomagnetische Aktivität aus nichtlinearen Skalen ableiten, werden zur vereinfachten Berechnung von Tages- und Monatsmittelwerten alle 3-Stunden-Werte des Kp-Index in so genannte »ap-Werte« umgewandelt.

Das Tagesmittel aus den 8 ap-Werten des jeweiligen Tages führt dann zum so genannten »Ap-Index« und weiter zum »Geomagnetic-Activity-Level«.

Klassifizierung von Geomagnetic-Activity-Levels (entsprechend einer Definition des Space Weather Prediction Centers, NOAA)

Level	Ap-Index		
quiet (ruhig)	0	bis	7
unsettled (unbeständig)	8	bis	15
active (aktiv)	16	bis	29
minor storm (leichter Sturm)	30	bis	49
major storm (großer Sturm)	50	bis	99
severe storm (schwerer Sturm)	100	bis	400

Geomagnetisch ruhige Tage (»quiet«) kommen statistisch gesehen am häufigsten vor. Im langjährigen Durchschnitt (Mittelwert der Jahre 1933–2008) entfallen 140 Tage eines Jahres auf diese Kategorie. 118 Tage sind geomagnetisch unbeständig (»unsettled«), 70 Tage geomagnetisch aktiv (»active«) und die restlichen 37 Tage sind den Sturmkategorien zuzuordnen. Dabei überwiegt der leichte »minor storm« mit 25 Tagen gegenüber dem größeren »major storm«, mit dem 10 Tage eines Jahres klassifiziert werden und dem schweren »severe storm«, der durchschnittlich nur 2 Tage pro Jahr auftritt.

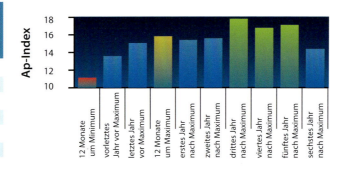

Der langjährige Mittelwert des planetaren Aktivitätsindex Ap liegt in den 12 Monaten rund um das Fleckenminimum deutlich unter den Werten aller anderen Vergleichszeiträume. Mit der durchschnittlich stärksten geomagnetischen Aktivität ist allerdings nicht, wie vielleicht erwartet, in den 12 Monaten um das Sonnenfleckenmaximum zu rechnen, sondern erst einige Jahre danach.

Umrechnungstabelle Kp → ap (nach Julius Bartels), Helmholtz-Zentrum Potsdam (GFZ)

Kp	0o	0+	1−	1o	1+	2−	2o	2+	3−	3o	3+	4−	4o	4+
ap	0	2	3	4	5	6	7	9	12	15	18	22	27	32
Kp	5−	5o	5+	6−	6o	6+	7−	7o	7+	8−	8o	8+	9−	9o
ap	39	48	56	67	80	94	111	132	154	179	207	236	300	400

BEOBACHTUNG VON POLARLICHTERN

Ein Polarlicht zu beobachten ist ein eindrucksvolles, vielfach unvergessenes Erlebnis, das bei Bedarf in einem Beobachtungsbericht festgehalten werden kann. Folgende Punkte sollten dabei auf jeden Fall berücksichtigt werden:

- Beobachtungsort und Beobachtungszeit
- Formen (→ Kapitel Eigenschaften des Polarlichts)
- Farben (→ Kapitel Eigenschaften des Polarlichts)
- Helligkeit (→ Kapitel Eigenschaften des Polarlichts)
- Ausdehnung
- Aktivität

Die horizontale und vertikale Ausdehnung wird in azimutalen Koordinaten angegeben, also bezogen auf den lokalen Horizont und den lokalen Zenit des Beobachters. Dabei wird die vertikale Erstreckung, also die Höhe des Polarlichts, idealerweise entlang eines Großkreises abgeschätzt, der den nach Norden weisenden Horizontpunkt (0°) über den Zenit (90°) mit dem nach Süden gerichteten Horizontpunkt (180°) verbindet. Die horizontale Ausdehnung kann man mit Hilfe eines Kompasses ermitteln und entweder in Grad oder mit Angabe von Himmelsrichtungen (N, NO, O, SO, S, SW, W, NW) gut beschreiben.

Für die Aktivität von Polarlichtern sind folgende Begriffe gebräuchlich: ruhig (nahezu stationär), aktiv (deutlich erkennbare Veränderungen innerhalb einer Minute), sehr aktiv (rasche Bewegungen).

FOTOGRAFIE VON POLARLICHTERN

Das Fotografieren der Aurora ist eine reizvolle Angelegenheit. Oftmals kann man dabei mehr Farben festhalten, als das menschliche Auge zu erkennen vermag. Selbst schwach leuchtendes und dadurch gelegentlich weiß wirkendes Nordlicht erscheint auf Fotos häufig gelbgrün. Violettes Polarlicht, für dessen Wellenlängenbereich unser Auge nur eine geringe Empfindlichkeit aufweist, wird manchmal überhaupt erst anhand von Bildaufnahmen sichtbar. Fotos zeigen also das Polarlicht farbintensiver als es tatsächlich gesehen wird.

Der Vorteil des Beobachtens und Betrachtens mit freiem Auge liegt hingegen im Erfassen des enormen Ausmaßes der fantastischen Lichterscheinung am Himmel sowie im Erleben der beeindruckenden, kaum begreiflichen Dynamik und ihrer tiefgehenden Wirkung auf den Beobachter. Das alles kann ein Polarlichtfoto, das naturgemäß nur eine Momentanaufnahme an einem begrenzten Himmelsausschnitt darstellt, keineswegs adäquat wiedergeben.

Entschließt man sich zu fotografieren, so wird man rasch feststellen, dass Fotokameras Schärfe und Belichtung am Nachthimmel normalerweise nicht richtig einstellen. Daher ist ein wenig Können, Gefühl und Improvisationsfähigkeit erforderlich, um stimmungsvolle Aurorafotos anzufertigen. Da sich jedoch alle Polarlichter stets voneinander unterscheiden, ist auch jedes Foto, selbst wenn erste Versuche noch nicht perfekt gelingen, in jedem Fall einzigartig.

AUSSTATTUNG

- sehr warme Bekleidung (Thermounterwäsche, dicke Socken, Skihose, Daunenjacke), sehr warme Schuhe oder Stiefel (mit Lammfellsohlen), Schal und Haube (Schutz für Hals, Nase und Ohren); praktische Handschuhe (warm, aber Finger sollten beweglich bleiben)
- Astro-Taschenlampe (rotes und weißes Licht) mit Batterien; Kompass, Sternkarte, Thermometer (für Beobachtungsbericht)
- stabiles Stativ (auf festem Untergrund möglichst windgeschützt aufstellen)
- Spiegelreflexkamera; lichtstarkes Weitwinkelobjektiv
- Ersatzbatterien, Ersatzakku (am Körper tragen und warm halten)
- Reinigungspinsel, Blasebalg, Reinigungstuch, Klebeband (z.B. PVC Coroplast), Schere, eventuell Winkelsucher, Auslöser-Fernbedienung

BRENNWEITE DES OBJEKTIVS UND GRÖSSE DES BILDSENSORS

Das Ausmaß der Himmelsfläche, welches auf einem Foto dargestellt werden kann, hängt sowohl von der Brennweite des Objektivs (bezogen auf Kleinbildformat gilt etwa: Superweitwinkel 14–24mm; Weitwinkel 28–35mm; Normal 38–80mm; Tele 85–200mm; Supertele 300–600mm) als auch von der Bildsensorgröße der Digitalkamera (z.B.: Nikon D300 23,6mm × 15,8mm 3:2; Canon EOS 60D 22,3mm × 14,9mm 3:2; Canon PowerShot G12 ~7,5mm × 5,7mm 4:3) ab.

Je kürzer die Objektivbrennweite und je größer der digitale Bildsensor, umso eher kann auch ein ausgedehntes Polarlicht noch vollständig abgebildet werden. Empfehlenswert ist Weitwinkel, extreme Superweitwinkelobjektive stellen das Motiv bereits verzerrt dar. Verwendet man eine Kamera, deren Bildsensorgröße unter der des Kleinbildformats liegt, so muss die Brennweite des verwendeten Objektivs mit dem so genannten »Formatfaktor« (damit wird das Längenverhältnis zwischen der Kleinbilddiagonalen und der Diagonalen eines digitalen Bildsensors bezeichnet) multipliziert werden, um daraus die dem Kleinbildformat äquivalente Brennweite ableiten zu können.

Beispiele:

Digitale Kompaktkamera Canon PowerShot G12: Zoomobjektiv mit einer sehr kurzen Brennweite von 6,1–30,5mm, allerdings auch kleiner Bildsensor von ~7,5mm × 5,7mm mit einem Formatfaktor von ~4,6. Daraus errechnet sich eine Äquivalenzbrennweite von 28–140mm.

Digitale Spiegelreflexkamera (DSLR) Canon EOS 60D: Verwendet man ein Weitwinkelobjektiv mit einer Brennweite von 28mm, dann ergibt das bei einem Bildsensor von 22,3mm × 14,9mm und einem Formatfaktor von 1,6 eine Äquivalenzbrennweite von 45mm (damit kein Weitwinkel mehr).

BLENDE DES OBJEKTIVS UND LICHTSTÄRKE

Unter dem Begriff Blende versteht man die Öffnung des Objektivs, die so genannte Blendenzahl bezeichnet das Verhältnis Brennweite/Öffnungsdurchmesser. Blendenzahlen werden in Blendenstufen gereiht (z.B.: »ganze« Blendenstufen: 1,4 2,0 2,8 usw.; »halbe« Blendenstufen: 1,8 2,5 3,5 usw.).

Die Blendenzahl bei maximaler Öffnung ergibt die Lichtstärke des Objektivs. Je kleiner der Wert, desto größer ist die Lichtstärke.

Bei Abblenden um eine Blendenstufe (Blendenzahl erhöht sich um den Faktor $\sqrt{2}$) reduziert sich die Öffnungsfläche und somit auch die einfallende Lichtintensität auf ½, zwischen zwei Blendenstufen (Blendenzahl erhöht sich um den Faktor 2; z.B. zwischen 1,8 und 3,5) verringert sich die einfallende Lichtmenge auf ¼.

Während kleine Blendenzahlen den bestmöglichen Lichteinfall garantieren, erhöhen große Blendenzahlen die Tiefenschärfe.

Grundsätzlich können Objektive nur Elemente, welche sich präzis im Fokus befinden, exakt scharf abbilden. Objekte, die sich nicht genau in der Schärfeebene des Motivs, sondern davor oder dahinter aufhalten, werden nicht mehr exakt in Form infinitesimaler Punkte sondern bereits mit kleinen Unschärfe-Scheibchen wiedergegeben, welche mit zunehmender Entfernung vom Fokus an Fläche gewinnen. Solange aber diese Scheibchen vom menschlichen Auge noch nicht als unscharf aufgelöst werden, erscheinen Objekte auch abseits der Schärfeebene des Motivs noch als scharf abgebildet. Dies wird als Tiefenschärfe bezeichnet und umfasst typischerweise einen Bereich, welcher sich etwa von ein Drittel vor bis zwei Drittel hinter dem scharf gestellten Objekt erstreckt. Eine besonders gute Tiefenschärfe lässt sich mit kurzen Brennweiten (Weitwinkel oder generell digitale Kompaktkameras), kleiner Blende (große Blendenzahl) und vor allem bei weit entfernten Objekten erzielen.

Da in der Polarlichtfotografie bereits zwei dieser Faktoren von vornherein zutreffen (Motiv in großer Distanz, Weitwinkelobjektive bevorzugt), kann getrost auf eine kleine Blende verzichtet werden, um mit maximalem Aufblenden bestmöglichen Lichteinfall zu ermöglichen. Es sei aber angemerkt, dass die meisten Objektive die beste Bildqualität erst bei Abblenden um eine oder zwei Blendenstufen erzielen (führt zu einer Abnahme der Vignettierung, d.h. Abdunkelung an den Bildecken und zu einer Zunahme des Kontrastes).

Sehr häufig werden aus Schutzgründen UV-Filter an die Objektive geschraubt. Da es sich dabei meist nicht um Kanten- sondern Verlaufsfilter handelt, welche auch einen Teil des kurzwelligen sichtbaren Lichts reduzieren, sollten diese für Polarlichtaufnahmen abgenommen werden.

LICHTEMPFINDLICHKEIT

Die Lichtempfindlichkeit bezeichnet allgemein die Sensibilität von digitalen Bildsensoren für Licht. Sie wird über den so genannten ISO-Wert, einem Maß für die Verstärkung elektrischer Signale, geregelt. Die Signale (Stromspannung) stammen dabei von Elektronen, welche durch den Lichteinfall (nach Durchquerung des Farbfilters) an jedem Pixel des Bildsensors entsprechend der jeweiligen Lichtintensität freigesetzt werden und damit letztendlich das digitale Bild erzeugen. Da auf großen Sensorpixel naturgemäß mehr Elektronen freigesetzt werden können als auf kleinen, benötigen Bildsensoren mit großen Pixel weniger Signalverstärkung und weisen demzufolge auch einen höheren Kontrastumfang (Verhältnis zwischen den hellsten und dunkelsten Elementen eines Motivs, welche gerade noch gleichzeitig erfasst werden können) auf. Speziell Nachtaufnahmen fordern einen hohen Kontrastumfang (Dynamikumfang) ein, welcher sich vom schwarzen, völlig dunklen Himmelshintergrund über sämtliche Helligkeitsabstufungen der Polarlichter inklusive Sternenlicht erstreckt und idealerweise verlustfrei abgebildet werden soll.

Beispiele:

Digitale Kompaktkamera Canon PowerShot G12: Größe Bildsensor ~7500μm × 5700μm, Zahl der Sensorpixel ~10,0 Mio., Bildgröße 3648px × 2736px ➜ ergibt eine relativ kleine Sensorpixelgröße von ~2,1μm × 2,1μm.

Digitale Spiegelreflexkamera (DSLR) Canon EOS 60D: Größe Bildsensor 22300μm × 14900μm, Zahl der Sensorpixel ~17,9 Mio., Bildgröße 5184px × 3456px ➜ ergibt eine vergleichsweise größere Sensorpixelgröße von 4,3μm × 4,3μm.

Je kleiner der Bildsensor und je größer gleichzeitig die Anzahl der Sensorpixel, desto deutlicher müssen die Signale verstärkt werden, wobei der Fotograf mit der Einstellung des ISO-Wertes die Intensität dieser Verstärkung noch beeinflussen kann. Dabei gilt: Eine Erhöhung des ISO-Wertes auf das Doppelte vergrößert auch die Signalverstärkung in Digitalkameras auf das Zweifache.

Hohe ISO-Werte äußern sich allerdings nicht nur vorteilhaft. Die Signalverstärkung wirkt sich nämlich neben den durch Lichteinfall freigesetzten Ladungen auch auf Elektronen aus, welche durch andere Prozesse erzeugt werden (Störungen). Diese sind zwar grundsätzlich nur in geringer Menge vorhanden, kommen aber bei entsprechender Verstärkung als Bildrauschen erkennbar zur Geltung.

Folgende Faktoren erhöhen das Bildrauschen:
- kleine Sensorpixel (von vornherein erhebliche Signalverstärkung notwendig)
- hohe ISO-Werte (wobei DSLR-Kameras aufgrund der größeren Sensorpixel generell deutlich höhere ISO-Werte vertragen als digitale Kompaktkameras)
- Unterbelichtung
- lange Belichtungszeiten
- hohe Außentemperaturen (begünstigen die Selbstfreisetzung von Elektronen)
- Motive mit geringer Helligkeit (da die durch Lichteinfall freigesetzten Ladungen nur noch einen geringen Überhang gegenüber den durch Störungen verursachten Elektronen aufweisen)

In der Polarlichtfotografie sollte ein Mittelweg zwischen einerseits ausreichender Lichtempfindlichkeit bei andererseits noch relativ geringem Bildrauschen gewählt werden. Ein bestmöglicher Kompromiss setzt in jedem Fall die Verwendung eines lichtstarken Objektivs voraus.

BELICHTUNGSZEIT

Auch Belichtungszeiten werden in Zeitstufen gereiht (z.B.: »ganze« Zeitstufen: 30s 15s 8s 4s usw.; »halbe« Zeitstufen: 20s 10s 6s 3s usw.).

Bei Verkürzen der Belichtungszeit um eine Zeitstufe reduziert sich die einfallende Lichtintensität auf ½, zwischen zwei Zeitstufen verringert sich die einfallende Lichtmenge auf ¼.

Belichtungszeiten über dem reziproken doppelten Wert der Objektivbrennweite sollten im Allgemeinen nicht mehr freihändig, sondern auf einem stabilen Stativ vorgenommen werden. Langzeitbelichtungen ab etwa 30s zeigen auch im Weitwinkelbereich bereits Effekte der Erdrotation (Sterne mit Strichspuren).

Das Abschätzen der idealen Belichtungszeit ist eine der schwierigsten Herausforderungen der Polarlichtfotografie. Gerade während rascher Helligkeitsschwankungen ist diese besonders diffizil zu beurteilen. Im Zweifelsfall sollte sehr aktives Polarlicht eher kürzer belichtet werden, um die Bewegungsunschärfe zu reduzieren. Eine gute Hilfestellung bietet die Histogramm-Anzeige, über die mittlerweile die meisten Digitalkameras verfügen. Mit ihr kann man beim gerade erstellten Bild gut abschätzen, ob der Kontrastumfang bestmöglich erfasst wurde und gegebenenfalls die Belichtung für die folgenden Bilder korrigieren.

LICHTWERT, EXPOSURE VALUE

Spricht man in der Fotografie von Lichtmenge, so versteht man darunter das Produkt aus Lichtintensität, welche mittels Blende gesteuert wird, mal Belichtungszeit.

Ausgedrückt wird die Lichtmenge über den Lichtwert (LW) oder Exposure Value (EV), er verknüpft die Variablen Blendenzahl und Belichtungszeit in mathematischer Weise miteinander. Bezieht man die Lichtempfindlichkeit in die Überlegungen mit ein, so gilt für den Lichtwert folgende modifizierte Formel:

$$EV = \frac{(2 \cdot {}^{10}\!\log N - {}^{10}\!\log T - {}^{10}\!\log(S/100))}{{}^{10}\!\log 2}.$$

Dabei bedeutet N die Blendenzahl, T [s] die Belichtungszeit und S steht für den ISO-Wert. Für eine fix vorgegebene Blende und Lichtempfindlichkeit folgt daraus für die Belichtungszeit: $T = 10 \wedge (2 \cdot {}^{10}\!\log N - {}^{10}\!\log(S/100) - EV \cdot {}^{10}\!\log 2)$

Bei Tageslichtaufnahmen im Freien ist typischerweise von einem Lichtwert zwischen 16 und 12 auszugehen, während der bürgerlichen Dämmerung sinkt der Wert bereits auf etwa 12 bis 9. Nachts ist die Landschaft in deutlich schwächeres Licht getaucht, welches selbst bei Vollmond nur noch einem EV von −2 bis −3 gleichkommt, wobei der Mond selbst mit 15 (hoch stehender Vollmond) bis 12 (hoch stehende Mondsichel) natürlich um vieles leuchtkräftiger erstrahlt.

Der Lichtwert einer sehr hellen Aurora kann mit etwa −2,5 bis −3,0, schwächeres aber noch gut sichtbares Polarlicht mit ungefähr −4,5 bis −5,0 eingeschätzt werden.

BELICHTUNGSEINSTELLUNGEN

Automatische Belichtungsmessmethoden, wie die zentrale Spot-Messung, die umfangreiche Mehrfeld-Messung oder der Kompromiss einer Mittenbetont-Messung, sind in der Polarlichtfotografie aufgrund der relativ geringen Lichtleistung der Aurora meist untauglich. Die Kamera würde das Schwarz des Nachthimmels messen und versuchen, dieses entsprechend der Arbeitsweise eines Objektbelichtungsmessers in einem mittleren Grau (Reflexionsgrad 18%) auf den Sensor zu bannen.

In der Polarlichtfotografie kommt daher bevorzugt die manuelle Belichtungseinstellung (M) zur Anwendung. Als Alternative kann man aber auch versuchen, zur automatischen Belichtungsmessung einen negativen Belichtungskorrekturwert einzustellen und damit eine gezielte Unterbelichtung vorzunehmen.

In der Polarlichtfotografie eignen sich am besten Spiegelreflexkameras mit lichtstarken Weitwinkelobjektiven (Brennweite und Lichtstärke können an der Vorderseite des Objektivs abgelesen werden, hier Brennweite 28mm, Lichtstärke 1,8). Der UV-Schutzfilter ist abgenommen. Belichtung (Modus-Wahlrad auf M) und Schärfe (Fokusschalter auf MF) werden manuell eingestellt.

SCHÄRFE UND FOKUSEINSTELLUNGEN

Gute Aurorafotos beeindrucken nicht nur mit einwandfreier Belichtung und Farbsättigung, sondern brillieren vor allem mit Schärfe, speziell die Nebenmotive Landschaft und Sterne sollten unbedingt exakt abgebildet werden. Folgende Maßnahmen tragen wesentlich dazu bei:

- Erschütterungen des Stativs verhindern: Aufstellung an einer windgeschützten Stelle auf festem Untergrund. Eventuell Spiegelvorauslösung betätigen, um das schlagartige Hochklappen des Spiegels zu verhindern. Problematisch ist der Spiegelschlag allerdings eher bei kürzeren Belichtungszeiten unter 1s. Bei längerer Belichtung ist die Erschütterungsphase relativ gesehen bereits kurz genug, womit sichergestellt ist, dass der Hauptanteil der Belichtung schon wieder mit ruhiger Kamera erfolgt.
- Kamera nicht bewegen: Verwendung eines Fernauslösers
- lichtstarkes Objektiv verwenden: reduziert Belichtungszeiten und minimiert damit die Bewegungsunschärfe der Polarlichter.
- Staub, Tau oder Reif auf der Frontlinse vermeiden: Tau- bzw. Reifbeschlag laufend kontrollieren, während der Pausen Objektivdeckel aufsetzen. Während längerer Pausen Kamera in kalte Plastikfolie einwickeln und entweder im Freien lassen oder innerhalb der warmen Hütte zumindest 30 Minuten nicht auswickeln, damit die Kondensation an der Plastikfolie und nicht an/in der Kamera erfolgt.
- Streulicht vermeiden: Taschenlampen während der Belichtung ausschalten.
- Schärfe exakt einstellen.

Die Schärfe exakt einzustellen ist keineswegs trivial. Zunächst einmal wird man beim Versuch, die Schärfe mittels Autofokus (AF) festzumachen, in den meisten Fällen scheitern, da die Aurora gegenüber dem dunklen Nachthimmel einfach zu wenig Kontrast hervorbringt. Als nächstes bietet sich an, manuell am Entfernungsring ∞ zu wählen, zumal sich Polarlichter ja in einer so großen Entfernung befinden, dass als Schärfeebene eigentlich nur die »im Unendlichen« liegende in Frage kommen kann. Diese Überlegung ist zwar richtig, führt aber selbst bei kurzen Brennweiten zu enttäuschenden Ergebnissen, wenn die ∞-Markierung nicht mit der wahren ∞-Position übereinstimmt. Diese Abweichung ist auf die temperaturabhängige Längenausdehnung von

Kleiner Unterschied mit großer Wirkung: Beim oberen Bild wurde der Entfernungsring einfach bis zum Anschlag der ∞-Markierung gedreht, beim unteren Bild wurde der Entfernungsring mittels automatischer Fokussierung auf den »im Unendlichen« befindlichen Mond positioniert. Die Abweichung ist deutlich erkennbar.

Glas zurückzuführen und speziell bei guten Optiken deutlicher ausgeprägt.

Um dieses Problem zu lösen, wird in der Polarlichtfotografie die Fokussierung indirekt vorgenommen. Man verwendet dazu das mittlere Autofokus-Messfeld und richtet es bei ausgeschaltetem Autofokus-Hilfslicht in der Funktion »statischer Autofokus« (»Einzelbild«) auf ein anderes »im Unendlichen« liegendes aber kontrastreicheres Objekt, wie zum Beispiel den Mond, einen hellen Planeten oder Stern, auch eine beleuchtete Hütte auf einem entfernten Berggipfel könnte geeignet sein. Die nun auf diese Weise festgestellte wahre ∞-Position kann mit Klebeband fixiert werden, sollte aber bei Temperaturänderungen stets eine Nachführung erfahren. Anschließend wird der Autofokus deaktiviert, indem man auf manuelle Fokussierung umschaltet.

MOTIV

Am eindrucksvollsten kommen Polarlichter zur Geltung, wenn sie gemeinsam mit Landschaftsformationen, wie zum Beispiel eine schneebedeckte Fläche, Hügelkuppen am Horizont, vom Mondlicht beschienene Berge, Bäume, ein entferntes Dorf, eine von innen beleuchtete Hütte oder Zelt, ein Turm oder Sendemasten, ein Boot, usw. abgebildet werden. Als besonders fotogen erweist sich ein klarer offener See, in welchem sich die Aurora spiegelt.

Besteht die Möglichkeit, die Tage der Polarlichtbeobachtung frei zu wählen, z.B. im Rahmen einer Polarlichtreise, so sollte der Mondlauf (Mondphase, Auf- und Untergangszeiten, Mondhöhe) in die Planung miteinbezogen werden. Strahlendes Mondlicht vermag zwar die Landschaft durchaus reizvoll zu beleuchten, der beachtliche Kontrastverlust gegenüber dem aufgehellten Himmelshintergrund reduziert dafür die Wirkung der Aurora in erheblichem Maße.

FOTOAUSARBEITUNG UND BILDBEARBEITUNG

Möchte man qualitativ bestmögliche Ergebnisse erzielen, so bietet sich das RAW Dateiformat mit maximaler Farbtiefe und umfassenden Bildbearbeitungsperspektiven an. Allerdings ist eine Bildbearbeitung hier auch notwendig, so muss man zum Beispiel den Weißabgleich (bestimmt die individuellen Faktoren, mit welchen die R-, G- und B-Werte multipliziert werden) nachträglich einstellen.

Das Dateiformat JPG führt hingegen sofort zu brauchbaren Ergebnissen, wenn auch mit geringerer Farbtiefe (8 Bit je Farbkanal RGB) und reduzierten Nachbearbeitungsmöglichkeiten, dafür mit dem Vorteil kleinerer Dateigrößen. Für eine akzeptable Bildqualität sollte jedenfalls die schwächste Kompression und maximale Bildgröße gewählt werden. Als Weißabgleich für nächtliche Himmelsaufnahmen eignet sich, sofern nicht automatisch eingestellt, der Modus »Kunstlicht«.

Hält man schließlich sein ganz persönliches Polarlichtfoto in der Hand oder kann es auf einer Leinwand oder einem Bildschirm betrachten, dann werden nochmals Erinnerungen wach an ein wunderbares Erlebnis, das meist noch lange, manchmal sogar ewig im Gedächtnis bleiben wird.

SEITE 150:

Polarlichter sehen auf Fotos häufig bunter aus als sie mit freiem Auge wahrgenommen wurden. Zum einen wirken die Farben kräftiger, zum anderen sind auf den Bildern Farben erkennbar, die man mit freiem Auge gar nicht sehen konnte. Dafür kann man auf Fotos keine Bewegungen abbilden und auch das Erleben der enormen Dimensionen erschließt sich nur dem Betrachter in der freien Natur. Die linke Aufnahme stammt aus Valkeakoski vom 22./23. Oktober 2001, das rechte Bild wurde in Toijala während der Nacht vom 22./23. August 2003 aufgenommen.

SEITE 151:

Am 18./19. August 2003 (Bilder oben) stellte das Abschätzen der richtigen Belichtungszeit eine besondere Herausforderung dar. Die gelbgrünen Bänder und Wellen huschten über den Himmel von Toijala und wurden zeitweise so hell, dass der Fotograf einige Aufnahmen überbelichtete. Am 3./4. April 2004 (Bilder unten) waren am gleichen Beobachtungsplatz ähnliche Formationen zu sehen. Diesmal klappte die Belichtung perfekt.

SEITE 152:

Ein klarer offener See, in dem sich das Polarlicht spiegelt, wirkt auf Fotos stets faszinierend. Am 11. September 2002 gesellten sich in Valkeakoski auch noch die Farben der Abenddämmerung dazu.

SEITE 153:

»Die feine rote Farbe im Westen war nur ein paar Minuten lang zu sehen« erinnert sich Fotograf Tom Eklund an das Polarlicht vom 28./29. März 2003 in Valkeakoski. Er war im richtigen Augenblick zugegen, um die beste Phase der Aurora fotografisch festhalten zu können.

153

ANHANG

STATISTISCHE AUSWERTUNGEN, Helmholtz-Zentrum Potsdam - Deutsches GeoForschungsZentrum GFZ

Vergleich zwischen den Sonnenfleckenzyklen 17–23

Zyklus	Anzahl der G5-Stürme	Zahl der Tage mit G4-Sturm	Zahl der Tage mit G3-Sturm	Zahl der Tage mit G2-Sturm	Zahl der Tage mit G1-Sturm	mittlerer Ap-Index
17	5	46	124	326	845	13,2
18	2	54	179	511	1074	16,6
19	7	81	185	468	1047	16,0
20	3	42	106	312	865	12,8
21	2	39	133	402	1020	15,5
22	1	43	144	393	961	15,7
23	3	43	121	310	797	11,9

Tage mit G5-Stürmen, 1933–2008

Zyklus	Tage
17	16. Apr. 1938; 24. Mär. 1940; 1. Mär. 1941; 5. Jul. 1941; 19. Sep. 1941
18	27. Jul. 1946; 22. Sep. 1946
19	4. Sep. 1957; 11. Feb. 1958; 8. Jul. 1958; 15. Jul. 1959; 30. Apr. 1960; 7. Okt. 1960; 13. Nov. 1960
20	26. Mai. 1967; 8. Mär. 1970; 4. Aug. 1972
21	13. Jul. 1982; 8. Feb. 1986
22	13. Mär. 1989
23	15. Jul. 2000; 29. Okt. 2003; 30. Okt. 2003

Anzahl der Geomagnetischen Stürme im Verlauf eines Zyklus (Mittelwert 1933–2008)

Phase des Sonnenfleckenzyklus	Anzahl der G5-Stürme	Tage mit G4-Sturm	Tage mit G3-Sturm	Tage mit G2-Sturm	Tage mit G1-Sturm
innerhalb 12 Monate um Minimum	0	1	5	19	63
vorletztes Jahr vor Maximum	0	5	13	33	78
letztes Jahr vor Maximum	1	5	14	36	88
innerhalb 12 Monate um Maximum	1	7	17	40	94
erstes Jahr nach Maximum	0	7	18	42	89
zweites Jahr nach Maximum	0	6	18	40	90
drittes Jahr nach Maximum	1	8	22	52	115
viertes Jahr nach Maximum	1	6	15	48	114
fünftes Jahr nach Maximum	0	6	16	49	113
sechstes Jahr nach Maximum	0	2	10	37	95

Tage mit bestimmten »Geomagnetic Activity Levels« im Jahreslauf (Mittelwert 1933–2008)

Monat	quiet	unsettled	active	minor storm	major storm	severe storm
Januar	12,6	10,2	6,3	1,5	0,4	0,1
Februar	9,7	9,5	5,9	2,4	0,7	0,1
März	9,5	9,9	7,4	2,8	1,1	0,3
April	9,5	9,8	6,3	2,7	1,4	0,2
Mai	12,5	10,1	5,1	2,2	1,0	0,2
Juni	13,2	9,5	5,1	1,5	0,6	0,1
Juli	13,3	10,7	4,8	1,5	0,5	0,2
August	12,9	9,7	5,7	1,8	0,7	0,2
September	9,8	10,0	6,2	2,4	1,2	0,4
Oktober	11,4	9,2	5,8	3,3	1,1	0,2
November	12,1	9,3	5,8	2,0	0,7	0,2
Dezember	13,8	10,2	5,3	1,4	0,3	0,0

Anzahl der Tage bestimmter »Geomagnetic Activity Levels« im Verlauf eines Zyklus (Mittelwert 1933–2008)

Phase des Sonnenfleckenzyklus	quiet	unsettled	active	minor storm	major storm	severe storm
innerhalb 12 Monate um Minimum	177	113	56	17	3	0
vorletztes Jahr vor Maximum	157	120	56	20	10	2
letztes Jahr vor Maximum	124	130	74	25	9	3
innerhalb 12 Monate um Maximum	121	129	74	24	13	3
erstes Jahr nach Maximum	128	126	70	25	14	3
zweites Jahr nach Maximum	127	126	73	23	11	4
drittes Jahr nach Maximum	105	124	82	34	16	4
viertes Jahr nach Maximum	110	117	88	35	12	3
fünftes Jahr nach Maximum	112	117	81	39	14	2
sechstes Jahr nach Maximum	135	112	78	31	8	1

Längste ununterbrochene Andauer geomagnetischer Stürme bestimmter Klassen

Klasse	Dauer
G4-Sturm ohne Unterbrechungen	30 Stunden (13. Mär. 1989 03UTC – 14. Mär.1989 09UTC)
G3-Sturm ohne Unterbrechungen	42 Stunden (31. Mär. 1960 09UTC – 2. Apr. 1960 03UTC)
G2-Sturm ohne Unterbrechungen	60 Stunden (20. Sep.1951 03UTC – 22. Sep. 1951 15UTC)
G1-Sturm ohne Unterbrechungen	93 Stunden (19. Sep.1951 12UTC – 23. Sep. 1951 09UTC)

Urheber der für die Auswertung verwendeten Daten: Helmholtz-Zentrum Potsdam – Deutsches Geoforschungszentrum GFZ.

UMRECHNUNGSTABELLE, Helmholtz-Zentrum Potsdam - Deutsches GeoForschungsZentrum GFZ

Beispiel für Umrechnungstabellen »lokaler K-Index« → »lokaler Ks-Index« (Magnetometerstandort Lerwick, Shetland-Inseln, Großbritannien)

Ks-Index Nordwinter

K	00–03	03–06	06–09	09–12	12–15	15–18	18–21	21–24
0	0o	0o	0o	0o	0o	0o	0o	0o
1	1+	2–	2–	1+	1o	1o	1o	1o
2	2+	3–	3o	3o	3–	2+	2o	2o
3	3+	4o	4+	4+	4o	3+	3o	3o
4	4+	5o	6–	6–	5o	4+	4–	4o
5	5+	6o	7–	7–	6–	5o	5–	5o
6	6o	7o	7+	7+	7–	6–	6–	6–
7	7o	8–	8o	8o	7+	7o	7–	7–
8	8o	8+	9–	9–	8+	8o	7+	7+
9	9o	9o	9o	9o	9o	9o	9o	9o

Ks-Index Nordsommer

K	00–03	03–06	06–09	09–12	12–15	15–18	18–21	21–24
0	0o	0o	0o	0o	0o	0o	0o	0o
1	1o	1–	1–	0+	0+	0+	0+	1o
2	2o	2o	2+	2o	2–	1+	2–	2o
3	3o	3+	4–	4–	3o	3o	3+	3o
4	4o	4+	5o	5+	4+	4+	4+	4o
5	5o	5+	6+	7–	6o	5+	6–	5o
6	6–	6+	7+	8–	7o	6+	7–	6o
7	6+	7o	8+	8+	8+	8–	8–	7o
8	7+	8o	9–	9–	9–	9–	9–	8o
9	9o	9o	9o	9o	9o	9o	9o	9o

Ks-Index Frühling/Herbst

K	00–03	03–06	06–09	09–12	12–15	15–18	18–21	21–24
0	0o	0o	0o	0o	0o	0o	0o	0o
1	1o	1+	1o	1o	1–	1–	1o	1–
2	2+	3–	3–	3–	2o	2o	2o	2–
3	3+	4–	4+	4+	4–	3+	3o	3o
4	4o	5–	6–	6–	5o	4+	4o	4o
5	5–	5+	7–	7o	6o	5+	5o	5–
6	5+	6+	7+	8o	7+	6+	6o	6–
7	6+	7+	8+	8+	8–	7+	7o	7–
8	8–	8+	9–	9–	8+	8+	8o	7+
9	9o	9o	9o	9o	9o	9o	9o	9o

CHEMISCHE REAKTIONEN

Von der Vielzahl an chemischen Reaktionen, welche in der mittleren und oberen Atmosphäre stattfinden, seien einige hier aufgezählt (dominante Prozesse sind blau markiert):

Abkürzungsverzeichnis:

N	Stickstoff
O	Sauerstoff
Ar	Argon
H	Wasserstoff
M	Stoßpartner
X	beliebiges Atom oder Molekül
x	angeregter Zustand
$+$	positiv geladen
$-$	negativ geladen
$e-$	freies Elektron
$h\nu$	Strahlung

(1) Photodissoziation

$O_2 + h\nu \rightarrow O + O$ $(135nm \leq \lambda \leq 242nm)$

UVC<242nm dringt bis in eine Höhe von 35km über der Erdoberfläche ein (als Eindringtiefe ist diejenige Höhe über der Erdoberfläche zu verstehen, in welcher die spektrale Strahlungsintensität der eindringenden Sonnenstrahlung aufgrund von Extinktionsprozessen (Ionisation, Absorption) auf 37% des extraterrestrischen Wertes reduziert worden ist). Unterhalb einer Höhe von etwa 50km (»Ozonschicht«) entsteht als Folgereaktion mit Hilfe von Stoßpartnern Ozon, $O_2 + O + M \rightarrow O_3 + M$, wobei die Stoßpartner freiwerdende Stoßenergie aufnehmen und damit eine sofortige Reaktionsumkehr verhindern. In der Heterosphäre sind bereits zu wenige Stoßpartner verfügbar, um auf diese Weise Ozon zu bilden.

(2) Photoprädissoziation

$N_2 + h\nu \rightarrow N_2^x$ $(\lambda \leq 125nm)$

Eine Photodissoziation von molekularem Stickstoff ist nicht möglich. Hochfrequentes UVC<125nm und extremes UV kann aber molekularen Stickstoff zumindest in einen angeregten Zustand versetzen (Zustand mit erhöhter Energie, Elektronen in einen höheren Orbit befördert), welcher mittels einer Folgereaktion eine chemische Dissoziation ermöglicht.

(3) Photoionisation

$N_2 + h\nu \rightarrow N_2^+ + e^-$ $(\lambda \leq 1nm$ und $17nm \leq \lambda \leq 80nm)$

Extremes UV wird größtenteils in einer Höhe oberhalb 150km, in geringerem Maße noch zwischen 90km und 150km über der Erdoberfläche absorbiert. Gammastrahlen und harte/mittlere Röntgenstrahlen dringen tiefer bis in eine Höhe von etwa 25km über der Erdoberfläche ein, sind aber nur in geringer Menge vorhanden.

(4) Photoionisation

$O_2 + h\nu \rightarrow O_2^+ + e^-$ $(\lambda \leq 17nm$ und $91nm \leq \lambda \leq 103nm)$

Weiche Röntgenstrahlen und hochfrequentes extremes UV<17nm sowie niederfrequentes extremes UV>91nm werden relativ häufig in einer Höhe von 90km bis 150km über der Erdoberfläche absorbiert. Gammastrahlen und harte/mittlere Röntgenstrahlen dringen tiefer bis in eine Höhe von etwa 25km über der Erdoberfläche ein, sind aber nur in geringer Menge vorhanden.

(5.a) Photopräionisation

$O_2 + h\nu \rightarrow O_2^x$ $(\lambda = 122nm)$

(5.b) Photoionisation

$O_2^x + h\nu \rightarrow O_2^+ + e^-$ $(103nm \leq \lambda \leq 112nm)$

UVC mit einer Wellenlänge von 122nm kann molekularen Sauerstoff in einen angeregten Zustand versetzen (Zustand mit erhöhter Energie, Elektronen in einen höheren Orbit befördert), welcher nun für eine Ionisation nicht mehr extremes UV sondern lediglich hochfrequentes UVC<112nm benötigt.

(6) Photoionisation

$O + h\nu \rightarrow O^+ + e^-$ $(\lambda \leq 1nm$ und $17nm \leq \lambda \leq 91nm)$

Extremes UV wird größtenteils in einer Höhe oberhalb 150km über der Erdoberfläche absorbiert. Gammastrahlen und harte/mittlere Röntgenstrahlen dringen tiefer bis in eine Höhe von etwa 25km über der Erdoberfläche ein, sind aber nur in geringer Menge vorhanden.

(7) Photoionisation

$Ar + h\nu \rightarrow Ar^+ + e^-$ $(\lambda \leq 1nm$ und $\lambda = 122nm)$

(8) Ladungstransfer

$O^+ + N_2 \rightarrow O + N_2^+$

(9) Ladungstransfer

$O^+ + O_2 \rightarrow O + O_2^+$

(10) Ladungstransfer

$O^+ + H \rightarrow O + H^+$

(11) Ladungstransfer

$N_2^+ + O_2 \rightarrow N_2 + O_2^+$

(12) Ionenumordnung

$N_2 + O^+ \rightarrow NO^+ + N$

(13) Ionenumordnung

$N_2^+ + O \rightarrow NO^+ + N$

(14) Dissoziative Rekombination

$N_2^+ + e^- \rightarrow N^x + N^x$ Reaktionsrate $3 \cdot 10^{-7} cm^3 s^{-1}$

(15) Dissoziative Rekombination

$O_2^+ + e^- \rightarrow O^x + O^x$ Reaktionsrate $2 \cdot 10^{-7} cm^3 s^{-1}$

(16) Dissoziative Rekombination

$NO^+ + e^- \rightarrow N^x + O^x$ Reaktionsrate $5 \cdot 10^{-7} cm^3 s^{-1}$

(17) Radiative Rekombination

$O^+ + e^- \rightarrow O + h\nu$ Reaktionsrate $1 \cdot 10^{-12} cm^3 s^{-1}$

(18) Stoß Rekombination

$X^+ + e^- + M \rightarrow X + M$

Da in der dünnen Heterosphäre kaum Stoßpartner zur Verfügung stehen, findet diese Reaktion vorwiegend in der oberen Homosphäre statt.

(19) Radiative Elektronenanlagerung

$O + e^- \rightarrow O^- + h\nu$

(20) Stoß Elektronenanlagerung

$X + e^- + M \rightarrow X^- + M$

Da in der dünnen Heterosphäre kaum Stoßpartner zur Verfügung stehen, findet diese Reaktion vorwiegend in der oberen Homosphäre statt; Bsp.: $O_2 + e^- + N_2 \rightarrow O_2^- + N_2$

(21) Ionen-Ionen Rekombination

$X^+ + X^- \rightarrow X + X$

Da negative Ionen überwiegend in der oberen Homosphäre gebildet werden, kommt es in der Heterosphäre eher selten zu dieser Reaktion; Bsp.: $O_2^+ + O_2^- \rightarrow O_2 + O_2$

(22) Radiative Elektronenablösung

$O_2^- + h\nu \rightarrow O_2 + e^-$

Die radiative Ablösung ist bereits mit sichtbarem Licht möglich. Da negative Ionen überwiegend in der oberen Homosphäre gebildet werden, kommt es in der Heterosphäre eher selten zu dieser Reaktion.

(23) Stoß Elektronenablösung

$X^- + M \rightarrow X + e^- + M$

Da negative Ionen überwiegend in der oberen Homosphäre gebildet werden, kommt es in der Heterosphäre eher selten zu dieser Reaktion; Bsp.: $O_2^- + N_2 \rightarrow O_2 + e^- + N_2$; $O_2^- + O_2 \rightarrow O_2 + e^- + O_2$;

(24) Assoziative Elektronenablösung

$O^- + O \rightarrow O_2 + e^-$

(25) Assoziative Elektronenablösung

$O_2^- + O \rightarrow O_3 + e^-$

Da negative Ionen überwiegend in der oberen Homosphäre gebildet werden, kommt es in der Heterosphäre eher selten zu diesen Reaktionen.

(26) Metastabile Elektronenablösung

$X^- + M^x \rightarrow X + e^- + M$

Da negative Ionen überwiegend in der oberen Homosphäre gebildet werden, kommt es in der Heterosphäre eher selten zu dieser Reaktion; Bsp.: $O_2^- + O_2^x \rightarrow O_2 + e^- + O_2$

VERWENDETE EINHEITEN

Abkürzungen der physikalischen Einheiten

Kategorie	Kurzform	Langform	Bedeutung
Längenmaße	km, m, mm, µm, nm	Kilometer, Meter, Millimeter, Mikrometer, Nanometer	1km = 1000m, 1m = 1000mm, 1mm = 1000µm, 1µm = 1000nm
Zeitmaße	a, d, h, min, s	Jahre, Tage, Stunden, Minuten, Sekunden	Die Kürzel a (anni), d (diei), h (horae) sind aus dem Lateinischen abgeleitet
	Hz	Hertz	Einheit der Frequenz, 1Hz = 1/s
Energiemaße	J, MJ	Joule, Megajoule	1MJ = 1.000.000J
	eV, keV, MeV, GeV	Elektronvolt, Kilo-, Megaelektronvolt, Gigaelektronvolt	eV ist eine in der Atomphysik verwendete Einheit für die Energie von Partikeln 1eV = $1{,}602 \cdot 10^{-19}$J, 1keV = 1000eV, 1MeV = 1000keV, GeV =1000MeV
	W	Watt	Einheit der Leistung, 1W = 1J/s
	GW	Gigawatt	1GW = 1.000.000.000W
	W/m²	Watt pro Quadratmeter	Einheit der Bestrahlungsstärke
Masse	kg	Kilogramm	Einheit der Masse
	g/mol	Gramm pro Mol	Einheit der Molmasse; 1mol ist die Stoffmenge von $6{,}022 \cdot 10^{23}$ Partikeln
	kg/m³	Kilogramm pro Kubikmeter	Einheit der Dichte
Partikelmaße	p/cm³	Partikel pro Kubikzentimeter	Einheit der Partikeldichte
	p/cm²s	Partikel pro Quadratzentimeter und Sekunde	Einheit der Partikeldurchflussstärke
	p/srcm²s	Part. pro Steradiant, Quadratzentimeter und Sekunde	Einheit der Partikelraumdurchflussstärke
	sr	Steradiant	Einheit des Raumwinkels
Temperatur	°C, K	Grad Celsius, Kelvin	K = °C + 273,15
Elektrizität	A	Ampere	Einheit der Stromstärke
Magnetismus	T, nT	Tesla, Nanotesla	Einheit der magnetischen Flussdichte, 1T = 1.000.000.000nT
Andere	px	Pixel	Einheit für Bild- oder Farbpunkteanzahl

GLOSSAR

Atom: Grundbaustein der Materie, setzt sich aus einem Atomkern und der Atomhülle zusammen. Im Atomkern befinden sich positiv geladene Elementarteilchen, die Protonen, und elektrisch neutrale Teilchen, die Neutronen. In der Atomhülle bewegen sich negativ geladene Elementarteilchen, die Elektronen (»Schalenelektronen«), in bestimmten Orbitalen um den Atomkern. Die Anzahl der Protonen definiert das chemische Element. Atome mit gleicher Protonenzahl aber unterschiedlichen Mengen an Neutronen werden als Isotope des Elements bezeichnet.

Corioliskraft: Kraft, die ein Partikel oder System verspürt, wenn es sich in einem rotierenden Gebilde (z.B. Erde, Sonne) nach außen oder innen in eine Zone höherer oder niedrigerer Bahngeschwindigkeit bewegt. Auf der Erde z.B. bewirkt die Corioliskraft, dass sich Systeme, die sich meridional verlagern, auf der Nordhalbkugel nach rechts und auf der Südhalbkugel nach links abgelenkt werden.

Dynamoeffekt: Die Induktion eines Magnetfeldes aus elektrischem Strom, der durch die Strömung von elektrisch leitfähiger Materie hervorgerufen wird. Im Erdinneren handelt es sich bei dieser Materie um zähflüssiges Eisen, im Sonneninneren um Plasma.

Elektronenübergang: Schalenelektronen bewegen sich in bestimmten Orbitalen um einen Atomkern. Wechselt ein Elektron von einem Orbital auf ein anderes, so spricht man von einem Elektronenübergang. Übergänge auf weiter außen liegende Orbitale versetzen das Atom, Molekül oder Ion in einen höheren Energiezustand (»angeregter Zustand«), Übergänge nach innen bedeuten eine Reduzierung der Energie. Der Zustand mit der niedrigsten Energie wird als »Grundzustand« bezeichnet. Die Überführung in einen angeregten Zustand kann z.B. durch einen Zusammenstoß mit einem anderen Teilchen oder durch Aufnahme eines Photons verursacht werden.

Emissionslinie: Fällt ein Atom, Molekül oder Ion von einem angeregten Zustand auf einen Zustand niedrigerer Energie oder seinen Grundzustand zurück, so wird Energie frei. Erfolgt die Energiefreisetzung mittels Aussendung (Emission) eines Photons, so entspricht dieses Photon im Normalfall einem sehr engen Frequenz- und Wellenlängenbereich der elektromagnetischen Strahlung, welcher im Spektrum als schmale Linie (Emissionslinie) erkennbar wird.

Flare: Extremer Strahlungsausbruch auf der Sonnenoberfläche, meist als Folge eines magnetischen Kurzschlusses im Bereich einer größeren magnetisch komplexen Sonnenfleckengruppe. Flares strahlen im gesamten elektromagnetischen Spektrum. Das helle Aufleuchten im sichtbaren Licht bezeichnet man als »Weisslicht-Flare«, das Strahlungsmaximum im Röntgenbereich als so genannten »Röntgen-Flare«. Wird darüber hinaus auch hochenergetische Teilchenstrahlung in Form von extrem energiereichen Hochgeschwindigkeits-Protonen ausgesendet, so spricht man von einem »Protonen-Flare«.

Interplanetares Magnetfeld: Das von der Sonne ausgehende mit dem Sonnenwind durch das Sonnensystem transportierte Magnetfeld. Das interplanetare Magnetfeld ist im Sonnenwind »eingefroren« und weist infolge der Sonnenrotation eine Spiralstruktur mit mehreren Sektoren auf, in welchen das Magnetfeld jeweils eine bestimmte Ausrichtung einnimmt. Trifft der Sonnenwind mit markant südwärts ausgerichtetem interplanetarem Magnetfeld auf das Erdmagnetfeld, so besteht eine erhöhte Chance auf geomagnetische Störungen.

Induktion: Die Erzeugung von elektrischem Strom bzw. Magnetfeldern. Elektrischer Strom wird induziert, wenn Ladungsträger im Magnetfeld bewegt werden. Umgekehrt erzeugt jedes zeitlich veränderliche elektrische Feld ein magnetisches Wirbelfeld.

Ion: Partikel, bei dem die Anzahl der Protonen von der Zahl an Elektronen abweicht. Ionen mit einem Elektronenüberschuss werden als negativ geladene Ionen bezeichnet. Neutrale Teilchen, die Elektronen abgeben, verwandeln sich in positiv geladene Ionen.

Kinetische Energie: Energie, die in der Bewegung eines Partikels oder Systems enthalten ist. Wird Beschleunigungsarbeit verrichtet, so erhöht sich die kinetische Energie. Wird das Partikel oder System abgebremst, so wird kinetische Energie in andere Energieformen umgewandelt.

Konvektionszelle: Zone, in der Flüssigkeiten, Gase oder Plasma aufgrund von Dichteunterschieden zirkulieren. Zirkulationszellen bestehen im Normalfall aus zwei vertikal verlaufenden Strömungen an den seitlichen Rändern (Auf- und Absteigen) sowie zwei annähernd horizontal ausgerichteten Strömungen am Ober- und Unterrand. In den direkt thermisch betriebenen Zirkulationszellen der Atmosphäre wird die Aufwärtsbewegung durch erwärmte Luft verursacht bei gleichzeitigem Absinken kälterer Luft in der Umgebung.

Koordinatensystem: Ermöglicht die genaue und eindeutige Beschreibung von Positionen und Bewegungen. In zweidimensionalen sphärischen Koordinatensystemen verwendet man hierfür ein Gradnetz mit Längen- und Breitenkreisen, welches auf die Kugeloberfläche gelegt wird. Die beiden Pole markieren dabei für das jeweilige Koordinatensystem ausgezeichnete Punkte (z.B. Durchstoßstellen der Rotationsachse im geografischen und heliografischen System, Durchstoßstellen der magnetischen Dipolachse im geomagnetischen System). Bewegungen entlang eines Längenkreises werden als meridional bezeichnet, Bewegungen entlang eines Breitenkreises als zonal.

Koronales Loch: Coronal Hole, CH. Gebiet innerhalb der Sonnenatmosphäre, aus welchem der Sonnenwind mit höherer Geschwindigkeit und typischerweise geringerer Teilchendichte abströmt. Die höhere Abströmgeschwindigkeit ist auf ein lokal schwächeres unipolares Magnetfeld innerhalb der Sonnenkorona zurückzuführen, dessen geringere magnetische Energiedichte von den geladenen Sonnenwindpartikeln leichter überwunden werden kann.

Koronaler Massenauswurf: Coronal Mass Ejection, CME. Explosionsartiger Auswurf großer Mengen solarer Materie in den interplanetaren Raum. Koronale Massenauswürfe können häufig nach Flare-Ausbrüchen oder dem Zusammenfallen von Filamenten beobachtet werden, treten zeitweise aber auch abseits dieser Aktivitätsereignisse auf. Koronale Massenauswürfe treiben als relativ dichte Plasmawolken durch das Sonnensystem. Ihre Geschwindigkeit, Teilchendichte und magnetische Flussdichte weisen dabei meist deutlich höhere Werte auf als der umgebende Sonnenwind. Als »full-halo-event« bezeichnet man einen Koronalen Massenauswurf mit einem überwiegenden erdgerichteten Anteil.

Korpuskularstrahlung: Strahlung, welche in Form von materiellen Teilchen bewegt wird (»Teilchenstrahlung«). Meist verbindet man den Begriff »Strahlung« in diesem Zusammenhang nur mit ausgesprochenen Hochgeschwindigkeitspartikeln. Die Bewegungsenergie der Teilchen wird in eV (Elektronvolt) angegeben.

Molekül: Element, welches sich aus zwei oder mehreren Atomen zusammensetzt. So ist zum Beispiel Wasser in allen drei Aggregatzuständen (Wasserdampf, Flüssigwasser, Eis) eine Verbindung aus zwei Wasserstoff-Atomen und einem Sauerstoff-Atom.

Neutralgas: Damit werden in der Atmosphäre diejenigen Bestandteile (Atome und Moleküle) bezeichnet, die keine Ladung aufweisen. Das bedeutet, dass die Anzahl der positiv geladenen Protonen im Atomkern eines Bestandteiles gleich groß ist wie die Zahl der negativ geladenen Elektronen in dessen Atomhülle.

Photon: Kleinste Mengeneinheit elektromagnetischer Strahlung. Jede Form der elektromagnetischen Strahlung (Gamma-, Röntgen-, Ultraviolettstrahlung, sichtbares Licht, Infrarot-, Mikro-, Radiowellen) setzt sich aus einer Menge an Photonen zusammen.

Plasma: Gemisch, welches sich aus elektrisch neutralen Atomen und Molekülen, aus positiv und negativ geladenen Ionen und freien Elektronen zusammensetzt. Übersteigt die Anzahl der neutralen Bestandteile die Zahl der geladenen Partikel bei weitem, so spricht man von einem schwach ionisierten Plasma. Hingegen liegt ein vollständig ionisiertes Plasma vor, wenn alle Teilchen einen geladenen Zustand aufweisen. Heben sich in einem Gemisch geladener Partikel positive und negative Ladungen exakt auf, so wird das Plasma als quasineutral bezeichnet.

Sublimationskern: Mikroskopisch kleines, in der Atmosphäre schwebendes Teilchen, welches zur Wolkenbildung entscheidend beiträgt. Ist die Luft mit Wasserdampf gesättigt, kann der dampfförmige (unsichtbare) Zustand des Wassers nicht mehr aufrechterhalten werden und es bilden sich kleine Wassertröpfchen oder Eisteilchen, die sich an Kondensationskernen (Kondensation = Übergang gasförmig ➔ flüssig) bzw. Sublimationskernen (Sublimation = Übergang gasförmig ➔ fest) anlagern.

STICHWORTVERZEICHNIS

ACE	77
All-Sky-Aurora-Kamera	96, 167
Angeregter Zustand	28, 160
Ap-Index	144
Aurorale Elektronen	83, 89, 123
Belichtungszeit	147
Birkeland-Ströme	74
Blackout	131, 140
Blende	145f
Brennweite	145
Coronal Hole, CH	114f, 122, 160
Chromosphäre	106
Co-Rotating Interactive Region, CIR	77
Coronal Mass Ejection, CME	113f, 121f, 160
Disturbed Corpuscular Flux, DCF	122
D-Region	56, 60
Drift, longitudinale	72f, 75
DST-Index	122f
Durchsicht, atmosphärische	32
Dynamosphäre	61
Elektrojet, äquatorialer	60, 61
Elektrojet, polarer	74, 124, 136
Elektronenablösung	60, 158
Elektronenanlagerung	60, 158
Elektronenbeschleunigung	28
Empfängerrauschen	131
E-Region	56, 60
Es-Schicht	60, 131
Exposure Value, EV	147
Feldlinienverschleppung	80f, 123
Filament	111, 113
Flare	109ff, 115f, 119f
Flare-Klasse	110
Flugverkehr (bei Sonnenstürmen)	131
Fluoreszenz	28f
F-Region	56, 62
Full Halo Event	121, 160
Generatorprinzip	74
Geomagnetic Activity Level	144, 155f
Geomagnetischer Sturm	121ff, 131, 142
GOES	110f
GPS-Signal (bei Sonnenstürmen)	131
Gyration	72f, 73
Hale-Zyklus	117f
Hall-Ströme	74
Heliospheric Current Sheet, HCS	78
Heliosphäre	78, 116
International Brightness Coefficient, IBC	34
Induktionsgesetz (Maxwell)	61
Interplanetares Magnetfeld	78, 80ff, 160f
Ionosphäre	28, 59ff, 123f
ISO-Wert	146
K-Index	143, 156
Kleine Eiszeit	119
Kommunikation (bei Sonnenstürmen)	120, 130f
Kontrastumfang, Dynamikumfang	146f
Konvektionszone	106, 107
Koronaler Massenauswurf	113f, 121f, 160
Koronales Loch	114f, 122, 160
Kosmische Strahlung	78, 118, 130
Kp-Index	142, 143f
Ks-Index	143, 156
Lagrangepunkt	77
Librationspunkt	77
Long Duration Event, LDE	113
Lorentzkraft	73
Magnetometer	122f, 141ff
Magnetopausendurchgang	122
Magnetosphärenschweif	71, 76, 81
Maunder-Minimum	95, 118f
Maxwellsche Gleichungen	61
Mesosphäre	56f, 120
Mikroflares	77, 113
Mitternacht, magnetische	95f
Mondlicht, Wirkung	32, 149
Mount Wilson Sunspot Magnetic Classification	109
Nachtleuchtende Wolken, NLC	78f
Navigation (bei Sonnenstürmen)	120, 130f
Neutrale Zonen (Magnetosphäre)	76, 80
Nordpol, geomagnetischer	68, 90
Nordpol, magnetischer	68f
Oszillation, Spiegelung	72f, 74, 82
Ozonschicht	56, 157
Polar Cap Absorption, PCA	131
Pedersen-Ströme	74
Penumbra	108f
Phosphoreszenz	28f

Photodissoziation	59, 157
Photoionisation	57, 157
Photosphäre	105f, 116
Pipelines, Öl und Gas (bei Sonnenstürmen)	136
Plasmaschicht	72, 81, 83
Plasmasphäre	71
Polaritätsgesetz (Hale)	117
Polarlichterzeugende Partikel	29ff, 63
Polarlichtoval	83f, 95
Polarlicht-Substürme	131
Polarlichtzone	83f
Polarwind	71
Polwanderung	68
Polwechsel, Polumkehrung	70
Protonen-Event	120
Protonenpolarlicht	23, 91
Protuberanz	111f, 113, 116
Radiowellen	28f, 110, 130f
Rekombination	60, 158
Ringstrom	74, 122ff
Röntgenstrahlung	28f, 110f, 116
Satelliten, künstliche (bei Sonnenstürmen)	125, 131, 136
Sauerstoff (Emissionslinien)	29ff, 63
Sudden Ionospheric Disturbance, SID	131
SOHO	77
Solar Activity Level	115f
Solarkonstante	106, 116
Sonneneruption	109ff, 115f, 119f
Sonnenfackeln	109, 116
Sonnenflecken	108f, 116
Sonnenfleckenrelativzahl	117, 166
Sonnenfleckenzyklus	117
Sonnenkorona	112f, 116
Sonnenlicht, Wirkung	32
Sonnenwind	76ff, 80ff, 116
Space Weather	140ff
Spektralfarben	31
Spörer-Minimum	118
Sudden Storm Commencement, SSC	122
Stickstoff (Emissionslinien)	29, 63
Strahlenbelastung	120
Strahlungszone	105f, 107
Stratosphäre	56f, 120
Stromnetze, Transformatoren (bei Sonnenstürmen)	136
Südatlantik-Anomalie, SAA	69, 130
Südpol, geomagnetischer	68, 84, 90
Südpol, magnetischer	68f
Tachokline	107
Tagespolarlicht	23, 91
Thermosphäre	56f, 124f, 136
Troposphäre	56f, 120
Überreichweite	130
Umbra	108f
Van-Allen-Gürtel, Strahlungsgürtel	71f
Wasserstoff (Emissionslinien)	29, 91
Wolf-Minimum	118

PERSONENVERZEICHNIS

Alfvén, Hannes Olof Gösta	23
Ångström, Anders Jonas	20
Biot, Jean-Baptiste	20
Birkeland, Kristian Olaf	20, 21ff
Carrington, Richard Christopher	20
Cavendish, Henry	19
Celsius, Anders	19
Chapman, Sydney	23
Cook, James	19
Crookes, William	20
d'Ortous de Mairan, Jean-Jacques	19
Fritz, Hermann	21, 89
Galilei, Galileo	19
Gilbert, William	18
Halley, Edmond	19
Hansteen, Christopher	20
Hjorter, Olof Peter	19
Kopernikus, Nikolaus	18
Lindemann, Frederick Alexander	23
Lomonossow, Michail Wassiljewitsch	19
Loomis, Elias	20
McLennan, John Cunningham	23
Nordenskiöld, Nils Adolf Erik	21
Ørsted, Hans Christian	19
Payer, Julius	8
Pontoppidan, Erik	19
Schwabe, Heinrich	20
Shrum, Gordon	23
Størmer, Fredrik Carl	22
Tromholt, Sophus	21
Vegard, Lars	23
Weyprecht, Carl	8
Wolf, Johann Rudolf	20, 117

VERWENDETE LITERATUR, QUELLEN

Rikkonen M., Turunen E., J. Manninen, 2000: Nordlicht. Kustannusosakeyhtiö Tammi Helsinki.

Nevanlinna H., 2002: The Northern Lights in Finland. Finnish Meteorological Institute, www.fmi.fi/research_space/space_9.html

Hall C., Pederson D., G. Bryson, 2001: Northern Lights. The Science, Myth and Wonder of Aurora Borealis. Sasquatch Books, Seattle.

Schlegel K., 1999: Vom Regenbogen zum Polarlicht, Leuchterscheinungen in der Atmosphäre. Spektrum Akademischer Verlag Heidelberg, Berlin.

Falck-Ytter H., 1999: Das Polarlicht. Aurora Borealis und Australis in mythischer, naturwissenschaftlicher und apokalyptischer Sicht. Verlag Freies Geistesleben, Stuttgart, 3. Auflage.

Combs L., R. Viereck, 1996: Aurora. National Oceanic and Atmospheric Administration, Space Environment Center, Space Environment Topic SE-12, www.swpc.noaa.gov/info/Aurora.pdf.

Phillips T., 2001: 'Tis the Season for Auroras. National Aeronautics and Space Administration, Sci-ence@NASA, http://science.nasa.gov/headlines/y2001/ast26oct_1.htm

Phillips T., 2002: Aurora Season Begins. National Aeronautics and Space Administration, Sci-ence@NASA, http://science.nasa.gov/headlines/y2002/23sep_auroraseason.htm

METEOROLOGIE:

Kuhn M., 1992–1994: Studium der Meteorologie, Vorlesungsunterlagen »Allgemeine Meteorologie« und »Klimatologie«

Pichler H., 1994–1995: Studium der Meteorologie, Vorlesungsunterlagen »Physik der hohen Atmosphäre«

Pietrobon S. S., 2006: Standard Atmospheres. www.sworld.com.au/steven/space/atmosphere/

Schröder W., 2001: Some Results of the Study of Noctilucent Clouds in Germany during the years 1967–1997. http://verplant.org/history-geophysics/Results/index.htm

Berger U., 2005: Die Mesosphäre: Ein Frühwarnsystem für Klimaänderungen? Deutscher Wetterdienst, Promet, Meteorologische Fortbildung, Jahrgang 31, Heft 1, S. 12–18

Lübken F.-J., 2005: Eisteilchen in 80–90 km Höhe: Indikatoren für die niedrigsten Temperaturen in der Erdatmosphäre. Deutscher Wetterdienst, Promet, Meteorologische Fortbildung, Jahrgang 31, Heft 1, S. 19–24

Jakowski N., 2005: Aufbau und Sondierung der Ionosphäre. Deutscher Wetterdienst, Promet, Meteoro-logische Fortbildung, Jahrgang 31, Heft 1, S. 35–37

Seppälä A., Verronen P.T., Sofieva V. F., Tamminen J., Kyrölä E., Rodger C. J., M. A. Clilverd, 2006: Destruction of the Tertiary Ozone Maximum during a Solar Proton Event. Geophysical Research Letters, Vol. XXXIII (7).

AERONOMIE:

Pichler H., 1971: Die Magnetosphäre, Geoforum 5/71. Journal of Physical, Human and Regional Geosciences, S. 78–85

Kallenrode M., 2005: Space Physics, Lecture Notes. Universität Osnabrück, www.sotere.uni-osnabrueck.de/spacebook/spacebook_files/lectured.html

Meteorology Education & Training, 2006: Space Weather. Cooperative Program for Operational Meteorology, Education, and Training (COMET ®) of the University Corporation for Atmospheric Research (UCAR) pursuant to a Cooperative Agreement with the National Oceanic and Atmospheric Administration, U.S. Department of Commerce

NOAA, Space Weather Prediction Center, 2007: A Primer on Space Weather. National Oceanic and Atmospheric Administration, Education and Outreach, www.swpc.noaa.gov/primer/primer.html

Anderson D., T. Fuller-Rowell, 1999: The Ionosphere. National Oceanic and Atmospheric Admini-stration, Space Environment Center, Space Environment Topic SE-14, www.swpc.noaa.gov/info/Iono.pdf.

Cohen N., K. Davies, 1994: Radio Wave Propagation. National Oceanic and Atmospheric Admini-stration, Space Environment Center, Space Environment Topic SE-10, www.swpc.noaa.gov/info/Radio.pdf.

Kunches J., 1995: Navigation. National Oceanic and Atmospheric Administration, Space Environment Center, Space Environment Topic SE-11, www.swpc.noaa.gov/info/Navigation.pdf.

Speich D., B. Poppe, 2000: Satellite Anomalies. National Oceanic and Atmospheric Administration, Space Environment Center, Space Environment Topic SE-16, www.swpc.noaa.gov/info/Satellite.pdf.

National Geophysical Data Center, 2010: Geomagnetism. www.ngdc.noaa.gov/geomag/geomag.shtml

Schwenn R., K. Schlegel, 2001: Sonnenwind und Weltraumwetter. Max Planck Institute for Solar System Research, Research Informations and Popular Scientific Articles, www.mps.mpg.de/dokumente/publikationen/pa/pa_0107_weltraumwetter.pdf.

GeoForschungsZentrum Potsdam, 2007: Indices of Global Geomagnetic Activity. www-app3.gfz-potsdam.de/kp_index/description.html

NOAA, Space Weather Prediction Center, 2005: Users Guide to »The Preliminary Report and Forecast of Solar Geophysical Data«. www.swpc.noaa.gov/weekly/Usr_guide.pdf.

NOAA, Space Weather Prediction Center, 2005: NOAA Space Weather Scales. National Oceanic and Atmospheric Administration, Education and Outreach, www.swpc.noaa.gov/NOAAscales/index.html

NOAA, Space Weather Prediction Center, 2007: Glossary of Solar-Terrestrial Terms. National Oce-anic and Atmospheric Administration, Education and Outreach, www.swpc.noaa.gov/info/glossary.html

NOAA, Space Environment Center, 2005: SEC Frequently Asked Questions. nicht mehr online verfügbar

ASTRONOMIE:

Hahn H.-M., 2004: Unser Sonnensystem, Sonne und Planeten im Fokus der Forschung. Franckh-Kosmos Verlag-GmbH & Co. KG, Stuttgart.

Banisch J., 2009: Die Sonne, eine Einführung für Hobby-Astronomen. Oculum-Verlag GmbH, Erlangen.

Hathaway D. H., 2007: Solar Physics. National Aeronautics and Space Administration, Marshall Space Flight Center, http://solarscience.msfc.nasa.gov

Whitehouse D., 2004: Sunspots reaching 1000-year High. BBC News, Science/Nature, http://news.bbc.co.uk/2/hi/science/nature/3869753.stm

Astronews.com, 2004: Sonne in den letzten 60 Jahren äußerst aktiv. www.astronews.com/news/artikel/2004/08/0408-002.shtml

Heckman G., 1999: Solar Maximum. National Oceanic and Atmospheric Administration, Space Environment Center, Space Environment Topic SE-13, www.swpc.noaa.gov/info/SolarMax.pdf.

Phillips T., 2001: The Sun does a Flip. National Aeronautics and Space Administration, Sci-ence@NASA, http://science.nasa.gov/headlines/y2001/ast15feb_1.htm

Phillips T., 2007: The Sun is Bristling with X-ray Jets. National Aeronautics and Space Administration, Science@NASA, http://science.nasa.gov/headlines/y2007/06dec_xrayjets.htm

Spaceweather.com, 2001: The Interplanetary Magnetic Field, it comes from the Sun. http://spaceweather.com/glossary/imf.html

Brockhaus, 2006: Astronomie. Planeten, Sterne, Galaxien. Brockhausverlag, Leipzig, Mannheim.

PHYSIK:

Bergmann, Schäfer, 1997: Lehrbuch der Experimentalphysik, Bd.7 Erde un Planeten, Walter de Gruyter, Berlin.

Stöcker H. et al., 2004: Taschenbuch der Physik. Formeln, Tabellen, Übersichten. 5., korrigierte Auflage. Verlag Harri Deutsch, Frankfurt/Main, 1022 S.

FOTOGRAFIE:

Hurni A., 2010: Schöner fotografieren, Texte zur Fotografie. www.andreashurni.ch/index2.html

DATEN:

Flare-Ereignisse:
www.swpc.noaa.gov/ftpdir/indices/old_indices/ (*DSD.txt)

Sonnenfleckenrelativzahlen:
www.sidc.be/sunspot-data/

Stärkste Sonneneruptionen:
www.spaceweather.com/solarflares/topflares.html
users.telenet.be/j.janssens/Flares/Powerflare.html
ftp://ftp.ngdc.noaa.gov/STP/SOLAR_DATA/SOLAR_FLARES/

Stärkste solare Protonenevents:
http://umbra.nascom.nasa.gov/SEP

Stärkste geomagnetische Stürme:
swdcwww.kugi.kyoto-u.ac.jp/wdc/Sec3.html

Statistische Auswertungen geomagnetischer Aktivität:
www-app3.gfz-potsdam.de/kp_index/ftpreferences.html

LINKTIPPS:

Allgemeine Informationen und Vorhersagen:
Spaceweather.com: www.spaceweather.com
Solar Terrestrial Dispatch: www.spacew.com
Space Weather Prediction Center: www.swpc.noaa.gov/alerts/index.html
Wöchentliches Info-Magazin: www.swpc.noaa.gov/weekly
Vorhersage Sonnenwind/IMF: www.swpc.noaa.gov/ws
Vorhersage Eintreffen CME: solar.spacew.com/cme

Sonne:
Überblick: www.solen.info/solar
Regionen Sonnenaktivität: www.raben.com/maps
Koronale Massenauswürfe: sidc.oma.be/cactus/out/latestCMEs.html
Sektoren des Interplanetaren Magnetfelds: gse.gi.alaska.edu/recent/ecimf.html

Monitoring:
Space Weather Prediction Center: www.swpc.noaa.gov/SWN
Arbeitskreis Meteore e.V.: www.meteoros.de/polar/polwarn.htm
DST-Index: sprg.ssl.berkeley.edu/dst_index/
Kp-Index: www.swpc.noaa.gov/rpc/costello/index.html
Polarlichtoval: www.gedds.alaska.edu/auroraforecast/ShortTerm.asp

Aurora-Kameras:

Sodankylä, Finnland: www.sgo.fi/Data/RealTime/allsky.php

Abisko, Schweden: www.auroraskystation.se/livecamera

Andenes, Norwegen: 128.39.135.10/webcam.html

Fairbanks, Alaska: salmon.nict.go.jp/live/aurora_cam/live_aurora_cam_e.html

Sonstiges:

Diverses (NASA): www-istp.gsfc.nasa.gov/istp/outreach/auroras.html

Beobachtungsplatz in Lappland: www.ukolo.fi/saksa/frames.htm

BILDNACHWEIS

Alle Polarlichtaufnahmen Tom Eklund, bis auf S. 26/27 und S. 90/91 Andreas Pfoser

Herbst 2001, Ort nicht bekannt, 24,
15./16. Sep. 2000, Valkeakoski, 14,
30. Sep./1. Okt. 2001, Valkeakoski, 4, 64, 104 rechts,
14./15. Okt. 2001, Valkeakoski, 16,
22./23. Okt. 2001, Valkeakoski, 45, 150 links,
5./6. Nov. 2001, Valkeakoski, 25, 43, 66, 126–129 alle,
15./16. Aug. 2002, Toijala, 39,
20./21. Aug. 2002, Toijala, 38,
11./12. Sep. 2002, Valkeakoski, 12, 152,
1./2. Okt. 2002, Valkeakoski, 35 beide, 44 beide, 54 oben beide und unten links, 137, 138 beide
3./4. Okt. 2002, Valkeakoski, 139,
26./27. Mär. 2003, Ukonjärvi, 26/27 mitte
27./28. Mär. 2003, Ukonjärvi, 26 links
28./29. Mär. 2003, Ukonjärvi, 27 rechts
28./29. Mär. 2003, Valkeakoski, 52 links und oben rechts, 153,
18./19. Aug. 2003, Toijala, 46, 47, 53 rechts, 151 oben beide,
22./23. Aug. 2003, Toijala, 150 rechts,
8./9. Sep. 2003, Valkeakoski, 11,
10./11. Sep. 2003, Porttipahta-Stausee, 85,
15./16. Sep. 2003, Ivalo-Fluss, 55, 86, 87,
16./17. Sep. 2003, Porttipahta-Stausee, 88 beide,
24./25. Sep. 2003, Valkeakoski, 65, 104 links,
20./21. Okt. 2003, Valkeakoski, 12, 17, 94,
14./15. Okt. 2003, Valkeakoski, 30, 92, 93,
30./31. Okt. 2003, Porvoo, 15,
20. Nov. 2003, Hochrotherd/Wienerwald, 90/91 alle
20./21. Nov. 2003, Ulvila (nahe Pori), 31, 52 unten rechts, 53 links,
Herbst 2003, Valkeakoski, 67
9./10. Mär. 2004, Toijala, 97, 102,
3./4. Apr. 2004, Toijala, 151 unten beide,
9. Nov. 2004, Toijala, 54 unten rechts, 132, 133,
31. Aug./1. Sep. 2005, Valkeakoski, 6
2. Sep. 2005, Valkeakoski, 99, 103
10./11. Sep. 2005, Valkeakoski, 50, 51, 98
19./20. Aug. 2006, Valkeakoski, 33, 40–42, 100, 101
14./15. Dez. 2006, Valkeakoski, 36, 37, 134, 135
22. Sep. 2007, Valkeakoski, 48, 49

Sonstige Abbildungen aus dem Archiv von Andreas Pfoser mit Ausnahme von:

J. Banisch, Die Sonne, Oculum-Verlag 2009: 28, 56 rechts, 117
W. Burger: 8
COMET Program: 68 links, 81, 82
COMET/NCAR/HAO: 58, 59 rechts, 125
Danmarks Meteorologiske Institut: 21
Earth Sciences and Image Analysis Laboratory, NASA Johnson Space Center: 22
Tom Eklund: 79
Finnish Meteorological Institute: 96 unten
H. Fritz: 89 rechts
Istituto Nazionale di Geofisica e Vulcanologia: 123 links
Michael Karrer: 111 unten
Metatech Corporation, 2010: 124
NASA: 68 rechts, 72 links, 76, 78, 80, 83 oben, 84 links, 106, 107, 109, 110, 118, 119, 123 rechts
NASA, Feldstein/Starkov 1967: 83 unten
NOAA/NGDC/DMSP: 60, 69 rechts, 84 mitte, 89 links, 142
NOAA/SWPC/SEC: 111 oben alle, 121 unten beide, 131
G. Scharmer, Swedish Solar Telescope: 108 links
SOHO (ESA&NASA): 77, 108 rechts, 112, 114, 115, 120, 121 oben beide
Wolfgang Strickling: 113
Swedish Institute of Space Physics: 143
The University Library of Tromsø: 9
World Data Center for Geomagnetism, Kyoto: 69 links